南開大學

金融学本科教材系列

投资学

【第二版】

李　治　主编

厦门大学出版社
XIAMEN UNIVERSITY PRESS
国家一级出版社
全国百佳图书出版单位

第二版前言

本书第一版于2009年11月出版，至今已经有4年的时间。第一版出版后，得到了比较广泛的好评，很多高校教师选用本书作为教学用书。同时，也有很多使用此教材的师生给我们提供了非常富有建设性的意见和建议。在此，我们表示衷心的感谢！

投资学是一门不断发展的致用之学，随着时间的流逝，国内外金融市场会发生很大的变化，金融投资理论也会出现新的内容，有鉴于此，我们对本书进行了修订与完善，主要有：

1. 丰富了第二章第一节“金融工具”的内容，增加了货币市场工具，并对股票、债券的内容也进行了修订。

2. 在第三章中增加了有关“创业板”和“做市商制度”的内容。

3. 在第三章中对“个人投资者”和“机构投资者”的内容进行了充实。

4. 在第八章第二节中增加了“GDP与通货膨胀的结合分析”，并在第四节引入了波特的“五力模型”。

5. 在第十章第五节完善了波浪理论的图示，使之更符合波浪理论的核心思想。

另外，对全书的文字进行了全面修订，对第一版中我们认为表述不清楚或者不到位的地方，都加以修改和润色，由于这些修改之处过多过细，不再一一列举。

梅淑平和李俊侃两位同志在修订过程中做了大量工作，在此表示感谢。

限于编写人员的知识水平和教学经验，本书一定还有很多缺点和不足，希望广大读者多提宝贵意见。

李治

2013年12月

第一版前言

现代投资学是伴随着金融市场的发展而产生的,在现代金融学的学科体系中占有非常重要的地位。投资主要是指针对金融资产的投资活动,是资金运动在投资领域中的反映,不同于一般商品领域中的资金运动,存在着自身特殊的运动规律和运行机理。投资是一项以获取未来收益为目的的活动,在竞争的市场中,获得投资收益是有条件的,投资收益是在一定风险条件下实现的,投资者需要在风险和回报之间做出权衡,因此投资学涉及投资的风险与收益比较、资金投向选择、金融资产组合搭配等问题,具有很强的应用性和操作性。

本书系统地介绍了投资学所涉及的基本概念、理论、方法和模型,涵盖了资产组合理论、资产定价理论、有效市场理论、投资绩效评价和风险管理理论等投资学的核心理论,在编写过程中力求做到重点突出、体系完整、条理清晰、易于理解,适合金融学本科层次的教学使用。

本书可分为四个部分。第一部分是“投资学基础”的相关内容,由第1～4章组成,主要讲述投资学的研究对象、投资内涵、投资工具、市场结构及投资主体等。第二部分重点阐述“资产组合理论、资产定价理论和有效市场理论”,包括第5～7章,在这一部分中,我们尽量使用简单明了的方法推导了以均值—方差模型为基础的资产组合理论,以及体现资本市场均衡的资本资产定价模型(CAPM)和套利定价理论(APT),同时也全面地介绍了有效市场理论的要点。在第三部分中,我们用第8～12章共五章的篇幅,重点讲述了“投资分析”的基本理论和方法,内容涵盖了固定收益证券、权益证券、远期和期货以及期权等金融市场的主要投资对象。最后在第四部分,详细阐述了有关投资绩效评价和风险管理的理论、方法和模型。

在本书的编写过程中，李治负责全书的内容组织与框架设计，并编写了第1章、第4～7章和第10章，陈述编写了第2～3章、第8～9章和第11章，贾大正编写了第12～13章，最后由李治统稿。

由于编者水平有限，缺点和错误在所难免，这里诚恳地希望大家多提宝贵意见。

李治

2009年9月于南开大学

目录

第一章 导论

学习要求

1. 投资是指行为主体把所拥有的财产或者资产作为资本运用并形成相应资产的社会经济活动。通过本章的学习，了解投资、行为主体、财产或资产以及资本的含义。

2. 投资学中所研究的投资主要指对金融资产的投资。通过本章的学习，了解金融资产的含义以及特性。

3. 作为经济学的重要分支，现代金融理论呈现微观的发展趋势，投资学在现代金融理论中占据非常重要的地位。通过本章的学习，了解现代金融理论的发展过程以及建立的基础和核心。

一、什么是投资

广义的投资是指各种行为主体为实现特定的目的和获得预期的效益，而把其所拥有的财产或资产作为资本运用并形成相应资产的经济社会活动。具体地说，所谓投资，就是指牺牲或放弃现在可用于消费的价值以获取未来可能但不确定的更大价值的一种经济活动。

在上述投资定义中，行为主体就是指进行投资的一方，泛指各种各样的投资者，既包括政府、企业和个人，也包括银行、证券公司、保险公司、信托投资公司、投资基金以及各种公共基金、财团法人、社团法人、事业法人、非政府机构，等等。

投资是有目的性的，每一项投资都要实现一个具体的目标，如实现经济目的、社会目的、政治目的或军事目的等；获得预期的效益，意味着每一项投资都要获得与投资目的相对应的效益，如获得经济效益、社会效益、政治效益或环境效益等。

财产泛指政府、个人以及各种非经营性的财团法人、社团法人、事业法人、非政府机构、公共基金等所拥有的资金、土地、房屋等有形财产和知识、技术、专利、信誉等无形财产。这些财产在被投资之前，除了使用价值和价值以外不能给所有者带来任何其他预期的效益。

资产泛指企业以及银行、证券公司、保险公司、信托投资公司、各种投资基金等经营性法人所拥有的资金、土地、房屋等有形资产和经营管理知识、生产技术、专利、商标、品牌等无形资产。这些资产在被投资之前已经是企业、银行等的经营资产，只是这些资产只能维持各种经营性法人现有的经营规模，使其进行现有的经营活动，不能扩大经营规模，开展新的经营活动，只能给其带来既定的预期效益，不能带来新的增加的预期效益。

资本则是产业资本、金融资本、社会资本、政治资本、固定资本、流动资本、有形资本、无形资本等的统称，相应资产是与上述资本转化形态或运用形态相对应的经营资产、金融资产、社会资产和政治资产等。

投资学里所研究的投资主要是对金融资产的投资。金融资产又称金融工具，是保证人们购买力的凭证，是实际资产的要求权，定义了实际资产在投资者之间的配置。具体地说，金融资产是一切可以在有组织的金融市场上进行交易、具有现实价格和未来估价的金融工具的总称。金融资产的最大特征是能够在市场交易中为其所有者提供即期或远期的货币收入流量。

对金融资产的投资同样具有投资的三大特性：跨期性——投资者牺牲当前的消费而期望获得将来更多的消费；不确定性——作为投资的结果，将来的消费值的大小是一个随机变量；收益性——成功的投资会带来更大的将来值。

二、投资学与现代金融理论

金融学是经济学的分支，其研究的主要内容一是宏观金融学，又称宏观金融经济学，主要是通过对金融的市场体系进行研究，以及如何对金融体系中的有限资源进行合理配置，进而达到社会整体效用最大化，如金融体系的建立与创新、金融体系内外部的相互作用机理、金融体系的运行规律与演化等。二是微观金融学，包括两个方面：一方面是对金融市场和金融产品的定价与风险管理的研究；另一方面是对公司的投融资管理、并购与风险管理等方面的研究。

随着金融体系的发展，现代金融理论越来越呈现出微观化的发展趋势。金融理论微观化的基本动力源于现代经济体系中心的资本市场的不确定性，特别是在金融体系中资本市场成为核心部分的情况下，金融风险更多地来自金融市场微观的设计和安排，来自市场的不确定性或者与市场的不确定性有关的各种风险。这是金融理论微观化的根本原因。

在微观层面上，投资学研究如何把个人、机构的有限财富或者资源分配到诸如股票、国库券、不动产等各种金融资产上，以获得合理的现金流量和风险—收益特征。它的核心内容就是以效用最大化准则为指导，获得个人财富配置的最优均衡解。金融市场学分析市场的组织形式、宏观结构以及微观结构，同时考察不同的金融产品和它们的特征，以及它们在实现资源跨期配置过程中所起到的作用。它们的合理价格体系是这种研究中最重要的部分。由于处在微观金融核心地位的投资学的研究对象是资本市场的资产定价和资产配置，这自然决定了这门学科在现代金融学中的重要位置。

学习现代投资学必须深入了解现代金融理论的发展过程。金融理论和学科的发展是随着经济、金融实践的发展而不断变化的。在金融理论的发展上，20 世纪 50 年代是一个重要的分水岭。一般认为，现代金融理论发端于 20 世纪 50 年代初马可维茨提出的投资组合理论，而在此之前已存在的金融理论体系，则被称为传统金融理论。实际上，这种划分体现着金融学科在经济学体系中地位的变化，反映出金融与经济之间关系的演变。

在凯恩斯主义之前的金融理论以“货币与实物经济相分离”的“二分法”为指导，从实物经济层面出发，将货币作为蒙在实物经济上的“面纱”，对货币的职能、货币与物价、货币与经济的关系等问题进行探讨。1936 年凯恩斯《通论》的发表突破了“二分法”，将货币视为一种资产，把货币资产融入实物经济中，建立了一套完整的货币经济学体系，其后，包括希克斯、汉森、托宾、弗里德曼等人的研究成果进一步丰富了这一理论体系。综观这些理论，可以发现，无论是早期的货币理论，还是后来的货币经济理论，其研究货币、金融问题的最终目的都落脚到经济运行上，包括物价、就业等。也就是说，这个阶段的金融理论附属于经济理论，成为经济学的重要内容；并且其研究方式沿袭了古典经济学的一般均衡分析法，对问题主要进行定性描述；此外，传统金融理论多是从宏观层面来对金融问题进行研究。

20 世纪 50 年代以来，由于直接融资的迅速发展，金融市场上金融工具不断创新，金融在经济中的作用越来越突出，甚至出现金融逐渐脱离经济独立运行的态势，与之相应的是形成了大量以金融市场为研究对象的微观金融理论。

1952年马可维茨提出证券组合理论，他发展了一个数学模型来阐释投资者怎样能够在给定的回报率下承担最低的风险，该模型构建了现代金融理论的基础性框架。托宾于1958年提出两基金分离定理，该定理将证券组合的选择分为两个互相独立的过程：首先，确定出最优风险资产组合，这一过程是纯技术性的，可以由专业人员完成，它与投资者的风险偏好是分离的；其次，按照投资者的个人偏好将资金分配于无风险资产与最优风险资产组合，即可得到符合个人偏好的最优投资组合。1964年，夏普以马可维茨和托宾的研究成果为起点，建立了资本资产定价模型(CAPM)。资本资产定价模型的核心已经不是研究个体投资者的资产选择行为，而是从市场的角度考察全体投资者的资产选择行为的结果，具体来说，是研究当市场均衡时，证券如何按照其风险进行定价。这说明CAPM已经不是资产选择理论，而是资产定价理论。现在，CAPM在实践中得到广泛应用，各种对于CAPM的修正和替代模型的建立和运用也一直是现代金融学研究的热门问题。在CAPM的基础上，人们提出了一些新的定价模型，其中最主要的是罗斯于1976年建立的套利定价模型(APT)，其基本思路是利用套利原理推导市场均衡条件下资本资产的定价关系。它阐明了：即使投资者不遵循均值—方差分析法，如果有足够的不同证券将市场风险之外的所有风险分散掉，那么，当不存在任何套利机会时，预期收益率与β系数之间也存在类似于CAPM中表达的证券市场线的关系式。另一条线索是罗伯茨提出的有效市场假说(EMH)，其含义是没有人能够在市场上通过套利持续地获取超额利润。法马等人对有效市场假说进行了各种检验。1973年，斯科尔斯与布莱克提出的期权定价模型，加速了金融创新和金融学领域中分析技术的发展。

可以说，到20世纪70年代中期，以有效市场假说为基础，以资本资产定价理论和现代组合理论为核心的金融理论确立了其在金融经济领域的正统地位，金融已经成为经济学中具有完整理论体系的一个分支。与传统金融理论的不同在于：第一，现代金融学虽然仍以新古典经济学的基本原理和方法为指导，但从其研究的目的和体系来看，金融学已经从经济学的附属发展成为具有完整理论体系的相对独立的学科；第二，现代金融学将研究层面转向了微观，即着眼于经济主体如何进行资产选择和风险管理，经济主体的资产选择及套利行为又怎样影响资产定价，从而成为指导微观经济主体金融行为的重要依据；第三，现代金融学侧重于定量分析，越来越多地运用数学模型分析法，对问题进行比较严格的科学论证，推进了金融理论研究由定性描述向定量分析的方向发展。

20 世纪 80 年代后期，一门以现代金融理论为基础，以数学模型为分析方法，兼收经济学、投资学、数学等学科的新型交叉学科——金融工程学在西方兴起，这标志着金融学科在经历了描述性的传统金融及分析型的现代金融理论之后，发展到了工程化的阶段。

如前所述，以有效市场假说为基础，以证券组合理论和资本资产定价理论为核心的现代金融理论确立了其在金融经济领域的正统地位。总体而言，现代金融理论建立在三个关键的假设之上：理性投资者、市场有效和随机游走。理性投资者是其他两个假设的前提，而市场有效是随机游走的基础。现代金融理论试图用基于理性的最优决策模型来解释经济主体应该如何进行资产选择，以及这种资产选择行为是如何影响资产定价的。

练习题

一、名词解释

投资、投资行为主体、财产、资产、资本、金融资产

二、简答题

1. 简述投资的三大特性。

2. 简述为什么投资学在现代金融学中有相当重要的位置。

3. 简述现代金融理论的发展过程。

第二章 金融工具与证券市场

学习要求

1. 初步了解主要的金融工具——货币市场工具、股票、债券、投资基金以及其他金融衍生工具的概念、特性等相关基础知识，为以后的进一步学习打好基础。

2. 了解证券发行市场的构成以及证券的发行方式，了解证券交易市场的细分。

3. 了解证券的交易程序和交易方式。

4. 了解证券交易所的组织形式和监管模式。

5. 了解证券指数的类型，并简单了解股票指数和债券指数。

这一章是学习“投资学”这门课的基础。金融工具就是金融资产，是证券投资的投资对象，而证券市场则是证券投资的投资场所。

第一节 金融工具

金融工具是指资金融通过程中的各种载体，包括货币、有价证券、外汇、黄金等，也叫金融资产、金融产品。金融工具是金融市场的交易对象，买卖双方通过市场竞争原则形成金融产品价格，最终完成交易，并用金融工具作为证明贷者与借者之间融通货币余缺的凭证。金融市场中流通的金融工具可以分为货币市场工具、权益类证券（股票）、固定收益类证券（债券）、证券投资基金以及金融衍生工具等几大类。不同形式的金融工具具有不同的金融风险。

一、货币市场工具

(一)货币市场工具概述

货币市场工具是指期限小于或等于一年的债务产品,它们的流动性很高,并且风险极低。货币市场工具主要包括短期国债、商业票据、银行承兑汇票、大额可转让定期存单及回购协议。这些证券的交易在通常情况下是金融机构之间的大宗交易,个人投资者难以参与这些证券的买卖,只有通过购买货币市场基金来间接参与这些货币市场工具的投资。

(二)主要的货币市场工具

1.短期国债

短期国债是一国政府因为临时性的资金需要而发行的短期债券。短期国债在英美称为国库券,英国是最早发行短期国债的国家。在我国,短期国债的最短期限为一年,而西方国家的品种较多,一般可分为3个月、6个月、9个月、1年期四种,其面额起点各国不一。

短期国债的债务人是国家,其还款保证是该国的财政收入,所以它几乎不存在信用违约风险,是金融市场风险最小的信用产品,因此,短期国债利率常常被当作金融市场的无风险利率。由于短期国债具有很高的流动性,可以随时卖出变现,工商企业、金融机构、个人都乐于将短期资金投资到短期国债上,这为短期国债创造了十分便利和发达的二级市场。

2.商业票据

商业票据指发行主体为了满足流动资金需求而发行的、可流通转让的债务工具,一般是指商业上由出票人签发,无条件约定自己或要求他人支付一定金额,可流通转让的有价证券,是持有人具有一定权利的凭证。票据可以通过交付转让和背书转让的方式流通。例如一些财务健全、信用良好的大公司出于各种目的发行商业票据,这些票据一经发行,就具有一定的价值,可以在市场上流通,成为一种可投资的货币市场工具。通常来说,企业发行的商业票据可以看作商业银行贷款的补充,甚至可以完全取代商业银行贷款。

3.银行承兑汇票

银行承兑汇票是由在承兑银行开立存款账户的存款人出票,向开户银行申请并经银行审查同意承兑的,保证在指定日期无条件支付确定的金额给收款人或持票人的票据。银行基于对出票人资信的认可，给予出票人信用支持，承诺兑付出票人签发的商业汇票。因此，银行承兑汇票的风险更多地取决于银行的信誉，而不是进行商业交易的公司的财务实力。我国的银行承兑汇票每张票面金额最高为 1 000 万元(含)。银行承兑汇票按票面金额向承兑申请人收取万分之五的手续费，不足 10 元的按 10 元计。承兑期限最长不超过 6 个月。

这些由银行以其自身信用担保兑付的票据也可以在市场上买卖，是一种非常重要的货币市场投资工具。

4. 大额可转让定期存单

大额可转让定期存单是由商业银行发行的、可以在市场上转让的存款凭证，是一种固定面额、固定期限、可以转让的大额定期储蓄。世界上第一张大额可转让定期存单由美国花旗银行于 1961 年创造，其目的是稳定存款、扩大资金来源。

大额可转让定期存单市场的主要参与者是货币市场基金、商业银行、政府和其他非金融机构投资者，市场收益率高于国库券。其主要特点是流通性和投资性，具体表现在：大额可转让定期存单具有自由流通的能力，可以自由转让流通，有活跃的二级市场，也是一种很常见的货币市场工具；大额可转让定期存单的存款面额固定且一般金额较大；存单不记名，便于流通；可自由转让；存款期限为 3～12 个月不等，以 3 个月居多，最短的 14 天。

5. 回购协议

回购协议是指以有价证券作抵押的短期资金融通，在形式上表现为附有条件的证券买卖。回购的过程也可以简单地理解为以有价证券作为抵押进行贷款，贷款人签署回购协议，承诺在约定的时间偿还贷款，并将抵押的有价证券赎回。回购协议增强了长期债券的变现性，避免了证券持有者因为急需资金而出售长期资产以变现而可能带来的损失。其一般期限较短，并且又有 100％的债券作抵押，所以投资者可以根据资金市场行情变化，及时抽回资金，具有较强的安全性。

回购协议作为一种投资工具，兼顾了资金的收益性和流动性，因而备受投资者的欢迎。投资者可以根据自己的资金需要，与借款者签订“隔日”或“连续合同”的回购协议，在保证资金可以随时收回移作他用的前提下，增加资金的收益。期限较长的回购协议可以用来套利，如银行以较低的利率用回购协议的方式取得资金，再以较高利率贷出，可以获得利差收益。

回购协议常作为中央银行公开市场操作的手段之一，用于调节市场的流动性。

二、股票

(一)股票的概念与特征

股票是一种有价证券,是股份公司为募集资金而公开发行的,用来证明投资者的股东身份和权利,并根据股票持有人所持有的股份数享有相应权益和承担相应义务的,可转让的书面凭证,它代表了股东对股份公司的所有权。权益类证券主要就是指股票。

股票作为一种有价证券,具有以下五个基本特征:

1. 收益性。股东购买股份公司发行的股票是为了在将来取得收益,包括股息、红利和资本利得等。收益性是股票最基本的特征。

2. 风险性。股东购买股票后能取得多少股息、红利或资本利得等收益取决于公司的经营状况,是无法预先确定的,这就是购买股票的投资风险。一般而言,股票的风险与收益是相对应的,风险越大,收益也越大,股东的收益在很大程度上是对其所承担的风险的补偿。

3. 长期性。股票的有效期理论上是无限的,它反映着股东与公司之间比较稳定的经济关系。股东一旦购买了股票,只要股份公司存在,就不能退股。如果股票持有人想把股票变现,只能在股票市场上转让给别人。对于认购者来说,只要持有股票,公司股东的身份和股东权益就不能改变。

4. 流通性。股票是一种流通性很强的金融资产,在股票市场上,股票可以很方便地买卖。

5. 经营决策参与性。股票持有者即是发行股票公司的股东,有权出席股东大会,通过选举董事会来实现对股份公司的控制,参与公司的经营决策。

(二)股票的分类

按照股东拥有权利和承担风险的大小的不同,可以将股票分为优先股和普通股两类,这是股票最重要的分类方式。

优先股是指股份有限公司在筹集资本时给予认购者某些优先条件的股票。当公司分配利润时,优先股股东先于普通股股东享受分配权利,通常为固定股利,所以有时也将优先股归为固定收益类证券。优先股有以下几个特征:

1. 固定股息率。一般在招股说明书中对优先股所获得的股息数量有明确规定,其收益与公司的经营状况无关,并且优先股股东的收益先于普通股股东分配。

2. 一般不能上市交易。优先股的流通性受到一定的限制,不能在二级市场上流通。当优先股股东确实需要卖掉股份时，可以按照公司的有关规定由公司赎回。

3.表决权受限制。优先股股东一般没有选举权和被选举权，也没有参与公司治理的投票权，只有公司没有按照约定的股息率支付股息时，优先股股东才具有投票权。

4.剩余资产优先清偿。股份公司破产清算时，优先股股东对剩余资产的分配要优先于普通股股东。

普通股是股票最基本最普遍的形式，它是构成股份公司股东的基础。目前在我国沪、深两地上市的A、B股均为普通股，未上市流通的国有股、法人股也基本上属于普通股。普通股的持有人具有以下权利：

1.经营参与权。普通股股东可以参与公司的经营管理，拥有选举表决的权利。对于每个股东来讲，持有的股份数越多，享有的表决权也就越多。任何普通股东都有资格参加公司最高级会议即每年一次的股东大会，但如果不愿参加，也可以委托代理人来行使其投票权。

2.收益分配权。普通股股东有权凭其所持有的股份分配公司的盈利，其收益与公司经营状况直接相关，具有不确定性：当公司经营有方、利润不断增长时，股东也会分得更多的收益；但赶上公司经营不善的年头，也可能连一分钱都得不到，甚至可能连本也赔掉。另外，普通股的盈利分配顺序后于优先股。

3.认股优先权。如果股份公司增发普通股票，原有普通股股东有权优先认购新发行的股票，以保证其对公司的持股比例保持不变，从而维持其在公司中的权益。在发行新股票时，具有优先认股权的股东既可以行使其优先认股权，认购新增发的股票，也可以将认股权卖给他人。如果股东认为购买新股无利可图，而转让或出售认股权又比较困难时，也可以听任优先认股权过期而失效。

4.剩余资产分配权。股份公司破产清算时，在其清偿债务和分配给优先股股东之后，剩余资产可按普通股股东所持有股份进行分配。剩余财产多时多分，少时少分，没有则只能作罢。由此可见，普通股股东与公司的命运更加息息相关，荣辱与共。当公司获得暴利时，普通股股东是主要的受益者；而当公司亏损时，他们又是主要的受损者。

除上述分类方法之外，股票还可以按照是否记载股东姓名，分为记名股票和不记名股票；按照是否有票面金额分类，分为有面额股票和无面额股票；按股款是否全部付清分为付清股和未付清股；按持有者的数量分为单有股和共有股；按股票的绩效可分为蓝筹股、成长股、收入股、投机股等。

(三)我国特有的股票类型

我国的股票市场建立时间较短,尚处于新兴市场发展的初级阶段。除了有与发达国家股市同样的股票分类外,我国特有的国情使得我国的股票还有一些较为特殊的分类方法。一般而言,我国上市公司的股票按照投资主体的不同性质又可分为国有股、法人股、社会公众股以及外资股。

国有股是指以国有资产向有限公司投资形成的股权。国有股的股权所有者是国家,由国有资产管理机构或其授权单位、主管部门行使国有资产的所有权职能。国有股股权的转让,应该按照国家的有关规定进行。

法人股指企业法人或具有法人资格的事业单位和社会团体,以其依法可经营的资产向公司非上市流通股权部分投资所形成的股份。法人股包括国有法人股和社会法人股。如果该法人是国有企业、事业及其他单位,那么该法人股为国有法人股,国有法人股属于国有股权;如果是非国有法人资产投资于上市公司形成的股份则为社会法人股。认购法人股时,可以用货币出资,也可以用其他形式的资产,如实物、工业产权、非专利技术、土地使用权等作价出资。

社会公众股是指社会公众依法以其拥有的财产投入公司时形成的可上市流通的股份。在社会募集方式下,股份公司发行的股份,除了由发起人认购一部分外,其余部分应该向社会公众公开发行。我国《证券法》规定,社会募集公司申请股票上市的条件之一是:向社会公开发行的股份达到公司股份总数的25%以上;公司股本总额超过人民币4亿元的,向社会公开发行的股份比例为10%以上。

外资股是指经批准,股份公司向外国和我国香港、澳门、台湾地区投资者发行的股票。这是我国股份公司吸收外资的一种方式。外资股按上市地域可以分为境内上市外资股和境外上市外资股。境内上市外资股原来是指股份有限公司向境外投资者募集并在我国境内上市的股份,投资者限于外国和我国香港、澳门、台湾地区的投资者;境外上市外资股是指股份有限公司向境外投资者募集并在境外上市的股份。

三、债券

(一)债券的概念与特征

债券也称固定收益证券,是一种有价证券,是社会各类经济主体为筹集资金而向债券投资者出具的、承诺按一定利率定期支付利息并到期偿还本金的债权债务凭证。

债券作为证明债权债务关系的凭证，必须标明票面价值、偿还期限、利率和发行者名称，上述四个要素是债券票面的基本要素，但在发行时并不一定全部在票面印制出来，在很多情况下，债券发行者是以公告或条例形式向社会公布债券的期限和利率的。

债券和货币市场工具有很明显的区别。货币市场工具是期限为一年或一年以内的债务工具，而债券的期限都在一年以上。另外，货币市场工具除了定期存单外，都是贴现证券；而债券多为附息证券。

债券作为一种重要的融资手段和金融工具具有以下特征：

1.偿还性。债券一般都规定了偿还期限，发行人必须按约定条件偿还本金并支付利息。

2.流通性。债券一般都可以在流通市场上自由转让。

3.安全性。债券通常规定了固定的利率，与企业绩效没有直接联系，收益比较稳定，风险较小。另外，企业破产时，债券持有者享有优先于股票持有者对企业剩余资产的索取权。

4.收益性。债券的收益性主要体现在两个方面，一是投资债券可以给投资者定期或不定期地带来利息收入；二是投资者可以利用债券价格的变动，买卖债券赚取差额。

（二）债券的分类

对债券可以从不同角度进行分类，并且随着人们对融通资金需求的多元化，会有各种新的债券形式不断产生。目前，债券的类型大体有以下几种：

1.按照发行主体的不同，可以分为政府债券、金融债券和企业债券。其中政府债券的风险最小，金融债券次之，企业债券再次；与之对应，政府债券的利率较低，金融债券的利率高于政府债券，企业债券的利率最高。

2.按照偿还期限的不同，可以分为短期债券、中期债券和长期债券。各国对短、中、长期债券的期限划分不完全相同。一般的标准是：短期债券的期限在一年或者一年以下；中期债券的期限为一年以上、十年以下；长期债券的期限为十年以上。

3.按照计息方式的不同，可以分为附息债券和贴现债券。附息债券是指在债券券面上附有息票的债券，或是按照债券票面载明的利率及支付方式支付利息的债券。贴现债券是指债券券面上不附有息票，在票面上不规定利率，发行时按规定的折扣率，以低于债券面值的价格发行，到期按面值支付本息的债券。

4.按照债券的利率是否浮动，可以分为固定利率债券和浮动利率债券。

固定利率债券是将利率印在票面上并按其向债券持有人支付利息的债券。该利率不随市场利率的变化而调整。浮动利率债券的息票率是随市场利率变动而调整的利率，浮动利率债券可以较好地抵制通货膨胀风险。

5.按照有无抵押担保，可以分为信用债券和担保债券。信用债券是不以任何公司财产作为担保，完全凭信用发行的债券。担保债券是以企业财产作为担保的债券，按抵押品的不同又可以分为一般抵押债券、不动产抵押债券、动产抵押债券和证券信用抵押债券。

(三)债券与股票的比较

债券与股票同属于有价证券，是一种虚拟资本，都可以获取一定量的收入。它们都具有安全性、流动性、偿还性的特点，都可以成为筹资手段和投资工具。但二者也有区别，主要表现在以下几个方面：

1.性质不同。债券是一种债权债务凭证，而股票是一种所有权凭证。

2.发行主体不同。债券的发行主体可以是政府、金融机构和企业，而股票的发行主体只能是股份公司。

3.期限不同。债券一般在发行时都明确规定偿还期限，而股票一经购买，则不能退股，投资人只能通过市场转让的方式收回资金。

4.价格的稳定性不同。债券利息率固定，票面金额固定，偿还期限固定，其市场价格相对稳定。而股票无固定的期限和利息，其价格受公司经营状况、国内外局势、公众心理以及供求状态等多种因素影响，涨跌频繁并且幅度较大。

5.风险程度不同。无论公司经营好坏，债券持有人均可以按照规定定期获得利息，并且在公司破产清偿时新股东有优先受偿的权利；但股票持有者获取股利的多少，要取决于公司的经营状况。

6.会计处理不同。发行债券被视为公司负债，其利息支出是公司的固定支出，可计入成本冲减利润。而股票是股份公司为自己筹集的资本，所筹资金被列入资本，股票的股息和红利则是公司利润的一部分，只有在公司盈利时才能支付。

四、证券投资基金

(一)证券投资基金的概念和特征

证券投资基金是一种利益共存、风险共担的集合证券投资方式，即通过发行基金份额，集中投资者的资金，由基金托管人托管，由基金管理人管理和运用资金，从事股票、债券等金融工具投资，并将投资收益按基金投资者的投资比例进行分配的一种间接投资方式。股票反映的是所有权关系，债券反映的是债权债务关系，而基金反映的则是信托关系。

证券投资基金具有以下特点：

1. 专业理财。基金资产由专业的基金管理公司负责管理。基金管理公司一般拥有强大的研究团队，能够更好地对证券市场进行全方位的跟踪与分析。将资金交给基金管理人管理，使中小投资者也能享受到专业化的投资管理服务。

2. 组合投资，分散风险。证券投资基金通过汇集众多中小投资者的资金，形成雄厚的实力，可以同时分散投资于很多种股票，分散了对个股集中投资的风险。

3. 方便投资，流动性强。证券投资基金的最低投资量要求一般较低，可以满足小额投资者对于证券投资的需求。

（二）证券投资基金的分类

根据组织形式的不同，证券投资基金可分为公司型投资基金和契约型投资基金。公司型投资基金，在组织上是指按照公司法规定所设立的、具有法人资格并以营利为目的的证券投资基金公司；在证券上是指由证券投资基金公司发行的证券投资基金证券。契约型投资基金，在组织上是指按照信托契约原则，通过发行带有受益凭证性质的基金证券而形成的证券投资基金组织；在证券上是指由证券投资基金管理公司作为基金发起人所发行的证券投资基金证券。

根据运作方式的不同，证券投资基金可分为封闭式基金和开放式基金。封闭式证券投资基金，是指基金的预定数量发行完毕，在规定的时间内基金资本规模不再增大或缩减的证券投资基金；开放式证券投资基金，是指基金证券数量从而基金资本可因发行新的基金证券或投资者赎回本金而变动的证券投资基金。

根据投资目标的不同，证券投资基金可分为成长型基金、收入型基金和平衡型基金。成长型基金，是指以追求资产的长期增值和盈利为基本目标从而投资于具有良好增长潜力的上市股票或其他证券的证券投资基金；收入型基金，是指以追求当期高收入为基本目标从而以能带来稳定收入的证券为主要投资对象的证券投资基金；平衡型基金，是指以保障资本安全、当期收益分配、资本和收益的长期成长等为基本目标从而在投资组合中比较注重长短期收益—风险搭配的证券投资基金。

证券投资基金还有其他的一些分类方法，如根据投资对象不同，分为股票基金、债券基金、期货基金、期权基金、认股权证基金等；按照资金来源和运用的地域的不同，分为国内基金、国际基金、国家基金、地域基金等；根据募集方式不同，分为公募基金和私募基金等。

（三）证券投资基金的相关关系人

证券投资基金相关关系人主要由基金份额持有人、基金管理人和基金托管人组成。

基金份额持有人是指持有基金份额或基金股份的自然人和法人，也就是基金的投资人。他们是基金资产的实际所有者，享有基金信息的知情权、表决权和收益权。基金的一切投资活动都是为了增加投资者的收益，一切风险管理都是围绕保护投资者利益来考虑的。因此，基金份额持有人是基金一切活动的中心。

基金管理人，是指凭借专门的知识与经验，运用所管理基金的资产，根据法律、法规及基金章程或基金契约的规定，按照科学的投资组合原理进行投资决策，谋求所管理的基金资产不断增值，并使基金持有人获取尽可能多收益的机构。基金管理人是负责基金的具体投资操作和日常管理的机构。

基金托管人是投资人权益的代表，是基金资产的名义持有人或管理机构。为了保证基金资产的安全，基金应按照资产管理和保管分开的原则进行运作，并由专门的基金托管人保管基金资产。在我国，根据《证券基金投资管理暂行办法》的规定，目前只有中国工商银行、中国农业银行、中国银行、中国建设银行、交通银行五家商业银行符合托管人的资格条件。

五、金融衍生工具

（一）金融衍生工具及其功能

金融衍生工具又称为“金融衍生产品”，是与基础金融产品相对应的一个概念，是指建立在基础产品或基础变量之上，其价格取决于基础金融产品价格变动的派生金融产品。这里所说的基础产品是一个相对的概念，不仅包括现货金融产品，如股票、债券等，也包括金融衍生工具。

金融衍生工具主要具有以下三种功能：

1. 套期保值。套期保值是指风险资产持有者为消除风险而利用一种或多种金融工具进行反向对冲交易。套期保值是金融衍生工具的最基本的作用，也是金融衍生工具赖以存在、发展的基础。

2.价格发现。价格发现功能体现在大量的购买者和出售者通过竞争性的公开竞价后形成了市场均衡价格。金融衍生工具之所以具有价格发现的作用,是因为这些金融衍生工具的交易集中了各行各业的市场参与者,带来了成千上万种关于衍生工具基础资产的供求信息和市场预期,所形成的金融衍生工具的价格反映了人们对利率、汇率、股指期货等价格走势变化和收益的预测及对目前供求状况的综合看法。

3.提高信息透明度。金融衍生工具的价格发现作用可以降低信息不对称性,有利于提高信息透明度。金融衍生工具的交易市场吸引了大量的市场参与者,他们根据原生工具市场的供求情况,对金融衍生工具的未来价格趋势做出判断和预期,从而做出自己的交易报价。金融衍生工具市场参与者尽可能地收集来自各方面的信息,使这些信息迅速地体现在金融衍生工具的价格波动上,因而金融衍生工具的价格形成也有利于提高信息透明度。

(二)金融期货与期权

金融期货,是指以金融工具作为标的物的期货合约,合约上承诺在未来特定日期或期间内,以事先约定的价格买入或卖出特定数量的某种金融商品。金融期货交易具有期货交易的一般特征,但与商品期货相比,其合约标的物不是实物商品,而是金融商品,如外汇、债券、股票指数等。

金融期权是赋予其购买者在规定期限内按双方约定的价格或执行价格购买或出售一定数量某种金融资产的权利的合约。

(三)可转换债券

可转换债券是一种被赋予了股票转换权的公司债券,也称可转换公司债券。发行公司事先规定债权人可以选择有利时机,按发行时规定的条件把其债券转换成发行公司的等值股票。可转换公司债是一种混合型的债券形式。当投资者不太清楚发行公司的发展潜力及前景时,可以投资于这种债券。待发行公司经营实绩显著,经营前景乐观,其股票行市看涨时,则可将债券转换为股票,以受益于公司的发展。可转换债券对于投资者来说,是多了一种投资选择机会。因此,即使可转换债券的收益比一般债券收益低些,但在投资机会选择的权衡中,这种债券仍然受到投资者的欢迎。

(四)金融互换

金融互换是指在未来某一时点互换特定资产的一种协议,它可以被看作是具有多个交割日期的期货合约的组合。互换主要包括货币互换、利率互换和商品互换。金融互换是20世纪80年代以来国际资本市场上出现的一种新型金融衍生产品,是国际金融形势动荡不安、金融自由化与电子化发展的必然产物。与其他金融衍生产品一样，金融互换产生的原始动因也是规避市场风险、逃避政策管制和套利。金融互换的迅猛发展，对国际金融市场与各参与主体均产生了重大影响。目前，经济全球化、金融一体化对我国经济、金融的影响也越来越大，金融互换已经成为我国金融市场的一种重要工具。

除了上述介绍的金融衍生工具外，还有其他一些形式的金融衍生工具，如股票指数期货、存托凭证、认股权证和备兑凭证等。

第二节　证券市场交易机制

一、证券的发行市场与交易市场

证券市场是证券交易的场所，也是资金供求的中心。根据市场功能的不同，我们把证券市场分为证券发行市场和证券交易市场。证券发行市场是发行人以发行证券的方式筹集资金的场所，又称一级市场、初级市场；证券交易市场是买卖已发行证券的市场，又称二级市场、次级市场。证券市场的两个组成部分，既相互依存又相互制约，是一个不可分割的整体。

(一)证券发行市场

证券发行市场是发行人向投资者出售证券的场所，它通常没有固定的场所，是一个无形的市场。从理论上说，证券发行人直接或者通过中介人向社会进行招募，投资者购买其证券的交易行为即构成证券发行市场。

证券发行市场由证券发行人、证券投资者和证券中介机构三部分构成。证券发行人是指为筹措资金而发行债券、股票等证券的政府机构、金融机构、公司和企业；证券投资者是指以取得利息、股息或者资本收益为目的而买入证券的机构和个人；证券中介机构主要包括证券公司、证券登记结算公司、会计师事务所、律师事务所、资信评级公司、资产评估事务所等为证券发行与投资服务的中介机构。

1. 证券的发行方式

证券的发行方式，按照发行和认购对象，可分为公募发行和私募发行；按照是否有中介机构，可以分为直接发行和间接发行。

(1)公募发行与私募发行

公募发行也称公开发行，是指发行人向非特定的社会公众发行证券，任何人都可以购买该证券。其最大的特点是发行面广，筹资成本较低。正因为其发行面广的特点，为了保护公众利益，政府都要介入对公募方式的管理，所以公募发行与上市的条件都较严格，而且发行后还要向社会公告，履行信息披露义务。一般而言只有公募发行的证券才能上市交易。

私募发行，是指仅向少数特定投资者发行证券的一种方式，也称定向募集。发行对象一般是与发行者有特别关系的投资者，如发行人的职工或与发行人有密切关系的金融机构、公司、企业等。投资者一般对发行人的资信情况都比较了解，不必像公募发行那样向社会公开内部信息，也不必取得证券资信级别评定。其特点是发行量少，管理相对简单，不能上市交易。

(2)直接发行与间接发行

直接发行是指发行人不通过证券承销机构而自己发行证券的一种方式。其特点是简单方便，发行费用较低，发行手续在发行者与投资者之间直接进行办理，减少了中间环节。一般来说，直接发行主要适合于私募发行，即向特定的投资者发行。它的发行范围不大，发行量小，一般不需要中介机构办理发行事务。直接发行的缺点主要是发行对象往往局限于特定的投资者，使证券的计划发行额不易募足。此外，直接发行没有金融机构等中介机构的协助，对于充分动员社会闲散资金缺乏力量。因而对数量较大的证券往往采用间接发行方法。

间接发行是指证券发行主体由证券发行中介机构代理出售证券、募集资金的一种方法。发行主体不用自己办理发行事务，但需向中介机构支付一定的手续费。它又包括如下三种具体方式：代销，即承销商不承担任何销售风险，其收益是佣金；包销，即承销商将发行人所发行的证券自己先买下，一次性付款给发行者，所有的风险由销售商承担；助销，它是代销和包销两种方式的组合，在代销下卖不完的部分再由承销商自己包下。间接发行的优点是，利用证券发行中介机构众多的金融网点和客户，以及熟练的专业技术人员和良好的信誉，可以迅速募集到大量资金，保证证券发行任务顺利完成。

2.证券上市的条件

通过公开募集方式发行证券后，发行人一般都会谋求证券的上市，从股票发行的角度来看，它的上市交易使得发行人成为上市公司。

在各国证券市场中，对成为上市公司都有一定的条件要求。主要包括：对经营业绩和业务的要求，如企业的经营年限、盈利能力、发展潜力等；对股本与股东的要求，如对流通股份、股权结构的要求以及对股本规模的要求等；对治理结构方面的要求，如管理层的持续性、管理层的能力、外部董事制度、独立审计制度等方面的要求；对信息披露方面的要求，包括信息披露的完整性、及时性和真实性。

(二)证券交易市场

证券的交易市场也称为二级市场、次级市场，是已发行的证券在投资者间进行交易的场所。证券交易市场为证券发行市场新发行的证券带来流动性，换言之，一个功能完善的二级市场的存在会使一级市场发行的证券对投资者更具吸引力。

证券的交易市场主要由场内交易市场和场外交易市场构成，此外，还有第三市场和第四市场。

1. 场内交易市场

场内交易市场指由证券交易所组织的集中交易市场，有固定的交易场所和交易活动时间，在多数国家它还是全国唯一的证券交易场所，因此是全国最重要、最集中的证券交易市场。证券交易所接受和办理符合有关法令规定的证券上市买卖，投资者则通过证券商在证券交易所进行证券买卖。

证券交易所不仅是买卖双方公开交易的场所，而且为投资者提供多种服务。交易所随时向投资者提供在交易所挂牌上市的证券的交易情况，如成交价格和数量等；提供发行证券企业公布的财务情况，供投资者参考。交易所制定各种规则，对参加交易的经纪人和自营商进行严格管理，对证券交易活动进行监督，防止操纵市场、内幕交易、欺诈客户等违法犯罪行为的发生。交易所还要不断完善各种制度和设施，以保证正常交易活动持续、高效地进行。

2. 场外交易市场

场外交易市场又称柜台交易或店头交易市场，指在交易所外由证券买卖双方当面议价成交的市场，它没有固定的场所，其交易主要利用电话进行，交易的证券以不在交易所上市的证券为主，在某些情况下也对在证券交易所上市的证券进行场外交易。场外交易市场中的证券商兼具证券自营商和代理商的双重身份。作为自营商，他可以把自己持有的证券卖给顾客或者买进顾客的证券，赚取买卖价差；作为代理商，又可以客户代理人的身份向别的自营商买进卖出证券。近年来，国外一些场外交易市场发生了很大变化，它们大量采用先进的电子化交易技术，使市场覆盖面更加广阔，市场效率有很大提高。这方面，以美国的纳斯达克市场为典型代表。

3. 第三市场与第四市场

第三市场是非交易所会员在交易所以外从事大笔的在交易所上市的股票的交易而形成的市场。换言之，是已上市却在证券交易所之外进行交易的股票买卖市场。

第四市场是许多机构大投资者完全撇开经纪商和交易所，直接与对方联系，采用这种方式进行上市股票和其他证券的交易。

二、证券交易程序与证券交易方式

(一)证券交易程序

证券在证券交易所的交易程序一般包括以下几个环节：开户、委托买卖、竞价成交、清算交割、过户等步骤。

1. 开户

投资者在买卖证券之前，要到证券经纪人处开立户头，开户之后，才有资格委托经纪人代为买卖证券。

开户时要同时开设证券账户和资金账户。证券账户是证券登记机关为投资者设立的，用于准确登记投资者所持的证券种类、名称、数量及相应权益变动情况的一种账册。资金账户是投资者在证券商处开设的资金专用账户，用于存放投资者买入证券所需资金或卖出证券取得的资金，记录证券交易资金的币种、余额和变动情况。资金账户类似于银行的活期存折，投资者可以随时提取存款，也可以获得活期存款的利息。

2. 委托买卖

投资者买卖证券必须通过证券交易所的会员进行。投资者委托证券经纪人买卖某种证券时，要签订委托契约书，委托书要明确，包括股票的种类、价格、买卖的数量和时间等。最后签名盖章方生效。

3. 竞价与成交

证券商在接受客户委托后，即按投资者指令进行申报竞价，然后拍板成交。

从证券交易发展的过程来看，申报竞价的方式一般有口头竞价、牌板竞价、书面竞价和电脑竞价等几种。口头竞价是指场内交易员在交易柜台或指定区域内大声喊出自己买入卖出的证券价格、数量直至成交。牌板竞价指买方的出价和卖方的要价都书写在交易牌板上来表示，经纪商通过牌板竞价直至成交。书面竞价是场内交易员将买卖要求填写在买卖登记单上交给交易所的中介人，通过中介人撮合成交。电脑竞价是指证券公司交易员在电脑终端机上将买卖报价输入到交易所的电脑主机，然后由电脑主机配对成交。目前，这是世界各国证券交易所采用的主要竞价方式。

4. 清算与交割

清算采用差额交收办法，即将证券商买卖证券的金额和数量分别予以抵消，再通过证券交易所交割净额证券与价款。交易所作为清算的中介人，在价款清算时，向卖方付款，向买方收款；在证券清算交割时，向卖方收进证券，向买方付出证券。

交割是指证券买卖成交以后，买主支付现金得到证券，卖主交出证券换回现金。由于买卖双方并不直接交割，投资者在接到成交确认书并确认无误后，携带证券或价款与证券商在规定的交割日办理交割手续。

根据成交和交割时间长短，交割可以分为当日交割、第二日交割和例行交割等。当日交割指买卖双方于成交后的当日就办理完交割事宜；第二日交割即自成交的次日起算，在第二个营业日正午前办理完交割事宜，这种交割方式很少被采用；例行交割即自成交日起算，在第五个营业日内办完交割事宜，这是标准的交割方式。

5.过户

记名证券的交割手续完成以后，必须办理卖方向买方转移证券权利的手续，这叫做过户。我国证券交易所的股票已实行所谓的“无纸化交易”，对于交易过户而言，结算的完成即实现了过户，所有的过户手续都由交易所的电脑自动过户系统一次完成，无须投资者另外办理过户手续。

（二）证券交易方式

证券交易方式可分为现货交易、信用交易、期货交易和期权交易四种。

1.现货交易

现货交易也称现金现货交易，它是指证券的买卖双方，在谈妥一笔交易后，马上办理交割手续的交易方式。即卖出者交出证券，买入者付款，当场交割，货款两清。这是证券交易中最古老的交易方式。随着交易数量的增加等多方面原因的出现，当场交割变得困难，因此，在实际交易过程中出现了一些变通的方法，即在成交之后允许有一个较短的交割期限，在不同的国家，证券交易所规定的交割期限各有不同，如当日交割、次日交割、例行交割等。

2.信用交易

信用交易又称垫头交易，一般它是通过买空和卖空方式进行的。所谓买空，即投资者向证券公司借入资金去购买比自己投入的资本量更多的证券，它相当于购买了超过自己购买力的证券，也称为融资买进。所谓卖空，则是投资者缴纳一部分保证金，向经纪商借入证券来出售，待证券价格下跌后再买回证券还给借出者的行为，它相当于卖出了本不属于自己的证券，也称为融券卖出。

3.期货交易

期货交易是指交易双方签订契约，按约定价格在约定的交割日里进行交割清算的一种交易方式。在期货交易中买卖双方签订合同，并就买卖证券的数量、成交价格及交割期达成协议。买卖双方签订合约后不用付款也不用交付证券，只有到了规定的交割日买方才交付货款，卖方才交出证券。结算时是按照买卖契约签订时的证券价格结算，而不是按照交割时的价格计算。在我国，证券期货交易是被禁止的。

4.期权交易

期权交易也称选择权交易，是投资者与特定的交易商签订合同，投资者有权在特定的时期内按协议的价格买进或卖出一定数量的证券，而不管此时的证券价格如何变动。期权交易的合同中要规定期权的有效期、证券的种类和数量、证券的价格（协定价格）、期权的价格（购买期权的费用）、期权合同的种类（买进期权和卖出期权）。

第三节　证券交易所与证券指数

一、证券交易所

（一）证券交易所的定义与功能

证券交易所是证券买卖双方公开交易的场所，是一个高度组织化、集中进行证券交易的市场，是整个证券市场的核心。证券交易所本身并不买卖证券、也不决定证券价格，而是为证券交易提供一定的场所和设施，配备必要的管理和服务人员，为证券交易的顺利进行提供一个稳定、公开、高效的市场，为证券交易创造一个公开、公平、公正的环境，扩大了证券成交的机会，有助于公平交易价格的形成和证券市场的正常运行。在我国有三个交易所：上海证券交易所、深圳证券交易所和香港交易所。

证券交易所的基本功能如下：

1.为投资者变现提供场所

证券交易所为证券买卖双方提供了集中的交易场所，使双方可以很方便地把所持有的证券卖出变现，保证证券流通持续不断地进行。

2.持续地形成价格，维持市场活力

在交易所内完成的证券交易形成了各种证券的价格，由于证券的买卖是集中、公开进行的，交易规模大并且速率快，其价格在理论水平上是公平合理的。这种价格及时向社会公告，并被作为各种相关经济活动的重要依据。

3.集中社会资金，引导资金流向，实现资源合理配置

随着在交易所上市股票的日趋增多，成交数量日益增大，可以把极为广泛的资金吸引到证券投资上来，为企业发展提供所需的资金。交易所为资金的自由流动提供了方便，并通过每天公布的行情和上市公司信息，反映证券发行公司的获利能力与发展情况，使社会资金向最需要和最有利的方向流动。

（二）证券交易所的组织形式

证券交易所分为公司制和会员制两种。这两种证券交易所均可以是政府或公共团体出资经营的，也可以是私人出资经营的，还可以是政府与私人共同出资经营的。

1.公司制证券交易所

公司制证券交易所是以营利为目的，提供交易场所和服务人员，以便利证券商的交易与交割的证券交易所。从股票交易实践可以看出，这种证券交易所要收取发行公司的上市费与证券成交的佣金，其主要收入来自买卖成交额的一定比例佣金。而且，经营这种交易所的人员不能参与证券买卖，从而在一定程度上可以保证交易的公平。

在公司制证券交易所中，总经理向董事会负责，负责证券交易所的日常事务。董事的职责是：核定重要章程及业务、财务方针；拟定预算决算及盈余分配计划；核定投资；核定参加股票交易的证券商名单；核定证券商应缴纳营业保证金、买卖经手费及其他款项的数额；核议上市股票的登记、变更、撤消、停业及上市费的征收；审定向股东大会提出的议案及报告；决定经理人员和评价委员会成员的选聘、解聘及核定其他项目。监事的职责包括审查年度决算报告及监察业务，检查一切账目等。

2.会员制证券交易所

会员制证券交易所是不以营利为目的，由会员自治自律、互相约束，参与经营的会员可以参加股票交易中的股票买卖与交割的交易所。这种交易所的佣金和上市费用较低，从而在一定程度上可以防止上市股票的场外交易。但是，由于经营交易所的会员本身就是股票交易的参加者，因而在股票交易中难免出现交易的不公正性。同时，因为参与交易的买卖方只限于证券交易所的会员，新会员的加入一般要经过原会员的一致同意，这就形成了一种事实上的垄断，不利于提高服务质量和降低收费标准。

在会员制证券交易所中，理事会的职责主要有：决定政策，并由总经理负责编制预算，送请成员大会审定；维持会员纪律，对违反规章的会员给予罚款、停止营业与除名处分；批准新会员进入；核定新股票上市；决定如何将上市股票分配到交易厅专柜；等等。

（三）证券交易所的监管模式

按照监管主体的不同，证券交易所的监管模式可以分为行政型监管模式、自律型监管模式、结合型监管模式三类。

行政型监管模式最大的特点是强调政府权力对证券交易所的外部管理。这种模式以法国为代表，欧洲大陆的多数国家也采取这种管理模式。

自律型监管模式特别强调证券交易所的自我管理、自我约束。该模式以英国为代表，此外还有一些英联邦国家。

结合型监管模式既重视政府对证券交易所的监管，也充分发挥证券交易所的自律管理功能，这种模式以美国为代表，日本、加拿大、韩国等国家也主要采用这种模式。

近20年来，随着金融全球化、交易电子化、资本跨国界自由流动的发展，证券交易也日益突破国界和时区的限制，向全球网络交易发展。随之而来的则是证券市场合纵连横、金融创新层出不穷以及金融混业经营，这种新的发展趋势使证券市场的风险加大。因此，各国在不断开放国内市场，放宽市场准入条件的同时，也逐步加强了对本国证券市场的监管，尤其是加强了政府对市场的控制，自律监管有逐渐弱化的趋势。

（四）国内外主要的证券交易所

世界各国尤其是成熟市场都有一些重要的证券交易所，如美国有18家，其中纽约证券交易所为世界第一大证券交易所；英国有7家证券交易所，其中最著名的是伦敦证券交易所；日本有8家证券交易所，东京、大阪、名古屋证券易所是最主要的证券交易所；法国有7家证券交易所，最著名的是巴黎和里昂证券交易所；中国香港联交所是远东证券交易中心之一；中国大陆有上海和深圳两家证券交易所，二者承担了全国大量的证券交易，这两家交易所均实行会员制。

二、证券指数

（一）证券指数的类型

一般来说，证券指数的编制方法可用公式表述为：

$$I_t = \sum_{i=1}^{n} Q_{it} P_{it}$$

其中 I_t 表示第 t 时点的证券指数；Q_{it} 表示第 t 时点用来计算指数的第 i 种证券的数量；P_{it} 表示第 t 时点用来计算指数的第 i 种证券的价格。

根据对每种被选择的证券所赋予的权重的不同，指数可分为价格权重指数、价值权重指数和等权重指数。

1. 价格权重指数

价格权重指数的计算方法是，将各种被选用证券的市场价格相加，然后除以某一相应除数，即

$$I_t = \sum_{i=1}^{n} (1/\text{除数}) P_{it} = (1/\text{除数}) \sum_{i=1}^{n} P_{it}$$

其中的(1/除数)即 Q_{it}；这里的除数是一个随着发放股息、配股等而进行调整的数字。比如上市公司进行拆股，则新的除数＝拆股后的总价格/拆股前的价格平均数；因此，拆股后的价格平均数＝拆股后的总价格/新除数。著名的道琼斯工业平均指数即是按照价格权重指数的方法设计、计算的。

2. 价值权重指数

价值权重指数是以各种采样证券的公司股东权益的价值(市场价值)为基础编制的。设 N_{it} 为第 i 种股票在时点 t 发行在外的普通股数量，P_{it} 为第 i 种股票在时点 t 时的市场价格，则第 i 种股票的市场价值为 $N_{it}P_{it}$。价值权重指数的计算公式为：

$$I_t = \left(\frac{100}{\sum_{i=1}^{n} N_{i0} P_{i0}} \right) \sum_{i=1}^{n} N_{it} P_{it}$$

价值权重指数不以采样证券的市场价格为基础，而是以采样证券的市场价值为基础编制的。显然，某种特定股票的市场价值与该股票的发行量相关，而且，在市场价值一定时，发行量越大，市场价格越低。

3. 等权重指数

等权重指数是在假设各种采样证券对指数有相同影响的前提下计算的，即在计算指数时，各种证券不论其价格高低或价值大小，均赋予其相同的权重。计算等权重指数时，可以使用算术法和几何法两种方法，它们都使用各采样证券的期间收益率计算，其中期间一般为一天。

算术法的计算公式为：

$$I_t = I_{t-1} \left(1 + \frac{1}{n} \sum_{i=1}^{n} R_{it} \right)$$

式中，I_t 和 I_{t-1} 分别表示第 t 时点和 $t-1$ 时点的等权重指数，R_{it} 表示第 i 种证券从 $t-1$ 时点到 t 时点这一时期内的收益率。$\frac{1}{n}\sum_{i=1}^{n} R_{it}$ 是所有采样证券期间收益率的算术平均值。

几何法与算术法计算等权重指数的区别表现在计算平均收益率时使用的方法不同。几何法计算等权重指数的公式为：

$$I_t = I_{t-1}\left[\sum_{i=1}^{n}(1+R_{it})\right]^{1/n}$$

总之，等权重指数方法既不像价格权重指数那样设定采样证券的数量相同，也不像价值权重指数那样以采样证券的市场价值为权重。等权重指数是假定各采样证券有相同的影响力。

（二）股票指数

股票价格指数是指金融服务机构编制的，通过对股票市场上一些有代表性的公司发行的股票的价格，进行平均计算和动态对比后得出的数值。股票价格指数，是对股市动态的综合反映。编制股票价格指数的作用在于，综合考察股票市场的动态的变化过程，反映股票市场的价格水平，为社会公众提供股票投资和合法的股票增值活动的参考依据。

由于上市股票种类繁多，计算全部上市股票的价格平均数或指数的工作是艰巨而复杂的，因此人们常常从上市股票中选择若干种富有代表性的样本股票，并计算这些样本股票的价格平均数或指数，用以表示整个市场的股票价格总趋势及涨跌幅度。计算股价平均数或指数时经常考虑以下四点：(1)样本股票必须具有典型性、普通性，为此，选择样本时应综合考虑其行业分布、市场影响力、股票等级、适当数量等因素。(2)计算方法应具有高度的适应性，能对不断变化的股市行情作出相应的调整或修正，使股票指数或平均数有较好的敏感性。(3)要有科学的计算依据和手段。计算依据的口径必须统一，一般均以收盘价为计算依据，但随着计算频率的增加，有的以每小时价格甚至更短的时间价格计算。(4)基期应有较好的均衡性和代表性。

目前，世界上主要的股票指数有道·琼斯股票指数、标准·普尔股票价格指数、纽约证券交易所股票价格指数、《金融时报》股票价格指数、法兰克福 DAX 指数、日经股票指数、恒生股票指数和 NASDAQ 指数。

我国主要的股票指数包括上证综合指数、上证 30 指数、上证 180 指数、上证红利指数、新上证综指、深圳成分股指数、深圳综合指数、创业板指数、沪深 300 指数以及中证 100 指数。

（三）债券指数

债券指数是反映债券市场价格总体走势的指标体系。债券指数是一个比值，其数值反映了当前市场的平均价格相对于基期市场平均价格的位置。债券指数出现于 20 世纪 70 年代，大大晚于股票指数，这主要是由于债券指数的编制存在如下几个难题：

第一，由于债券的到期时间是有限的，因此包含在债券指数中的采样债券的时间都在改变，而不同时间的债券其风险特性是不同的。

第二，许多债券在市场上的交易并不活跃，在编制债券指数时难以确定其价格。

第三，由于很多债券都具有赎回特性，从而采样债券的种类将随时发生变化。特别是当市场利率大幅下降时，大多数公司都将提前赎回债券，导致采样债券种类几乎彻底被改变。

虽然上述难题目前还没有令人满意的解决办法，但是债券指数仍然有着重要的作用，具体体现在以下几个方面：

第一，债券指数可以用来进行市场分析研究和市场预测。投资人可以通过对静态与实时债券指数走势图形进行一定的技术分析，预测未来债券市场整体的变化趋势。

第二，债券指数作为衡量债券整体市场收益率水平的基础，是评估投资人业绩是否优良的标准。

第三，债券指数可以帮助投资人建立指数型债券投资组合，用以模拟和盯住债券市场整体收益水平，减少频繁市场操作的成本，同时也可以用来规避投资人收益低于市场整体收益的风险。

第四，债券指数作为债券市场整体的价格走势指标，可以帮助金融监管部门及时准确地掌握市场当前的情况，制定公开市场操作的策略。

第五，各类债券的发行主体可以通过债券指数了解债券市场的当前行情和历史情况，为其制定债券发行的期限和价格提供决策帮助。

练习题

一、名词解释

股票、优先股、普通股、债券、证券投资基金、金融期货、金融期权、可转换债券、金融互换、股票指数、债券指数

二、简答题

1. 简述优先股和普通股各自的特点。

2. 简述债券和股票的异同。

3. 简述证券衍生工具的功能。

4. 简述证券的交易程序。

5. 简述债券指数的作用。

第三章

证券市场结构

学习要求

1. 通过本章的学习，了解证券市场的分层以及多层次证券市场形成的原因。

2. 了解证券市场微观结构的概念以及发展过程，并初步了解掌握证券市场微观结构理论所研究的焦点问题之一——在证券价格形成的过程中起着关键的作用的交易制度。

3. 了解做市商制度的特点、优点以及纯粹做市商制度对证券市场微观结构的影响，并探讨我国证券市场是否应该引进做市商制度。

第一节　证券市场的宏观结构

所谓证券市场的宏观结构，即证券市场内的市场体系及其分层。这里的市场体系和分层所对应的是不同类型的交易场所、不同风险偏好的投资者和多样化产品之间的不同组合。

一、证券市场的分层

（一）广义的证券市场宏观结构

广义上的证券市场宏观结构，包括交易所结构、投资者结构和产品结构等。具体地说，证券市场的分层主要表现在四个方面：主板市场与创业板市场共同发展的纵向层次；股票市场、债券市场与衍生金融产品市场协调发展的横向层次；场内市场与场外市场并存的深度；以及全国性市场与区域性市场相辅相成的广度。

第一，纵向层次：主板市场与创业板市场共同发展。随着世界各国从工业经济向知识经济转化，许多国家通过实行高科技发展战略，推进技术创新，提高本国经济竞争力。在此背景下，一大批中小创新公司应运而生。为了方便这些中小创新公司融资发展，同时增加市场深度，世界上主要的证券交易所或新兴市场都推出了针对这些中小创新公司的证券交易市场——二板市场。因此，整体而言，全球证券交易市场体系呈现出主板市场与创业板市场共同发展的趋势。

第二，横向层次：股票市场、债券市场与衍生金融产品市场协调发展。一个完善的证券市场除债券市场、股票市场外，还包括金融衍生工具市场、基金市场等。证券市场要健康发展，首先要建立健全各纵向子市场，其次要经常保持各子市场之间的有机融合与协调。目前，各国证券交易所正在进行各种各样的创新尝试，在经营债券、股票等基础证券的同时，大力发展期货期权等衍生产品和跨国产品，实现产品多样化，拓展市场宽度，其中，衍生金融产品是证券交易所拓展金融产品序列的重中之重。

第三，交易场所层面：场内市场与场外市场并存。场外证券交易市场是指交易所之外的证券市场，分布广泛、交易方便的场外交易市场是场内交易市场的必要补充，是完整的证券市场不可分割的组成部分。与传统的场外交易不同，现代场外交易市场采用了先进的计算机技术和网络技术，因而可以将各地分散的场外市场连成一体，其交易形式已不是买卖双方一对一谈判成交，而是“统一报价，分散成交，集中清算”。这不仅效率高、交易成本低，而且使传统场外交易中信息披露不畅的问题从根本上得到了解决。近年来，随着信息技术的发展，世界证券市场的结构和环境发生了深刻的变化，市场属性之间的差别和地域的界限逐渐模糊，来自各方面的竞争使得交易所这种场内交易市场的自然垄断地位受到威胁。场外市场已经日益成为现代证券市场中一个不可缺少的组成部分。

第四，地域层面：全国性市场与区域性市场相辅相成。从地域层面来看，发达证券市场除了全国性的大市场外，均包括一些区域性证券交易所，以辅助区域性企业的证券交易。例如，美国证券市场在全国性证券交易所之下，还包括 11 家证券交易所，分布在美国各大工商及金融中心城市，主要交易区域性企业的证券。

（二）狭义的证券市场宏观结构

狭义的证券市场宏观结构，则多指交易所结构。世界上，以美国的证券市场体系最为完善，层次最为清晰。

美国的全国性证券市场包括纽约证券交易所、美国证券交易所和纳斯达克市场。其中纽约证券交易所是全球最大的交易所，上市条件最高，主要为成熟企业提供上市服务。美国证券交易所主要服务于新兴中小企业，其上市条件比纽约证券交易所低很多，通常美国证券交易所是纽约证券交易所的预备阶梯，即那些没有条件一下子到纽约证券交易所上市的企业，可以先在美国证券交易所上市。纳斯达克市场创建于1968年，初期主要是收集和发布场外交易非上市股票的证券商报价，是一个场外交易市场，2006年1月被美国证券交易委员会批准注册，成为美国第三家全国性证券交易所。纳斯达克市场成为全国性证券交易所反映了全球场外交易市场的发展趋势之一——场外交易场内化。纳斯达克市场中发展良好的上市公司可以转到美国证券交易所或纽约证券交易所上市交易。

地方性的证券市场包括区域性证券交易所和“未经注册的交易所”。前者主要交易区域型企业的证券，同时也交易在全国性证券市场上市的本地企业的证券；后者是指美国证券管理委员会依法豁免办理注册的小型地方性证券交易市场，主要服务于地方中小企业，为地方经济发展提供直接融资。

场外交易市场除了著名的纳斯达克市场，还包括OTCBB市场和粉红单市场。

二、多层次证券市场的形成原因

从交易所的类型来看，证券市场的宏观结构不仅是成体系的，而且是多层次的。多层次证券市场的成因主要有以下三个方面：

一是企业的需要。证券市场是为企业服务的，企业的多样性从根本上决定了证券市场应当是多层次的，因为企业的经营和发展是分阶段和分层次的，即使是同一家企业，在其生命周期的不同阶段，融资需求也是有差异的，这就必然在客观上要求证券市场体系具有一个完整的多层次结构，以满足企业不同发展阶段的需要，为包括中小型企业在内的各类企业和不同发展阶段的企业提供更多的融资渠道。

二是市场的需要。证券市场的各个不同层次对应不同的企业，各有不同的筛选机制，使企业有可能递进上市或递退下市，从而形成一个完整的市场体系结构。例如,当中小型企业希望通过发行股票筹集资金而又不能满足纽约证券交易所的发行和上市要求时,就可以选择在纳斯达克实现融资和上市。在这一过程中,各市场又具有双向流动性,也就是说,在纽约交易所上市的公司,当其素质要求不再满足持续性上市条件时,即可推到下一层次,如美国证券交易所上市交易;当公司在场外交易市场上不断发展壮大并满足了更高层次市场的要求时,即可转板到交易所上市交易。这样既有利于保证上市公司的质量,又有助于风险投资的发展。

三是金融创新的需要。金融创新的迅猛发展及新的投资品种的不断出现,也迫切需要不同层次的证券市场为其提供发挥作用的舞台。由于新的证券品种直接在主板市场交易风险太大,较为稳妥的方式是让其在场外交易市场进行实验性交易以取得衍生工具创新和监管的经验。

总之,证券市场只有通过面向需求的最大可能的细分,来最大限度地满足多样化的市场主体对资本的多样化的供给和需求,才能高效率地实现供求的均衡,才能实现证券市场全面、协调和可持续发展。

三、我国证券市场体系的层次

我国的证券市场起步较晚,但发展迅速。1990 年上海证券交易所与深圳证券交易所的成立,标志着中国证券主板市场的形成。2004 年 5 月,在主板框架下设立了中小企业板,为开展适应中小企业特点的制度创新奠定了基础。2009 年 10 月,创业板的成功推出,推动了资本资源向成长性和创新型企业倾斜。创业板市场的设立为以创业板为基础的风险投资机制提供了生存和发展空间,也使得高新技术企业与金融资本得到了有效的结合。中小板和创业板设立以来,已有近千家企业上市,累计融资逾万亿元,占沪深总市值比例约 20%。

从横向角度而言,以前我国证券市场虽然有规模较大的股票市场和银行间债券市场,但企业债券市场萎缩,金融衍生产品市场更是缺乏。就我国证券市场的沪深两个证券交易所而言,目前其主要交易品种有股票、基金、债券、可转换债券等,交易品种少,基本上没有衍生金融产品交易。2008 年融资融券交易试点的启动与 2010 年股指期货交易的批准标志着做空机制的推出,对我国资本市场的结构产生了深刻影响。我国证券市场在横向层次上亦向着不断完善的方向前进。

我国证券市场尽管通过二十多年的发展已经取得了卓越的成就,但宏观结构目前还不十分完善，与交易所对应的场外证券市场，除银行间场外交易市场规模较大外，其他场外证券市场的发展还处于非常初级的阶段。而银行间场外交易市场由于受到分业经营的限制，其交易品种仅限于国债和金融债券，远不能适应对股票和企业债券的场外交易需求。中国证券市场目前是高度垄断的、层次单一的市场结构，这极大地抑制了企业发展过程中对融资和股权交易的需求。因此，推进我国证券市场的多层次发展，是我们面临的一项重要任务。

第二节　证券市场的微观结构

证券市场的微观结构理论产生于20世纪60年代末，是德姆塞茨第一次直接将交易制度引入证券交易价格的决定过程，开创了证券市场微观结构理论的先河。市场微观结构理论的核心内容是对证券交易制度的研究、设计和评价。

一、市场微观结构理论

（一）市场微观结构理论兴起与发展

传统经济理论的主要缺陷是没有对市场组织和交易形式进行分析，新古典主义经济学没有回答市场是怎样获得均衡价格的，交易过程被视为一个黑箱，供求曲线的交点自动决定了市场出清价格，至于供给和需求通过何种市场组织真正达成交易并形成价格，新古典主义经济学却几乎没有给出答案。而在交易成本理论者那里，市场组织和交易形式并不是他们关注的主要问题，因此，他们眼中的市场与新古典的市场在本质上是一样的，在这个市场上，价格是外生的。

对均衡价格的全面反思，要求对市场组织和交易形式进行具体的深入的分析，而不是一般意义上的均衡分析。1968年，德姆塞茨发表了《交易成本》一文，将经济学家的注意力引导到了交易机制对价格决定的影响上。1976年，卡门正式以《市场微观结构》为名，探讨了做市商制度对价格行为的影响，从而拉开了微观结构理论发展的序幕。1987年，美国股市的大崩溃引发了人们对股价形成机制的深刻反思，从而激发了学术界对市场微观结构的研究兴趣。进入20世纪90年代以后，在理论创新、技术革命和实践发展三种力量的推动下，市场微观结构理论蓬勃兴起，成为现代金融学中最活跃的一个领域。

(二)证券市场微观结构概述

对于什么是证券市场微观结构，目前还没有统一的概念。世界银行集团国际金融公司高级经济学家格林认为，证券市场微观结构是证券价格形成过程中的微观因素，包括交易品种、证券市场参与人、交易场所以及参与人所遵循的交易制度；马德哈万则认为证券市场微观结构是投资者的潜在需求彻底转化为证券交易价格和交易量的过程；还有的学者认为一个广义的市场微观结构理论应研究是交易平台之间的竞争还是单个委托订单执行的竞争，交易的内部化与中介商之间交易的利弊分析，以及市场透明度问题。

虽然对于证券市场微观结构的定义各有不同，但共同的一点是证券市场微观结构主要是指市场参与者所遵循的交易制度结构。具体来看，证券市场微观结构主要包括四部分内容：

一是价格的形成和发现。其中既包括静态问题，比如交易成本的决定；也包括动态问题，比如价格随信息进行调整的过程等。简而言之，对价格形成和发现的研究就是深入交易过程这一“黑箱”内部，考察投资者潜在的需求如何最终转化成为成交价格和成交量。

二是市场结构和设计。主要包括价格形成和交易规则的关系，其核心是考察不同交易规则如何影响“黑箱”，并进而影响市场流通性和市场质量。

三是信息及披露。其中最重要的是市场透明度问题，也就是市场参与者观察到有关交易过程信息的能力。这方面的研究主要考察“黑箱”内部泄露出来的信息如何影响交易者的行为和策略。

四是市场微观结构同金融学其他领域的关系。有关“黑箱”的研究将会使人们对公司财务、资产定价、国际金融等领域的许多传统问题产生新的认识。

二、交易制度

证券市场微观结构研究的核心问题是证券交易价格的形成与发现以及运作机制等问题。证券交易价格是在一定的交易制度约束下形成的，因此交易制度在证券价格形成的过程中起着关键的作用。不同的交易制度促成价格形成的机制是不相同的。从这个意义上看，交易制度始终是市场微观结构理论研究的焦点问题之一。

证券市场交易制度可分为两类：一类是报价驱动机制，也就是做市商制度；另一类是指令驱动的竞价交易机制，包括集合竞价和连续竞价。除此之外，还有一种兼具这两类特征的交易机制，称为混合机制。

（一）报价驱动机制

报价驱动机制也称“做市商制度”。做市商是通过提供买卖报价为金融产品制造市场的证券商。做市商制度，就是以做市商报价形成交易价格、驱动交易实现的证券交易方式。纯粹的做市商市场有两个重要的特点：第一，所有客户订单都必须由做市商用自己的账户买进卖出，客户订单之间不直接进行交易。第二，做市商必须在看到订单前报出买卖价格，而投资人在看到报价后才下订单。

做市商制度下，做市商通过充分发挥交易中介的作用，可以大大提高市场的流动性和稳定性，并有利于大宗交易的顺利完成。但做市商制度也有其缺点：首先是交易成本较高，做市商市场的买卖差价高于竞价交易市场，这主要是对做市商提供做市服务的补偿；其次是信息透明度低，相对于其他市场参与者，做市商具有独特的信息优势，因此，做市商常会利用内幕消息提前行动或者合谋限制竞争，不利于市场效率的提高和投资者利益的保护。

（二）竞价驱动机制

竞价驱动机制又称指令驱动机制，该驱动机制下证券买卖双方按照规则相互进行交易，无需中间做市商。市场的交易中心以买卖价格为基准按照一定的原则进行撮合成交。

将竞价驱动机制按照交易的连续性标准划分，又可分为集合竞价和连续竞价两种机制。

在集合竞价制度下，交易者提交的指令不是立即予以执行成交，交易中心将不同时点提交的指令集中起来进行竞价成交。某一时点上的成交价格是同一的。在集合竞价时点上，交易系统可以尽可能多地收集交易者的指令，因而也最大限度地反映了这一时段上市场的供求情况，充分吸收了市场上的信息，因此集合竞价制度下的证券成交价格信息含量较高。

在连续竞价制度下，交易者在交易时段内可以连续不断地下单，提交的订单在每个交易时点上根据一定的交易规则进行即时的匹配，从而逐笔实现成交。与集合竞价制度不同的是，连续竞价机制使得交易者在每个交易时点都有买卖证券并且成交的机会，而不像集合竞价制度那样必须等到特定时段才能交易。故连续竞价制度使得交易者能充分获取市场流动性，只要交易者提交的指令满足一定的交易规则就可以立即予以成交。不过，连续竞价牺牲了交易价格的有效性，因为立即成交的价格只是反映了当前这一笔交易的价格，而集合竞价制度的成交价格可以反映一个时段内的信息。

与报价驱动机制的做市商制度相比，竞价交易机制交易成本较低，市场透明度较高，但其最大的弊端是不利于大宗交易的完成，其市场流动性和稳定性也不如做市商制度。

（三）混合交易机制

混合交易机制同时具有报价驱动和指令驱动的特点。大多数证券市场并非采取做市商、集合竞价或连续竞价中的一种形式，而是根据不同的市场情况采取不同程度的混合模式。它是通过在做市商制度的基础上引进竞价交易机制或者在竞价交易机制的基础上引入做市商制度而形成的。也就是说，混合交易制度的形成有两种途径：

第一种途径是原先采用纯粹的做市商制度的市场逐渐引入竞价交易制度、实现由竞争性做市商制度向混合型做市商制度的过渡，其典型代表即纳斯达克。于1997年实行新的委托处理规则后，纳斯达克如今已经建立了竞价制度加竞争性做市商制度的混合模式。

第二种途径是原先采用竞价制度的市场引入竞争性做市商制度。在这种方式下，做市商的双边报价与投资者的委托共同参与集中竞价，交易仍然主要按照“价格优先、时间优先”的竞价原则进行，做市商或者承担连续报价的义务，或者只承担特定情况下报价的义务。这种混合型制度的典型代表是英国伦敦证券交易所。2003年11月3日，伦敦证券交易所启用了新交易系统SETAmm，该系统对不同的股票实行不同的交易制度：流动性好的股票改为竞价交易方式，而流动性差的股票则由注册做市商竞争报价。

（四）订单匹配的基本原则

在上述各种交易制度下，都涉及了订单如何匹配、成交的问题。按照优先性依次递减排序，目前世界各地的证券市场的优先匹配性大致都遵循如下规则：

1. 价格优先，即优先满足较高价格的买进或较低价格的卖出订单。

2. 时间优先，即同等价格下，优先满足最早进入交易系统的订单。

3. 按比例分配，即当价格时间都相同时，以订单数量按比例分配成交量。

4. 数量优先，即当价格时间都相同时，优先满足较大数量的订单或最能匹配数量的订单。

5. 客户优先原则，即公共订单优先于经纪商自营的订单。

三、我国证券市场的微观结构

(一)我国证券交易所的交易机制

我国沪、深交易所在每个交易日提前十五分钟,开始接受证券商报盘,十分钟后对全部有效委托进行一次集合竞价,产生开盘价。其后在交易时间内继续接受证券商报盘,进行逐笔连续竞价,直至收市,收市价是该证券有成交的最后一分钟内所有交易的加权平均成交价。

在具体运作上,成交价格的产生过程如下:

1. 排队

按照"价格优先、时间优先"的交易原则,在主机内为每只证券建立一个买方队列和一个卖方队列。

2. 集合竞价原则

集合竞价时,成交价格的确定原则为:(1)可实现最大成交量的价格;(2)高于该价格的买进申报与低于该价格的卖出申报全部成交的价格;(3)报价与该价格相同的买方或卖方至少有一方全部成交的价格。

两个以上价位符合上述条件的,上海证券交易所取其中间价位为成交价,深证证券交易所取距前收盘价最近的价位为成交价。

3. 连续竞价原则

在连续竞价交易时段中,投资者做出买卖决定并输入委托后,如果最高买入申报与最低卖出申报价格相同,则以该价格为成交价;否则,按如下两种方法确定成交价:

(1)买入申报价格高于即时揭示的最低卖出申报价格时,以即时揭示的最低卖出申报价格为成交价。

(2)卖出申报价格低于即时揭示的最高买入申报价格时,以即时揭示的最高买入申报价格为成交价。

4. 大宗交易原则

沪、深证券交易所的大宗交易通过专用的交易系统进行。买方和卖方根据大宗交易的意向申报信息,并在专用系统中就大宗交易的价格和数量等要素进行议价协商。意向报价被其他参与者接受的,报价方应当至少与一个接受意向报价的对手方进行交易。大宗交易的成交价格由买卖双方在当日的最高和最低成交价格之间确定。该证券当日无成交的,以前收盘价为成交价。

(二)信息透明性

交易信息根据性质可划分为两类:一是交易前信息;二是交易后信息。交易信息的披露情况对流动性、波动性和市场效率具有重要影响,也是保持市场公平和高效运作的基础。

我国股市的开盘机制是一种封闭式集合竞价,其间不公布任何委托信息,当集合竞价产生后,系统同时揭示开盘价、成交量和成交额,在剩余的有效委托中,系统将分别揭示三个最佳的买入价量以及三个最佳的卖出价量。进入连续竞价后,系统会根据每笔成交及时更新成交价、成交额、最高价、最低价等相关指标,并根据委托情况更新最佳买入价量以及最佳卖出价量。为了增强市场的透明性,沪、深证券交易所于 2003 年 12 月 8 日调整了买卖委托的披露范围,向投资者提供五个最佳买卖委托的即时行情。

对于大宗交易而言,收盘后,沪、深交易所会在指定媒体上公布每笔大宗交易的成交量、成交价以及买卖双方所在会员营业部的名称。

(三)市场稳定机制

涨跌幅是我国证券市场最主要的市场稳定机制,它经历了三个最重要的阶段。第一阶段为 1992 年 2 月以前,市场设立涨跌幅限制。第二个阶段为 1992 年 2 月至 1996 年年底,市场不设立涨跌幅限制。第三个阶段为 1997 年之后,市场重新设立涨跌幅限制。

另外,我国股市还实行股票停牌制度,对连续三天以上(含三天)达到涨跌幅限制的证券,交易所对其实施暂停交易半天,并予以公告。停牌制度的目的是促使证券价格反映所有公开的信息,使投资者注意涉及个股的异常事件,保护投资者利益。

第三节　做市商制度

目前,不仅在场外交易市场,即使是在主板市场,大多数资本市场发达的国家也都纷纷引进做市商制度。本节我们将对做市商制度作进一步的阐述。

一、做市商制度的特点

做市商制度是指在证券市场上,由具备一定实力和信誉的证券经营法人作为特许交易商,不断地向公众投资者报出某些特定证券的买卖价格,双向报价并在该价位上接受公众投资者的买卖要求，以其自有资金和证券与投资者进行证券交易。做市商通过这种不断买卖来维持市场的流动性，满足公众投资者的投资需求。做市商通过买卖报价的适当差额来补偿所提供服务的成本费用，并实现一定的利润。

在做市商市场上，做市商进行双向报价，投资者可以在做市商所报出的价位上向做市商买进或卖出。做市商的基本特点是：

1. 做市商只对某只特定证券做市，就该证券给出买进和卖出报价，且随时准备在该价位上买进或卖出。

2. 投资者的买进订单和卖出订单不直接匹配，相反，所有投资者均与做市商进行交易，做市商充当类似于银行的中介角色。另外，做市商之间也可以进行交易，例如，纳斯达克市场上，做市商之间的交易占交易总额的将近20%。

3. 做市商从其买进价格和卖出价格之间的差额中赚取差价。买卖差价是衡量市场流动性、价格连续性(每笔交易之间的价格变化)和市场深度(每一定数量的股票交易所引起的价格变化)的重要指标。

4. 如果市场波动过于剧烈，做市商感到风险过大，也可以退出做市，不进行交易。在理论上，由于存在大量做市商，且做市商之间相互竞争，个别做市商的退出不会影响市场的正常运作。

5. 在大多数做市商市场，做市商的报价和投资者的买卖订单都是通过电子系统进行传送的。

6. 做市商市场的组织形式有很多种，可以是分散在各地的做市商通过电子系统报价，如美国的纳斯达克市场；也可以是做市商集中在交易所的大厅里进行买卖报价，如上世纪80年代下半期到90年代上半期的英国伦敦证券交易所。

部分股票市场、大多数债券市场和货币市场都是做市商市场。美国的纳斯达克市场是一个典型的做市商市场。纳斯达克市场的做市商是自由进入的，每一只股票均有若干做市商，投资者可在这些相互竞争的做市商报价之间选择最有利的报价。

伦敦证券交易所传统上也是一个竞争型的做市商市场。但在1986年“大爆炸”改革和1997年再次改革后，竞价市场和做市商市场并存，目前80%的股票通过做市商进行交易，大宗交易也通过做市商进行。

二、做市商制度的优点

做市商制度之所以产生并不断被各类资本市场所采用，其根本性原因在于，和竞价交易机制相比，做市商制度具有以下优点：

(一)做市商制度有利于提高市场的流动性

证券的流动性与证券的变现能力有关。流动性的度量标准有：资产出售可实现的价格与变现所需要的时间长度，即在价格没有明显损失的条件下，在短期内大量出售证券的能力。当市场出现沉闷情形时，由于价格波动小，对投资者来说缺乏足够的吸引力，因此流动性不够，投资者手中的证券流动困难，大大增加了投资者的风险，使投资者远离市场。美国的 ECM 市场及英国的 USM 市场便是因缺乏流动性，被迫于 1995 年和 1996 年关闭。根据 NASDAQ 市场的规定，做市商必须确保股票能开盘交易。投资者在二级市场上通过指令买卖证券时，必须找到准备卖出或买入的交易对方，而且数量与价格必须合适，才能成交；而做市商的作用就是在各种市场条件下通过调整报价，使价格在一定幅度内波动，吸引公众投资者进行交易，带动市场人气，提高市场活跃度，而且，由于投资者总有做市商作为固定的交易对象，可以保证交易始终能够成交，避免了市场指令的执行风险，因而使市场具有高度的流动性。显然，这对于交易量小、不活跃的股票具有重要意义。

(二)做市商制度有利于大宗交易的完成

在缺乏做市商的情况下，投资者可能会因报价不宜或缺乏交易对手而无法成交，大宗交易可能会费时或引起价格的剧烈波动。做市商有责任维护双向交易，在任何交易时间里只要有做市商存在，就意味着一定有交易价格和交易对手，不会存在有哪个投资者想买却买不到或想卖而无人接手的情况，为市场提供了即时性，保证了交易量的存在，使大宗交易能迅速完成，又不影响市场价格的稳定，从而节约了交易时间和由于价格变动引起的额外交易成本，保证了市场有较高的流动性。

(三)做市商制度有利于增强市场的透明度

在不同国家的证券交易制度下，信息传递的速度和方式不同，透明度也就不同。竞价交易市场虽然能够适时传播汇总交易报告的信息，但由于所传播的媒体本身存在着信息不对称问题，导致一部分人在信息上占有优势，如上市公司的经营层以及庄家，另一部分人则是信息上被动、盲目的交易者，这样就使信息存在着事实上的不透明。在做市商制度下，虽然没有委托的汇总机制，但由于做市商对市场信息的了解程度远远胜过普通投资者，他们可以对包括上市公司在内的信息来源进行各方面的汇总分析，事实上就提高了市场的透明度。美国的 NASDAQ 市场正是因为做市商制度的存在才使投资者敢于对原本不了解的公司进行投资的。

（四）做市商制度有利于维持市场价格和交易的稳定性

价格的相对稳定是股票市场正常运行的重要条件。一方面，在报价驱动机制下，由于做市商本身不是股票的终极所有者，过高的价格不宜出售，因此不会使股价大幅度偏离价值，做市商通过股票价值的发现来确定稳定的双向报价，使买卖价格不会随供求关系在短期内随意波动，可有效地使供求关系的不确定性在一段时间内得以缓解，从而使股票价格保持一定的连续性。另一方面，参加竞争的做市商越多，他们为市场带来的资本就越多，既提供了资金，又承担了价格风险，有平稳市场价格的作用，并且由于多个做市商同时负责一个公司股票的做市，这种竞争机制可极大地减少股票买卖之间的价差。通常该价差有一定限度，如 NASDAQ 规定做市商的获利价差必须在股票价格的5%之内，即将买卖差价的波幅控制在5%，从而有利于减缓价格波动，使股价保持稳定。此外，交易所禁止做市商在价格大幅度下跌时抛售和大幅度上涨时收购。如果出现过大的卖压，做市商有义务充当买方，缩小供求差距，以防价格大幅度下跌；反之，当出现抢购风潮，市场供不应求时，有责任出售该证券，缓和供求矛盾。

三、纯粹做市商制度对市场微观结构的影响

虽然做市商制度具有上述的优点，但在实践中，由于不同的市场实行不同类型的做市商制度，使得做市商功能的发挥及其对市场微观结构的影响也各有不同。

（一）纯粹做市商制度的细分

所谓纯粹的做市商制度，即典型的报价驱动交易机制，其价格形成与发现的特征是：价格完全由做市商报价形成，做市商是在看到买卖订单前报出卖价和买价，而投资者在看到做市商给出的报价后才下买卖订单。从大的方面看，纯粹的做市商制度可以分为垄断性做市商制度和竞争性做市商制度两种。

垄断性做市商制度是指在交易所上市的每只股票只有一个指定的做市商来负责组织交易，提供报价。如纽约证券交易所实行的专家制度。垄断性做市商制度最大的特点是交易组织与价格控制能力较强，有助于价格稳定。竞

争性做市商制度是指在交易所上市的每只股票有多位做市商来共同负责向市场提供连续报价。其代表性市场是纳斯达克市场，纳斯达克市场有超过500家做市商，每只股票平均有六至七位做市商进行报价。

随着做市商制度的发展、做市商之间分工的深化和其竞争的加剧，竞争性做市商制度又逐渐演化出不同的子类型。比如纳斯达克市场的竞争性做市商存在如下四种类型：主要针对机构客户和其他经纪商的批发做市商；主要服务于机构和个人投资者的零售做市商；专门为养老基金、共同基金、保险公司、资产管理公司等执行大额交易的机构做市商；主要服务于某一特定地区上市公司和投资者的地区性做市商。

（二）纯粹做市商制度对市场微观结构的影响

由于做市商的子类型仅仅是做市商功能的细化及其之间分工的深化，因此我们将主要考虑垄断性做市商制度和竞争性做市商制度对市场微观结构的不同影响。根据证券市场微观结构理论，评价交易制度的主要指标是流动性和有效性。所以我们将从这两个角度出发，评价上述两种制度对证券市场微观结构的不同影响。

就不同做市商制度对市场流动性的影响而言，我们可以凭借买卖差价和指令执行速度这两个主要指标作出评判。就买卖价差来看，价差越小市场流动性越高，在竞争性做市商市场上，由于多位做市商的存在削弱了单个做市商对市场的控制能力，而且做市商之间存在竞争，所以竞争性做市商制度下买卖价差低于垄断性做市商制度，相对应的竞争性做市商市场的流通性也就高于垄断性做市商市场。就指令执行速度来看，指令的执行速度反映了一笔指令从提交到执行所花费的时间，其时间越短，执行速度也就越快，从而市场的流动性越高。由于竞争性市场上存在多位做市商，其指令执行速度远远高于垄断性做市商，调查表明，纳斯达克市场的指令执行速度平均比纽约证交所快一倍。

不同做市商制度下的市场有效性（即信息的传递与解读效率以及价格对信息的反映）也有差别。垄断性做市商制度下做市商具有独享信息的特权，做市商成为市场中最大的知情交易者，价差大小完全可以由其控制，垄断性做市商为确保其对信息的独享，必然会尽可能封锁各类信息，这使得市场信息透明度较差而影响到市场效率；而竞争性做市商制度由于做市商之间的竞争降低了交易成本，使做市商的报价更加市场化，价格形成更加准确客观。而且竞争性做市商市场在垄断性做市商制度的基础上，通过增加做市商的数量，在做市商定价中引入了竞争机制，从而使市场信息透明度得以改善，在实现连续交易、活跃市场的同时，又保证了交易的公开性和公平性。因此，竞争性做市商制度更有利于市场有效性的提高。

总之,在纯粹做市商制度下,竞争性做市商制度更有利于市场微观结构的完善及其效率的提高。正是因为如此,竞争性做市商制度是目前国际证券交易所比较通行的做法。

四、我国引入做市商制度的讨论和尝试

(一)关于是否引入做市商制度的讨论

引入做市商制度一直是我国证券市场人士讨论的热点之一。主要有三个方面力量从各自出发点来看待在我国证券市场引入做市商制度。监管层主要从有利于加强监管的角度出发,认为做市商制度可以起到抑制操纵、规范市场的作用;深沪交易所从流动性角度出发,认为引入做市商制度主要是为了解决可能存在的流动性不足问题;券商的主要出发点则是,引入做市商制度将创造新的盈利模式,增加券商新的利润来源。总体来看,关于我国证券市场引入做市商制度的讨论经历了以下三个阶段。

第一阶段是1996年以前,在该阶段,我国证券市场总体上还处于起步阶段,有关做市商制度讨论的出发点比较简单,只是把它作为一种可供选择的交易制度,研究它在我国证券市场的适用性。在该阶段,市场对做市商制度的讨论虽一度热烈,但并没有形成很大的影响。

第二阶段是1996年至1999年间,这一阶段在市场高速发展的同时,鉴于市场的剧烈波动,人们对做市商制度稳定市场的作用特别关注,有关方面再次提出了引入做市商制度的问题。然而总体上看,关于做市商制度有助于稳定市场的讨论并没有形成一致意见。

第三阶段是2000年以后。在创业板设立之前,做市商制度是否应该被引入创业板市场就已成为热点问题。对此,人们有着不同的看法。主要的支持理由有两个,一是创业板市场的流动性可能较低,二是创业板市场的波动可能较大。但反对者认为,我国创业板市场建立做市商制度既不可行,也不必要,更缺乏必要的理论支持,其主要理由是,我国证券市场换手率较高且小盘股交易更为活跃,并且做市商制度存在着交易成本较高等缺陷。尽管市场讨论十分热烈,但是,最终的方案并没有采用做市商制度。

(二)引入做市商制度的利与弊

采用纯粹竞价交易制度、不引入做市商制度是我国证券市场长期以来的做法。从实施效果看,这种交易制度对我国证券市场的发展起到了重要作用。

纯粹竞价交易制度是广为新兴市场所采用的一种交易制度，其优点主要在于三个方面：一是适用于个人投资者占很大比重的市场，因而对亚洲新兴市场特别有吸引力；二是交易严格遵循"价格优先、时间优先"的原则，有利于保证交易的公平、公正和公开，因而特别适用于处于发展初级阶段、以个人投资者为主的市场；三是交易成本相对较低，用买卖价差等指标衡量的交易成本都小于做市商制度。

引入做市商制度并没有放弃原有的竞价交易制度，相反，只是在原有竞价交易制度基础上新增加做市商的作用。因此，引入做市商制度后，竞价交易制度的诸多优点仍会存在。也就是说，引入做市商制度的好处是新增的。具体来说，我国证券市场引入做市商制度的好处主要就是针对竞价交易制度存在的两个潜在不足之处，建立适用于流动性较差股票的交易制度、能高效地满足机构投资者大宗交易的需要。

当然，我国证券市场引入做市商制度也存在着一定风险。首先，虽然引入做市商制度并没有破坏"价格优先、时间优先"的集中竞价原则，但是，由于做市商需要一些特殊补偿，需要获得一些法定责任豁免，而这些豁免可能涉及现有法律法规的小规模修改。从实施角度看，存在着一定的配套规章修改风险。其次，对做市商做市行为的监管存在着风险。海外做市商市场的经验表明，对做市商做市行为的监管难度正是来源于做市商所拥有的特殊权利，特殊权利越大，监管难度就越大。最后，引入做市商存在着一定的系统建设成本。引入做市商制度涉及现有交易系统的改造以及新系统的建设，这项成本相当可观。此外，在我国市场结构不完善、缺乏做空机制等必要的风险控制手段的情况下，做市商能否有效发挥所期望的作用也值得担心。

（三）我国引入做市商制度的尝试

如上文所述，近期内我国证券市场引入做市商制度的迫切性并不十分显著，引入做市商制度的风险也非常明显。2011 年 11 月，国务院颁布的《关于清理整顿各类交易场所切实防范金融风险的决定》中明确规定，不得采取集中竞价、做市商等集中交易方式进行交易。

然而，2008 年 9 月成立的天津股权交易所至今已经实行了四年多的做市商双向报价交易制度。通过采取做市商的双向报价，截至 2012 年 6 月，天津股权交易所引进了各类投资基金 485 家，累计成交 10 亿股、29 亿元，市场平均年换手率 26%，平均市盈率 9 倍左右。内部的模拟价格指数显示，指数年均增长 20%，上下振幅 35%。总体来说，市场定价基本合理和平稳。天津股权交易所的这一举措意义重大，对探索在我国证券市场引入做市商制度是一个非常重要的尝试。

我们必须看到，在市场环境发生较大变化，特别是市场较频繁出现流动性不足的极端情况时，引入做市商制度仍是一种值得考虑的重要手段。

练习题

一、名词解释

证券市场的宏观结构、证券市场的微观结构、做市商制度、集合竞价、连续竞价

二、简答题

1. 简述多层次证券市场形成的原因。

2. 简述证券市场微观结构的主要内容。

3. 比较报价驱动机制和竞价驱动机制的不同。

4. 简述做市商制度的优点。

5. 简述纯粹做市商制度对市场微观结构的影响。

第四章

投资主体与投资相关组织

学习要求

1. 通过本章的学习，重点掌握投资主体的相关概念、分类及特点。

2. 弄清个人投资主体与机构投资主体的不同之处，以及他们各自对金融投资的作用与意义。

3. 掌握金融中介机构的职能及其在投资过程中发挥的作用。

4. 了解各类金融市场服务机构的业务内容及对投资过程的重要性。

第一节　投资主体

一、投资主体的概念

投资主体是指从事投资活动，具有一定资金来源，享有投资收益的权、责、利三权统一体的“投资人”。投资主体既是金融市场的资金供给者，也是金融工具的购买者，其实质是经济要素所有权在投资领域的人格化。

投资主体是三权的统一体：决策主体，拥有投资决策权；责任主体，承担政治、法律、社会道德等风险；利益主体，享受收益权（包括营利性的收益和非营利性的收益）。

二、投资主体的类型

投资主体根据体现的法律形式不同，分为个人投资主体和机构投资主体；根据是否拥有经营项目的经营权，又分为直接投资主体和间接投资主体。根据投资主体在整个国民经济中的地位和层次，还可分为中央政府投资主体、地方政府投资主体、企事业单位投资主体和个人投资主体。中央政府作为投资主体，其投资重点一般为公用事业、基础设施、基础工业、极少数大型骨干企业和国防、航天、高技术等战略产业，考虑全局利益，以社会公平、稳定、就业为宗旨。地方政府作为投资主体，主要投资于区域性公用事业、基础设施、教育、卫生、社会福利等方面。企事业单位作为投资主体，根据市场需求和企业更新技术、改进工艺等要求，进行相应的投资活动，主要以利润最大化为目标。个人作为投资主体，相对于前三个投资主体而言，它具有范围广、数额小、灵活性强等特点，主要从自身利益出发，以资金保值、增值为目的。

不同的投资主体担负不同的投资任务，采取不同的投资方式。它们既是独立的，又是相互联系的，既可单独投资，又可以不同投资主体联合投资，由此构成了我国有机的、多元化的、多层次的投资体系。

三、个人投资主体

个人投资主体是指从事投资的社会自然人，他们可以以个人或家庭的形式进行投资。在收入水平较低的时期，个人积蓄主要采用银行存款形式。随着收入的增加，投资渠道的拓宽，个人对资产的增值性更加注重，一些高收益高风险的投资产品越来越多地吸引了个人投资者。

(一)个人投资主体的投资特点

个人投资主体的投资活动有以下特点。

1.不创造金融产品。个人投资主体既不发行也不能提供新的金融产品，他们是金融产品的纯需求者。尽管他们也在金融市场出售金融产品，但不会增加金融产品的数量。

2.投资专业性不强，更具盲目性。由于个人投资主体力量分散，资金规模有限，很难将资金进行合理全面的资产规划配置以降低投资风险，且个人投资主体的时间、精力以及知识有限，很难获取并处理大量的投资信息以作出合理投资规划，因此其投资活动的盲目性大，从而遭受投资损失的可能性要比机构投资主体更大一些。

3.投资活动的途径需借助中介机构。个人投资主体的资金有限，需要通过金融中介机构协助进行金融资产的交易。

(二)个人投资主体的资金来源

个人投资主体是以个人的名义，将自己的合法财产投资于金融市场的投资者。其资金的来源主要有：一是储蓄，这是最主要的来源。个人既可以将储蓄直接用于购买金融资产，也可通过储蓄活动间接地投资，如通过购买保险、基金等，由保险公司、基金公司等间接进行投资。二是手持现金。手持现金作为个人投资主体资金来源之一，相对来说，数量上是很小的。三是融资。在金融市场成熟的西方国家，个人投资主体的投资活动不一定受自身储蓄规模的限制，当资金不足时，可以通过向证券公司、商业银行或人寿保险公司贷款等方式借入资金进行投资活动，但这种融资投资有很大的投机性与风险性。我国过去是禁止这种交易的，2005年10月重新修订后的《证券法》取消了证券公司不得为客户交易融资融券的规定。随后，中国证券监督管理委员会发布了《证券公司融资融券业务试点管理办法》，上海证券交易所和深圳证券交易所也公布了融资融券交易试点的实施细则。至此，信用交易在我国也可以合法开展了。

(三)个人投资主体的投资目的

就个人投资主体的投资来说，其进行投资活动的目的多种多样，主要有以下几种。

1.本金安全

本金安全是投资主体的主要目标。只有本金安全才能借以取得收入，获取盈利。本金安全不只是保持资金的数量不变，还要保持本金的购买力，即抵御通货膨胀的危害。

2.追求盈利

投资活动的收入主要来自利息收入和资本利得。现在人们已不再满足于“靠人赚钱”的模式，他们越来越倾向于“以钱赚钱”，通过利用自己的资产再投资而赚取更大的收益。

而对于不同收入层次的人群，其所追求的盈利风格又不一样。对低收入投资者来说，他们追求盈利的目的主要是补充其他收入来源的不足，因此对投资的稳定性和安全性要求比较高；而对高收入投资者来说，不存在生活的压力，则更加倾向于高收益、高风险的投资风格。

3.转移风险，寻求保障

个人投资主体通过购买保险理财产品来转移风险，并形成强制储蓄的习惯,为未来的生活提供保障。

4.参与公司决策管理

少数资本雄厚的投资者通过大量购买目标公司的股票来达到参加股东大会,参与决策管理的目的,甚至于控制、操纵目标公司。然而对于大多数个人投资主体来说这种观念是非常淡薄的。

四、机构投资主体

机构投资者是指符合法律法规规定可以投资的,注册登记或经政府有关部门批准设立的机构以及政府的相关机构。机构投资者从广义上讲是指用自有资金或者从分散的公众手中筹集的资金专门进行投资活动的法人机构。机构投资者可分为金融机构和非金融机构两类。

(一)机构投资主体的投资特点

1.资金规模大

机构投资主体从社会吸收闲散资金,或通过各种融资活动筹集大规模的资金进行投资活动。

2.投资管理专业化

机构投资者在投资决策运作、信息搜集分析、上市公司研究、投资理财方式等方面都配备有专门部门,由投资专家进行管理,从理论上讲,机构投资者的投资行为相对理性化,投资规模相对较大,投资周期相对较长,从而有利于金融市场的健康稳定发展。

3.投资结构组合化

证券市场是一个风险较高的市场,机构投资者入市资金越多,承受的风险就越大。为了尽可能降低风险,机构投资者在投资过程中会进行合理投资组合。机构投资者庞大的资金、专业化的管理和多方位的市场研究,也为建立有效的投资组合提供了可能。

4.投资活动对市场的影响大

机构投资主体从事大宗交易,资金实力雄厚,因此其投资活动和交易动向对金融市场的走向有很大影响。

(二)金融机构

1.证券经营机构

证券经营机构是证券市场的主要投资者,它们以自有资本和营运资金进行证券投资。它们进行证券投资主要有两个目的:一是实现盈利;二是满足一般投资者需要，配合证券主管机构稳定证券行情。它们既注重本金的安全，又注重盈利性和流动性，投资对象比较分散，股票、政府债券、公司债券都是投资目标。它们既可能长期持有，也可能看准机会进行短期投机操作。由于证券经营机构资金力量雄厚，信息灵通，操作方便，因而对证券市场影响很大。

2.银行业金融机构

银行业金融机构包括商业银行、城市信用合作社、农村信用合作社等吸收公众存款的金融机构以及政策性银行，它们是以经营存贷款为主要业务，以盈利为主要经营目的的信用机构。由于它们信用机构的身份，使得保护存款人资金安全成为商业银行的首要职责，并且其盈利资产必须具备高度的安全性和流动性，而把投资收入放在次要位置。同时，商业银行投资活动还受政府法令的制约，一般规定商业银行只能投资于政府债券、地方政府债券和投资级企业债券等安全级别高的产品，而不允许购买股票和投机级债券等风险偏高的资产，以保证银行资金安全。银行业金融机构经中国银监会批准后，也可通过理财计划募集资金进行有价证券的投资。

3.保险公司

保险公司是在投保人发生某种意外时进行支付的一种金融机构。目前保险公司已超过共同基金成为全球最大的机构投资者，除大量投资于各类政府债券、高等级公司债券外，还广泛涉足基金和股票投资。保险公司的投资资金来源包括自有资金、保费收入和受托管理的企业年金。其投资的特点是保证本金安全，收入稳健，对流动性要求不高，偏向于长期投资，不用考虑纳税和通货膨胀因素。

4.各种基金性质的投资机构

(1)证券投资基金。证券投资基金指通过发行基金份额，集中投资者资金，由基金托管人托管，基金管理人管理和运用资金，进行股票、债券等金融工具投资，以获得投资收益，是一种利益共享、风险共担的集合证券投资方式。

(2)社保基金。在大多数国家里，社保基金可分为两个层次：一是国家以社会保障税等形式征收的全国性基金；二是由企业定期向员工支付并委托基金公司或保险公司管理的企业年金，作为补充养老保险基金。由于资金的来源不同，且最终用途不同，两种社保基金的管理方式也不同。全国性基金要求极高的安全性和流动性，因为它是社会福利网的最后一道防线。而企业年金资金运作周期长，对资产的增值有较高要求。

(3)社会公益基金。社会公益基金是指将收益用于指定的社会公益事业的基金，如福利基金、科技发展基金、教育发展基金、文学奖励基金等。我国有关政策规定，社会公益基金可用于证券投资，以求保值增值。

5. 合格境外机构投资者(QFII)

QFII 制度是一国(地区)在货币未完全实现可自由兑换，资本项目尚未开放的情况下，有限度地引进外资、开放资本市场的一项过渡性制度。这种制度要求外国投资者必须符合一定的条件，并得到该国相关部门审批通过后，汇入一定额度的外汇资金转换为当地货币，通过严格监管的专门账户投资当地证券市场。

(三)非金融机构

1. 政府机构

作为政府机构，它们参与投资的目的主要是调剂资金余缺，进行市场宏观调控，维护金融稳定，而不是为了获取利息或股息收入，因此，它们既不是单纯的投资主体，更不是投机主体。

2. 企业

企业作为机构投资主体，一方面可以将自己的积累资金或闲散资金用于投资获取收益；另一方面可以通过股票投资实现参股或控股某上市公司，完成企业战略性并购，拓展业务范围，实现公司扩张，获得更多的业务收益。企业投资主体投资的主要特点是长期投资很稳定，短期投资交易量大，对市场的影响比较大。

(四)机构投资主体的发展历程

在金融市场发展初期，市场参与者主要是个人投资者。上世纪 70 年代以来，西方各国证券市场出现了证券投资机构化的趋势。相关统计数据表明，机构投资者的市场份额，70 年代为 30%，90 年代初则发展到了 70%，机构投资者已成为证券市场的主要力量。

在我国金融市场尤其是证券市场发展的初期，与个人投资者相比，机构投资者所占比重严重不足，截至 1997 年底，中国证券市场机构投资者开户数占总开户数的比例不到 1%。为了改变这种投资者结构失衡的状况，我国相关部门采取措施，在完善立法的前提下，逐步培育和规范发展机构投资者，发挥证券投资基金支撑市场和稳定市场的作用，促进证券市场健康持续稳定地发展。1997 年 11 月 14 日，国务院证券委员会颁布了《证券投资基金管理暂行办法》。1998 年以来，中国证监会相继推出设立证券投资基金，允许三类企业、保险基金、社保基金进入证券市场等积极培育和发展机构投资者队伍的政策，有力促进了机构投资队伍的稳健发展。

2002 年 11 月 7 日，证监会与中国人民银行联合发布《合格境外机构投资者境内证券投资管理暂行办法》,正式引入 QFII 制度。2002 年 12 月,财政部、劳动和社会保障部发布《全国社会保障基金投资管理暂行办法》,允许社会保障基金投资入市,将我国养老基金引入资本市场。这样,在我国初步形成了以证券投资基金为主体,以 QFII、证券公司、保险公司等为重要组成部分的机构投资者格局。

近 10 年来,在超常规发展机构投资者的战略指导下,中国证券市场的机构投资者队伍迅速壮大起来。据 2012 年三季度业绩报告披露,截至该年 9 月 30 日,各类机构投资者持有沪深两市上市公司市值达 10.42 万亿元,占两市总市值的 42.37%,这显示出机构投资者已成为股市中的主力。

机构投资者的快速发展,使投资者结构不断优化,促进了上市公司治理结构的完善,推动了理财市场的形成和各类理财产品的发展,促进了社会保障资金运作管理的市场化改革和保值增值目标的实现,引导广大中小投资者走向成熟和理性,有力地促进了处于发展初期的我国证券市场稳健、规范、高效地运行。

第二节　其他投资相关组织

一、金融中介机构

(一)金融中介机构概述

金融中介是指在金融市场上资金融通的过程中,从资金盈余者吸收资金提供给资金短缺者,并提供各种金融服务的经济体。金融中介机构的功能主要有信用创造、清算支付、资源配置、信息提供和风险管理等几个方面。金融中介机构通常发行各种次级证券,如定期存单、保险单等,以换取资金。由于各种金融中介机构所发行的次级证券差异很大,我们可以根据这些差异对金融中介机构进行分类,将其分为存款货币机构和非存款货币机构。

一般而言,发行货币性次级证券如存折、存单等的金融中介机构称为存款货币机构,包括商业银行、基层合作金融中介机构等。这些由存款货币机构发行的次级证券不仅占存款货币机构负债的大部分,也属于货币供给的一部分。至于发行如保险单等次级证券的金融中介机构则称为非存款货币机构,包括信托投资公司、证券公司、保险公司等。这些次级证券不属于货币供给的一部分。

在现代市场经济中，金融活动与经济运行关系密切，金融活动的范围、质量直接影响到经济活动的绩效，几乎所有金融活动都是以金融中介机构为中心展开的，因此，金融中介在经济活动中占据着十分重要的位置。

银行是最大和最古老的金融机构。随着人类生产力的逐步提高，社会上产生了越来越多的闲置资金，人们需要把这些闲置资金存放在安全可靠的地方，需要借钱的人也要从安全可靠的地方借到钱。因此，银行就应运而生。银行发挥着两大主要功能：吸收存款和发放贷款。现在，银行越来越多地朝着多样化的方向发展，不仅给客户提供交易和贷款服务，同时还提供投资理财和保险服务。

保险公司专门从事经营商业保险业务，其主要功能是帮助个人、家庭或企业通过购买保单来规避特定的风险，当特定事件发生时，保险公司依保单的相应规定赔付现金。对于客户支付的保费，保险公司则用于再投资，以获取收益。

基金公司通过发行基金单位，集中投资者的资金，由基金托管人（即具有资格的银行）托管，基金管理人管理和运用资金，从事股票、债券等金融工具的投资。

证券公司是一国金融体系的重要组成部分，其既是证券市场重要的组织者，又是重要的参与者。它的主要业务有承销、经纪、自营、投资咨询、并购、受托资产管理、基金管理等。世界各国对证券经营机构的划分和称呼是不尽相同的，美国称“投资银行”，英国则称“商人银行”。虽然都以“银行”相称，但它们与一般的商业银行是不同的，不能办理存贷款业务。

（二）金融中介机构产生的原因

金融中介机构产生的原因在于信息不对称。信息不对称分为两种情形，第一种信息不对称是相对于投资者来说，融资者对他们自己的投资具有信息优势，而投资者为获取信息，则需要耗费一定的资源；另一种信息不对称是关于投资项目的已实现利润，融资者能够毫不费力地了解投资项目的利润，而投资者却需要耗费一定的时间和金钱。金融中介机构的存在，在投融资双方之间架起一座桥梁，极大地降低了信息不对称带来的相关交易成本。

（三）金融中介机构的职能

1. 资源配置职能

资源配置职能是指金融中介机构提供储蓄—投资转化机制，降低交易成本，实现稀缺储蓄的有效配置。传统的资源配置职能是通过银行吸收存款，发放贷款的方式实现的；而现今金融中介结构的趋势性转变使得储蓄向投资的转化渠道增加了。如资本积累有限的个人投资者无法从事所需资本巨大的事业，如铁路、钢铁、石油等行业，但通过在股票市场发行股票来成立公司则可完成这一任务。

2.支付清算职能

在市场经济条件下需要一个体系为全社会的交易活动提供支付清算的服务，以提高整个社会的经济运行效率。在传统的金融结构下主要由商业银行来承担全社会的支付清算活动。随着金融结构的趋势性转变，支付清算职能已经开始从银行金融机构转向非银行金融机构。这样的转变使得交易支付更加方便快捷。如许多共同基金实现了交易账户和个人的工资账户、支票账户、货币市场账户的一体化。

3.信息提供职能

在进行资金配置时，要确保资金配置效率，必须让资金流向资本回报率最高的地方；而要确保资金流向资本回报率最高的地方，必须保证影响各备选项目的风险收益所有因素都得以充分的披露，所以充分的信息是确保资金配置效率必不可少的条件之一。对于资金供给者和资金需求者而言，两者间存在着信息的不对称性，后者相对于前者具有信息优势，而且其为了自身利益有可能制造虚假信息。在这种信息不对称的情况下，市场机制会受到严重损害。

金融中介作为一种投资者、项目或经纪人的联盟，可以降低投资的信息生产成本。如果同一企业不是通过金融中介而直接从多个投资者中筹集资本，每个投资者都要对企业进行调查和监督，造成信息生产的重复。如果指定某个信息生产者作为信息经纪人对企业状况进行调查和监督，这些重复的信息生产成本就可节省。当单个的信息经纪人结成联盟，信息生产成本可以进一步降低。结成联盟的经纪人就是某种经纪类金融中介，如证券经纪商、交易商、投资银行等。

除了信息生产的成本外，信息生产过程中还面临两个问题：一是信息的公共产品属性导致了信息的供给不足；二是信息质量不易辨别，导致信息市场上好信息不足，坏信息充斥。金融中介根据收集和处理的信息买入和持有贷款或证券类型的资产，可以解决上面两个问题。因为金融中介机构的资产是“私有产品”，不能随意出售，金融中介机构在信息生产过程中不用担心信息的外溢；通过对资产的合理定价，也间接解决了信息的质量和可信性问题，因为信息的质量已经体现在资产的价格中了。从这个意义上说，金融中介具有充当信息生产者的天然优势。

4. 风险管理职能

金融中介机构有两种分散风险的方法。一是通过分散投资的方法构造风险分散的资产组合;二是通过金融衍生工具进行套期保值。随着不断的金融创新,越来越多的多样性和高流动性金融产品涌入市场,为家庭提供了大量规避社会风险的金融工具,也为政府管理社会风险提供了渠道。

5. 监控企业职能

确保资金配置效率的另外一个必不可少的条件就是有效的监控机制。信息生产主要解决事前的非对称信息,即逆向选择问题;而监控主要解决事后的非对称信息,即道德风险问题。监控是指外部核实或约束。对于道德风险中的隐藏行动问题,委托人必须对代理人施以适当的监控,防止代理人作出不利于委托人的行动,如欺诈行为。在金融中介机构与借款企业之间,除了借贷关系外,双方还在资金结算、股权控制、人员交流等多方面有联系,金融中介对借款企业进行监控具有得天独厚的优势。由于金融中介作为众多投资者的代理人对企业进行监控,避免了由各投资者分别进行监控的重复,金融中介在受托监控时的监控成本与代理成本之和比由各投资者分别监控时的监控成本之和要小,因而具有监控的成本优势,但金融中介的监控成本优势受制于其客户的多样化。

(四)金融中介机构在经济中发挥的作用

随着经济金融化程度的不断加深和经济全球化的迅速推进,金融中介本身成为一个十分复杂的体系,并且这个体系的运作状况对于经济和社会的健康发展具有极为重要的作用。

1. 金融中介将实体经济与虚拟经济紧密结合在一起,实现了物流、资金流、信息流的高效整合与匹配

正是在金融中介的桥梁作用下,财富实物形态的运动和价值形态的运动才得以相互促进、相得益彰,实体经济形态和虚拟经济形态真正实现了良性互动,物流、资金流和信息流实现了高效的整合,资源得到了有效的配置。

首先,金融中介把各种实物形态的财富幻化为货币和其他形式的金融资产,从而使社会财富能以符号的形式方便地流动,整个社会财富得以以价值和实物两种形态运动。其次,各种金融中介介质及其活动构造了一个与实体经济相对应的虚拟经济领域,使人类社会进入了虚拟与实体互动的二元结构形态。银行、投资银行以及其他类型的金融机构等利用货币以及各种原生和衍生金融工具,在资本市场、货币市场、外汇市场等从事各种金融活动,在实体经济的基础上构造了一个与实体经济相对应的虚拟经济领域,并推动实体经济

向前发展。最后,信息革命引发的信息技术创新与发展,不仅为人类社会提供了经济发展的新途径和新的技术范式,而且解决了信息传递和商品交易过程中的种种难题,促进了整个金融界的全面创新,其结果是金融中介对整个社会经济的渗透能力更强,各种资产的证券化大大提高了实物资产的流动性,衍生金融工具的发展满足了实体和虚拟经济投资和规避风险的多种需要,并使资金流自动化成为现实。金融中介的发展使得资金流动不仅高度符合了物流、信息流的要求,而且还推动和强化了实体经济的发展需要。正是“三流”的高效整合与匹配,使得社会资源能够以最有效、最快捷的方式进行整合和配置,并由此使社会经济进入一个新的发展形态。

2.金融中介使资源配置富有效率

首先,正是各种金融中介的存在,促使了资本创造机制的产生,才使货币资本顺利导入到产业资本循环当中,满足了经济增长对资金的需求。金融中介通过自身的活动对整个国民经济起着增量增加和存量调整的作用。金融中介构造和激活了金融市场,进而激活了整个经济体系。其次,金融中介把财富的价值形态和权利从各种实物形态中剥离出来,证券化为虚拟的金融资产,从而使社会财富能以符号的形式方便地流动,大大扩展了资源配置的范围,使资源配置的效率得到极大提高,整个社会的资源配置进入了全新的、高效的时代。

3.金融中介发展推动了企业组织的合理发展

首先,各种金融中介的存在为资源存量调整提供了条件,大大降低了企业间的兼并,包括纵向一体化、横向兼并和混合兼并的成本,使企业之间可以更加方便地重组。重组不仅能实现生产要素存量的重新配置,而且可实现企业经济规模的迅速扩大和促进企业规模结构的合理化。此外,金融中介还推动了与社会生产力相适应的企业组织结构的形成和发展。如控股公司的多级控股导致企业集团的出现。其次,金融中介使筛选企业经营者的机制社会化。在小商品经济即高利贷时代,企业经营者一般是企业的直接所有者,在这种情况下,社会对企业经营者的筛选功能基本谈不上。货币银行金融机制产生后,社会对企业经营者的筛选功能开始加强,即缺乏专门知识和管理经验的人一般难以取得银行贷款。新型金融中介的活动,把对企业经营者的监督机制从单一银行体系扩展到了社会的方方面面,使企业的经营机制获得了极大改善,使企业的行为和决策更加合理化。

二、金融服务机构

金融服务机构是指依法设立的从事金融服务业务的法人机构，主要包括金融咨询公司、会计师事务所、律师事务所、各类评级机构等。

（一）金融咨询公司

金融咨询公司是建立在信息系统的基础上，根据客户的要求提供投融资活动、资本运营等咨询服务的专业机构。咨询不是提供现成的信息，而是根据客户的要求，通过收集大量信息资料，运用基础分析和技术分析相结合的方法进行加工、整理，为客户提供分析报告，帮助其建立有效的投融资策略，选择最佳的投融资方案。我国目前的金融咨询公司主要有两种类型：一类是专门从事咨询业务的专营咨询机构；另一类是在主业之外兼做咨询业务的兼营金融机构。

（二）律师事务所

律师事务所是律师执行职务的工作机构。目前有属于国家事业单位的律师事务所，也有律师个人合作开办的合作制律师事务所。前者与法律顾问处的性质相同，只是名称不同而已；后者是在改革开放中新出现的，实行自负盈亏，独立核算。它们从事的法律服务内容没有什么区别。

律师事务所能够为股份公司股票的发行与上市，债券的发行、转让与兑现，以及证券承销商投资银行业务提供各种相关法律服务；担任发行人或承销团法律顾问，起草有关法律文件，提供法律咨询，出具法律意见书或验证笔录；代表银行、金融机构以及其他经纪人的利益，尤其为客户提供证券发行及国际贷款方面的服务；提供处理有关国际贷款、项目融资、融资担保的法律问题以及信用证、商业票据的法律纠纷的服务；代理金融案件的诉讼、仲裁、调解；参与谈判、起草和审查合同，出具法律意见书等法律服务。

（三）会计师事务所

会计师事务所是指依法独立承办注册会计师业务，实行自收自支、独立核算、依法纳税的中介服务机构。注册会计师以独立的第三方身份，客观、公正地审查企业的财务状况、经营成果和资金流动情况，并对企业会计报表的真实性、合法性做出报告。我国对从事证券相关业务的会计师事务所和注册会计师实行许可证管理制度。根据有关部门颁布的《关于注册会计师执行证券期货相关业务实行许可证管理的暂行规定》，注册会计师必须取得有关部门颁发的执行证券期货相关业务许可证，方可从事对公开发行和交易股票的企业、证券经营机构和证券交易场所进行会计报表审计、净资产验证、咨询服务等证券相关业务。在我国现阶段的经济体制下，会计师事务所是连接政府和企业的桥梁，所有者和经营者之间的纽带，独立于政府和企业之外、不以营利为首要目标、具有法定社会职能的第三人。它一方面担负着塑造市场经济微观主体，规范企业经营活动的重任；另一方面又是国家对社会经济进行宏观调控的具体执行者。由于社会经济资源的稀缺性和微观主体经营活动的逐利性，国家总是通过立法和政府制定的财政政策、货币政策、收入政策、人力政策及一系列行政法规实施对经济的调控，而会计师事务所的基本职能就是依据这些法律、法规和政策，对市场微观主体的行为和经营成果进行规范调整，从而使国家的意志在社会经济活动中得到体现，使“法制”过渡到“法治”，把企业的经营活动纳入法治轨道，最终实现社会资源充分利用和优化配置的目标。

（四）各类评级机构

评级机构是最早的信息服务公司。目前最主要的两种评级机构是资产评估机构和信用评级机构。

资产评估机构是指组织专业人员依照国家有关规定和数据资料，按照特定的目的，遵循适当的原则、方法和计价标准，对资产价格进行评定估算的专门机构。在资本市场上进行股票发行、上市公司收购兼并及财务报告的披露，一般都要进行资产评估。

信用评级机构是依法设立的从事信用评级业务的社会中介机构，它是由专门的经济、法律、财务专家组成的对证券发行人和证券信用进行等级评定的组织，是金融市场上一个重要的服务性中介机构。目前国际上公认的最具权威性的专业信用评级机构只有三家，分别是美国标准·普尔公司、穆迪投资服务公司和惠誉国际信用评级有限公司。国内的信用评级机构还有待进一步发展完善。

练习题

1. 什么是投资主体？根据其体现的法律形式不同，又分为哪两类？
2. 个人投资者的投资目的是什么？其投资有哪些特点？
3. 机构投资者可分为哪两大类？其投资有哪些特点？
4. 金融中介机构的职能有哪些？其在经济中有哪些作用？

第五章

资产组合理论和资本资产定价模型

学习要求

1. 学习马可维茨资产组合理论，掌握各种资产组合形式的预期收益与风险的关系，并推导出多种风险资产的有效组合边界并在此基础上确定最优资产组合的选择。

2. 了解两基金分离定理的含义，并证明两基金分离定理。

3. 了解资本市场线的含义及其推导过程，并根据资本市场线确定存在无风险借贷时的最优资产组合。

4. 学习资本资产定价模型，掌握市场组合的含义，并在此基础上研究风险资产的价格形成机制。

第一节 马可维茨资产组合理论

一、投资决策的核心问题

金融投资学研究的是人们如何进行财富投资，它的核心是权衡风险与收益，目的是选择资产与负债的最优组合。狭义的投资组合选择只包括如何投资股票、债券和其他证券的决策；而广义的概念还包括选购住房、保险，以及管理负债等。本章仅讨论狭义的投资组合选择问题。

投资的目的是为了获得收益，然而不同的资产具有不同的收益特性，在投资本金既定的条件下，未来一定时期内能够获得确定不变收益的资产称为无风险资产，与之相对应，在投资本金既定的条件下，未来一定时期内能够获得的收益额无法确定，随着环境和条件的变化而变化的资产称为风险资产。对于无风险投资决策，其收益率的高低是投资者是否决定对其投资的唯一标准，而对于风险投资决策而言，仅考虑收益率的高低显然是不够的，还必须考虑到资产风险的大小。

例如，某位投资者有1 000元现金需要进行投资，有债券和股票两种资产可供选择，若投资债券，第二年可确定地获得100元利息；若购买股票，第二年所买股票的市值可能上涨到1 300元，从而获利300元，也可能下跌到900元，从而损失100元。由此可见，此例中的债券是无风险资产，只需考虑收益就可决定是否投资，而股票则是风险资产，制定投资决策时不但要考虑收益，还要考虑由此而带来的风险。

金融投资学用预期收益率$E(r)$来描述资产的收益状况，而用收益率的标准差σ来衡量资产的风险状况。风险资产的收益状况和风险一起构成了风险资产的总体水平，称为资产的实绩。投资决策的核心问题就是风险与收益的权衡。在风险一定时，资产的预期收益率越高，其实绩越好。如果两项投资决策要承受相同的风险而有不同的预期收益，那么收益小的那项决策是无效的；反之，在预期收益率一定时，收益率的波动幅度越小，其实绩越好，如果两项决策能带来相同的预期收益而要承担不同的风险，则风险大的那项决策也是无效的。人们在高风险高收益和低风险低收益之间按照自己的风险—收益偏好进行权衡和优化。

尽管对于具有风险厌恶倾向的理性投资者来说存在一些一般的规律，但是不同投资者风险厌恶的程度不同，具体情况也千差万别，所以并不存在一种适用于所有投资者的最佳投资组合策略。

二、预期收益和风险的权衡

投资者投资于风险资产时不能确切地知道这项投资决策能够带来多少回报，因而并不知道将来的财富有多少。为了能估计将来的财富，就需要估计回报的期望值（预期收益）和标准差（风险）。

假设投资于由n种资产组成的资产组合，投资的预期收益率可表示为：

$$E(r_P) = \sum_{i=1}^{n} \omega_i E(r_i) \tag{5.1}$$

其中 ω_i 为第 i 种资产在全部投资中所占的权重，显然有 $\sum_{i=1}^{n}\omega_i = 1$；$E(r_i)$ 为投资于第 i 种资产所能获得的收益率的期望值。

【例 5.1】投资于由以下 A、B、C 三种证券组成的证券组合，计算一年后该投资组合的期望收益率。

表 5-1

证券名称	购买的股数	现在每股市价（元）	投资额（元）	权重 ω_i
A	2 000	8	16 000	0.176
B	5 000	12	60 000	0.659
C	1 000	15	15 000	0.165

投资一年后的情况：

表 5-2

证券名称	一年后每股预期市价（元）	一年后的市值（元）	证券的预期收益率 $E(r_i)$（%）	$\omega_i E(r_i)$（%）
A	9.5	19 000	18.75	3.300
B	12.6	63 000	5	3.295
C	16.1	16 100	7.33	1.209

则此证券组合的预期收益率 $E(r_P)=3.3\%+3.295\%+1.209\%=7.804\%$

预期收益率的标准差 σ 是收益率相对于其预期值的离散程度，是风险的测度。整个投资组合的方差不仅与每一种基本资产的方差有关，还与基本资产之间的相关程度有关。

假设投资组合由 n 种基本资产组成，第 i 种资产的收益为 r_i，它占全部投资额的权重为 ω_i，则整个投资组合的方差为

$$\begin{aligned}\sigma_P^2 &= E[r_P - E(r_P)]^2 \\ &= E[\sum_{i=1}^{n}\omega_i(r_i - E(r_i))]^2 \\ &= \sum_{i=1}^{n}\sum_{j=1}^{n}\omega_i\omega_j\sigma_{ij}\end{aligned} \tag{5.2}$$

其中 $\sigma_{ij}=E[(r_i-E(r_i))(r_j-E(r_j))]$，是第 i 种和第 j 种资产收益率之

间的协方差，当 $i=j$ 时就是第 i 种资产收益率的方差，即 $\sigma_{ii}=\sigma_i{}^2$。

协方差是对两种资产的收益同时变化的测度。如果协方差 σ_{ij} 大于 0，则当资产 i 的收益大于预期收益时，资产 j 的收益也一定大于其预期收益，即资产 i 和资产 j 的收益同方向变化；反之，如果协方差 σ_{ij} 小于 0，则两种资产的收益反方向变化，彼此互相补偿。

把协方差正规化为资产 i 和 j 的相关系数 ρ_{ij} 能更清楚地说明两种资产的相关程度，

$$\rho_{ij}=\frac{\sigma_{ij}}{\sigma_i\sigma_j}$$

当 $\rho_{ij}=0$ 时，资产 i 和 j 不相关；

当 $0<\rho_{ij}\leqslant 1$ 时，资产 i 和 j 正相关；

当 $-1\leqslant\rho_{ij}<0$ 时，资产 i 和 j 负相关。

例如，假定投资者选择包括两种资产的资产组合，那么此资产组合的预期收益率和方差分别为：

$$E(r_P)=\omega_1 E(r_1)+\omega_2 E(r_2) \tag{5.3}$$

$$\begin{aligned}\sigma_P^2&=\omega_1^2\sigma_1^2+\omega_2^2\sigma_2^2+2\omega_1\omega_1\sigma_{12}\\&=\omega_1^2\sigma_1^2+\omega_2^2\sigma_2^2+2\omega_1\omega_1\rho_{12}\sigma_1\sigma_2\end{aligned} \tag{5.4}$$

（一）一项风险资产和一项无风险资产组成的资产组合

下面我们讨论由一项风险资产和一项无风险资产组成的资产组合。如果资产 2 是无风险资产，则有 $\sigma_2^2=0$，$E(r_2)=r_f$，于是上式可简化为：

$$E(r_P)=r_f+\omega_1[E(r_1)-r_f] \tag{5.5}$$

$$\sigma_P=\omega_1\sigma_1 \tag{5.6}$$

由此可见，资产组合中无风险资产的引入起到了稀释风险的作用；组合的预期收益率 $E(r_P)$ 是在无风险收益率 r_f 的基础上加上风险溢价，风险溢价的大小取决于风险资产的风险溢价 $E(r_1)-r_f$ 及其在资产组合中所占的权重 ω_1。在由一项风险资产和一项无风险资产组成的资产组合中，组合预期收益率与标准差之间是线性关系，直线的斜率就是风险资产的权重 ω_1，如图 5-1 所示。

【例 5.2】无风险资产年收益率为 0.08，一种风险资产的预期年收益率为 0.15，标准差为 0.25，按不同比例投资于这两种资产的投资组合的预期年收益率和标准差如表 5-3 和图 5-1 所示。

表 5-3　由一项风险资产和一项无风险资产组成的资产组合的风险—收益关系

资产组合	风险资产所占权重 ω_1	无风险资产所占权重 ω_2	资产组合的预期年收益率 $E(r_P)$	资产组合的标准差 σ_P
A	0	1	0.08	0
B	0.2	0.8	0.094	0.05
C	0.4	0.6	0.108	0.10
D	0.6	0.4	0.122	0.15
E	0.8	0.2	0.136	0.20
F	1	0	0.15	0.25

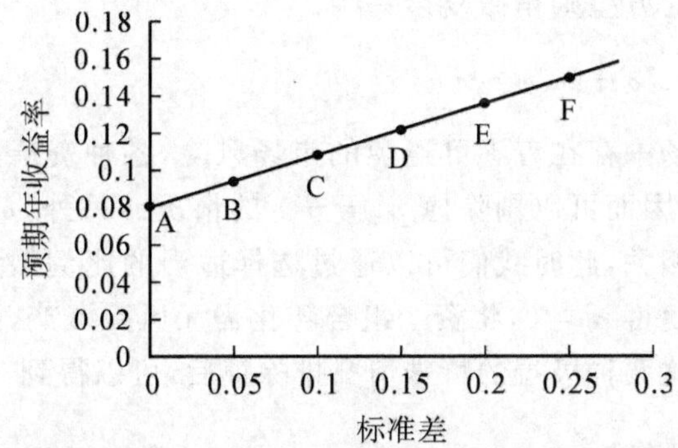

图 5-1　由一项风险资产和一项无风险资产组成的资产组合的风险—收益关系

图 5-1 更加直观地揭示了预期收益率与标准差之间的线性关系，当投资于风险资产的权重逐渐增加时，资产组合在 $E(r_P)$-σ_P 坐标系坐标的位置将沿着直线向右上方移动，预期收益率和标准差都逐渐增大。

【例 5.3】用例 5.2 中的两种资产组成预期年收益率为 12%的投资组合，问两种资产的权重各是多少？

解：将预期年收益率 0.12 代入(5.5)式

$$0.12=0.08+(0.15-0.08)\omega_1$$

解出：$\omega_1=0.71$

$\omega_2=1-\omega_1=0.29$

投资于风险资产和无风险资产的权重分别是 0.71 和 0.29。此投资组合的标准差为

$$\sigma_P = \omega_1 \sigma_1 = 0.71 \times 0.25 = 0.1775$$

(二)多项风险资产的有效组合

有效资产组合是指在一定的风险条件下,能够提供最大预期收益率的投资组合。例 5.2 中的投资组合并不是有效的,因为我们还可以在其基础上引入风险资产来降低投资风险。

1.两种风险资产的组合

前已述及,由两种风险资产组成的资产组合的预期收益率是两种风险资产预期收益率的线性组合:

$$E(r_P) = \omega_1 E(r_1) + \omega_2 E(r_2) \tag{5.7}$$

而资产组合的方差则稍微复杂一些:

$$\sigma_P^2 = \omega_1^2 \sigma_1^2 + \omega_2^2 \sigma_2^2 + 2\omega_1 \omega_1 \rho_{12} \sigma_1 \sigma_2 \tag{5.8}$$

由于金融市场中存在着不可避免的市场风险,各种资产收益率的变化具有一定的同向性,因而可以剔除掉 $\rho_{12} = -1$ 的情况。另外,$\rho_{12} = 1$ 时,两种资产的风险完全正相关,此时我们可以通过选择适当的比例做空一种资产而做多另一种资产来使得 $\sigma_P^2 = 0$,将资产组合转化为无风险资产,这种情况我们也暂时不考虑。将这两种极端的特殊情况排除掉后,可以得到

$$\sigma_P^2 < (\omega_1 \sigma_1 + \omega_2 \sigma_2)^2$$

即资产组合的方差小于各资产方差的组合,这就是风险分散化的原理。在(5.3)和(5.4)式的基础上通过简单的数学推导不难证明,资产组合的预期收益率与标准差之间的函数关系是双曲线,如图 5-2 所示。由于将两项风险资产组合到一起可以对冲掉部分风险而不降低预期收益率,故 $E(r_P)$-σ_P 曲线向左凸,ρ_{12} 越小,两种资产收益率变化的同向性越弱,风险互相对冲抵消的趋势越强,双曲线也就越向左凸。

令 $\dfrac{\partial \sigma_P}{\partial \omega_1} = 0$ 可解出最小方差组合中资产 1 和资产 2 所占的权重:

$$\omega_1 = \frac{\sigma_2^2 - \rho_{12}\sigma_1\sigma_2}{\sigma_1^2 + \sigma_2^2 - 2\rho_{12}\sigma_1\sigma_2}, \omega_2 = 1 - \omega_1 = \frac{\sigma_1^2 - \rho_{12}\sigma_1\sigma_2}{\sigma_1^2 + \sigma_2^2 - 2\rho_{12}\sigma_1\sigma_2}$$

【例 5.4】有两种风险资产,其预期收益率和标准差分别是 $E(r_1) = 0.16$,$\sigma_1 = 0.19$;$E(r_2) = 0.22$,$\sigma_2 = 0.25$;相关系数 $\rho_{12} = 0.3$。由这两种资产组成的几种资产组合的风险—收益关系如表 5-4 和图 5-2 所示。

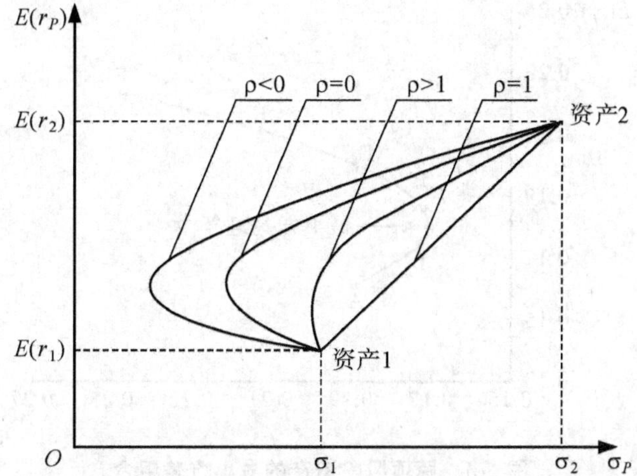

图 5-2　由两项风险资产组成的资产组合的风险—收益关系

表 5-4　由两项风险资产组成的资产组合的风险—收益关系

投资组合	资产 1 的权重	资产 2 的权重	预期收益率 $E(r_P)$	标准差 σ_P
A	1	0	0.16	0.19
B	0.8	0.2	0.172	0.173678
最小方差组合	0.688302425	0.311697575	0.178701854	0.171141
C	0.6	0.4	0.184	0.172731
D	0.4	0.6	0.196	0.187393
E	0.2	0.8	0.208	0.214485
F	0	1	0.22	0.25

2.多种风险资产的组合

如上文所述，一个由 n 种资产组成的资产组合，用 $E(r_i)$、σ_i 和 ω_i 分别表示第 i 种资产的预期收益率、标准差和权重，σ_{ij} 表示第 i 和第 j 种资产之间的协方差，则整个资产组合的预期收益率和方差分别是：

$$E(r_P) = \sum_{i=1}^{n} \omega_i E(r_i)$$

$$\sigma_P^2 = \sum_{i=1}^{n} \sum_{j=1}^{n} \omega_i \omega_j \sigma_{ij}$$

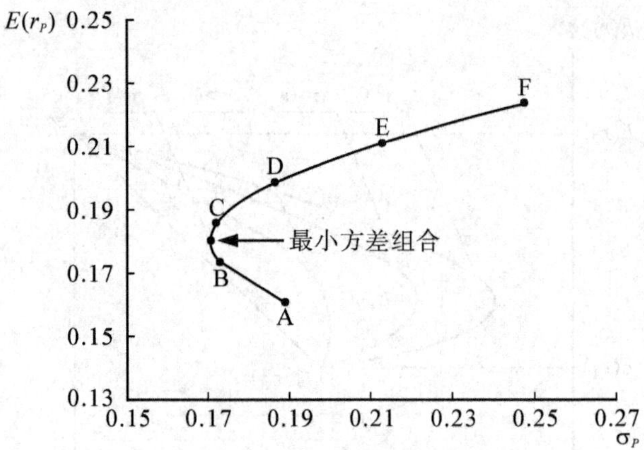

图 5-3　两项风险资产的最小方差组合

优化投资组合的目的是在保证预期收益率不变的前提下尽可能地降低资产组合的方差,这需要求解以下的二次规划:

$$\min_{\omega} \sigma^2 = \sum_{i=1}^{n}\sum_{j=1}^{n}\omega_i\omega_j\sigma_{ij}$$

$$\text{s.t.} \sum_{i=1}^{n}\omega_i E(r_i) = E(r)$$

$$\sum_{i=1}^{n}\omega_i = 1$$

令 $U=\{\sigma_{ij}\}:i,j=1,\cdots,n$ 为协方差矩阵,因为 $\sigma^2>0$,所以矩阵 U 是严格正定的;$\vec{\omega}=\{\omega_1,\cdots,\omega_n\}^T$ 表示各种风险资产在组合中所占的权重向量;$\vec{r}=\{E(r_1),\cdots,E(r_n)\}^T$ 表示组合中各种资产的预期收益率;$\vec{1}=\{1,\cdots,1\}^T$ 是单位向量;$\vec{0}=\{0,\cdots,0\}^T$ 是零向量。于是上述二次规划可改写为:

$$\min_{\vec{\omega}} \frac{1}{2}\vec{\omega}^T U\vec{\omega}$$

$$\text{s.t.}\ \vec{\omega}^T\vec{r}=E(r)$$

$$\vec{\omega}^T\vec{1}=1$$

定义拉格朗日函数如下:

$$\min_{\{\vec{\omega},\lambda,\mu\}} L=\frac{1}{2}\vec{\omega}^T U\vec{\omega}+\lambda(E(r)-\vec{\omega}^T\vec{r})+\mu(1-\vec{\omega}^T\vec{1})$$

假定 $\vec{\omega}$ 是对应于 $E(r)$ 的最优解，即 $\vec{\omega}$ 构成的资产组合是最小方差曲线上的一个点，则必有：

$$\frac{\partial L}{\partial \vec{\omega}}=U\vec{\omega}-\lambda\vec{r}-\mu\vec{1}=0$$

解出 $\vec{\omega}$：

$$\vec{\omega}=\lambda(U^{-1}\vec{r})+\mu(U^{-1}\vec{1}) \tag{5.9}$$

用 $\vec{r}^T$ 左乘(5.9)式得：

$$E(r)=\lambda(\vec{r}^TU^{-1}\vec{r})+\mu(\vec{r}^TU^{-1}\vec{1}) \tag{5.10}$$

用 $\vec{1}^T$ 左乘(5.9)式得：

$$1=\lambda(\vec{1}^TU^{-1}\vec{r})+\mu(\vec{1}^TU^{-1}\vec{1}) \tag{5.11}$$

联立(5.10)和(5.11)两式并解方程组得：

$$\lambda=\frac{CE(r)-A}{D}$$

$$\mu=\frac{B-AE(r)}{D}$$

其中，$A=\vec{1}^TU^{-1}\vec{r}=\vec{r}^TU^{-1}\vec{1}$，$B=\vec{r}^TU^{-1}\vec{r}$，$C=\vec{1}^TU^{-1}\vec{1}$，$D=BC-A^2$。

将 λ 和 μ 代入(5.9)式得：

$$\vec{\omega}=\frac{CE(r)-A}{D}(U^{-1}\vec{r})+\frac{B-AE(r)}{D}(U^{-1}\vec{1})$$

因为 U 的逆矩阵 U^{-1} 仍然是正定矩阵，所以有 $B>0$ 和 $C>0$。又因为

$$(A\vec{r}-B\vec{1})^TU^{-1}(A\vec{r}-B\vec{1})=B(BC-A^2)=BD>0$$

所以也有 $D>0$。

令 $\vec{m}=\frac{1}{D}[B(U^{-1}\vec{1})-A(U^{-1}\vec{r})]$，

$$\vec{n}=\frac{1}{D}[C(U^{-1}\vec{r})-A(U^{-1}\vec{1})]$$

则 $\vec{\omega}$ 可表示为：

$$\vec{\omega}=\vec{m}+E(r)\vec{n} \tag{5.12}$$

最小方差曲线上的任意一点所代表的投资组合的预期收益率 $E(r_P)$ 和方差 $\sigma_P{}^2$ 之间的关系可以由 $\vec{\omega}=\vec{m}+E(r)\vec{n}$ 导出：

$$\sigma_P{}^2=\vec{\omega_P}^{T}U\vec{\omega_P}=\frac{C}{D}\left(E(r_P)-\frac{A}{C}\right)^2+\frac{1}{C}$$

所以有

$$\frac{\sigma_P{}^2}{1/C}-\frac{\left(E(r_P)-\frac{A}{C}\right)^2}{D/C^2}=1$$

因此最小方差曲线是一条双曲线，如图 5-4 所示。双曲线的下半枝由于所代表的资产组合在承担相同风险的条件下其预期收益率小于上半枝，所以是没有意义的，只有双曲线的上半枝代表的投资组合才是有效的，因此我们把双曲线的上半枝称为有效组合边界。

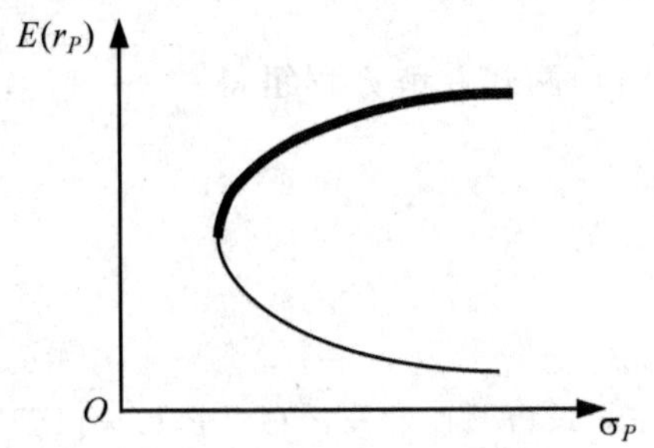

图 5-4 多种风险资产的有效组合边界

3. 最优资产组合的选择

在确定有效组合边界以后，投资者就可以在其中选择最适合自己的最优资产组合了。虽然有效组合边界的确定与投资者个人的效用函数无关，但是因为不同的投资者风险厌恶的程度不同，所以选择的最优资产组合也不同。

我们接下来讨论投资者的风险—收益效用无差异曲线。理性投资者的风险—收益偏好可以概括为以下两条：①在风险一定时，投资者总是选择预期收益率较高的资产投资；②在预期收益率一定时，投资者总是选择风险较低的资产进行投资。投资者只有在能够获得更大收益的前提下才愿意承担更大的风险。因此在风险—收益二维图(图 5-5)中，表示投资者收益/风险效用的无差异曲线总是从左下角向右上角不断延伸，风险伴随收益同时增长，投资者在获得较高收益的同时也必须冒更大的风险。

投资者的无差异曲线是成组出现的,同组中的曲线形状一样,但位置不同。位置越靠上的曲线代表的效用值越高。根据边际效用递减的原理,随着投资风险的不断上升,投资者会要求越来越多的收益作为补偿,所以无差异曲线是向右下方凸的。不同形状的无差异曲线代表了投资者不同的风险—收益偏好。

不同的无差异曲线之间平坦与陡峭的差别代表了投资者不同的风险厌恶程度。图 5-5 中的 A 组曲线比较平坦,表明这类投资者在追求高收益的同时愿意承担更大的风险,他们对收益的偏好超过了对风险的惧怕,是激进型投资者;而 B 组曲线则比较陡峭,这种投资者随着投资风险的加大要求更大的风险补偿,他们对风险的惧怕超过了对收益的偏好,属于保守型投资者。

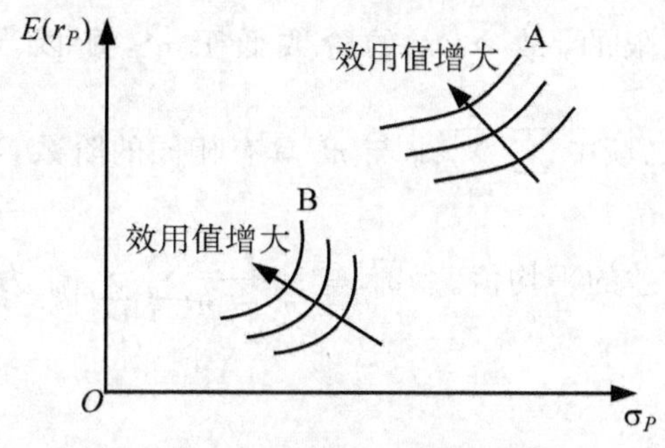

图 5-5 投资者的无差异曲线

投资者本着效用值最大的原则在有效组合边界上选择最优资产组合,很显然,选择的结果一定是他的无差异曲线与有效组合边界的切点代表的资产组合,如图 5-6。

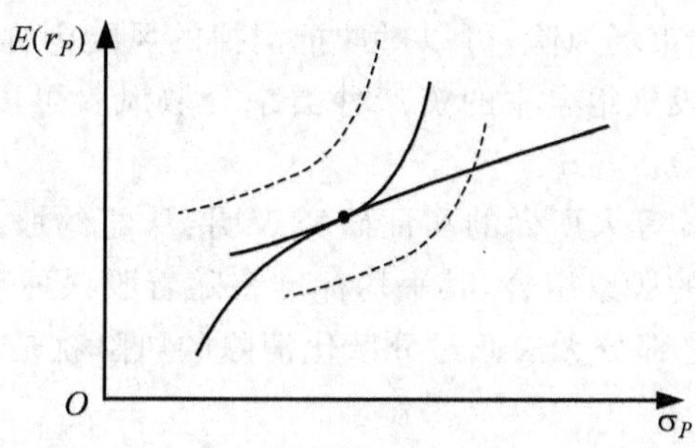

图 5-6 最优资产组合的确定

4. 风险的分散化

对于一个由 n 种资产组成的投资组合我们假设每种资产的权重相等，都是$\frac{1}{n}$，则组合的方差可写成：

$$
\begin{aligned}
\sigma^2 &= \sum_{i=1}^{n}\sum_{j=1}^{n}\omega_i\omega_j\sigma_{ij} \\
&= \sum_{i=1}^{n}\sum_{j=1}^{n}\frac{1}{n}\frac{1}{n}\sigma_{ij} \\
&= \frac{1}{n^2}\sum_{i=1}^{n}\sigma_i^2 + \frac{1}{n^2}\sum_{i=1}^{n}\sum_{\substack{j=1 \\ j\neq i}}^{n}\sigma_{ij}
\end{aligned}
$$

此式中的第一项是 n 种风险资产的方差的和与 n^2 的比值，由于每一项风险资产的方差是有限的，故 $\sum_{i=1}^{n}\sigma_i^2$ 的阶数低于 n^2，所以当 n 很大时有 $\lim_{n\to+\infty}\frac{1}{n^2}\sum_{i=1}^{n}\sigma_i^2=0$。而第二项中 $\sum_{i=1}^{n}\sum_{\substack{j=1 \\ j\neq i}}^{n}\sigma_{ij}$ 与 n^2 具有相同的阶数，当 n 很大时不会趋于 0，而是趋于协方差的平均值。令 $\overline{\sigma_{ij}}=\frac{1}{n^2-n}\sum_{i=1}^{n}\sum_{\substack{j=1 \\ j\neq i}}^{n}\sigma_{ij}$ 为协方差的平均值，有

$$
\lim_{n\to+\infty}\frac{1}{n^2}\sum_{i=1}^{n}\sum_{\substack{j=1 \\ j\neq i}}^{n}\sigma_{ij} = \lim_{n\to+\infty}\frac{n^2-n}{n^2}\overline{\sigma_{ij}} = \overline{\sigma_{ij}}
$$

由于各种资产之间的协方差有正有负，它们之间会相互抵消，但由于系统风险的存在，使得各种资产的收益率的变化存在着一定程度的同向性，所以不可能完全抵消而使 $\overline{\sigma_{ij}}$ 等于 0。这种同向性带来的风险是每一种资产都要承受的，称为系统风险或市场风险，可以对冲抵消掉的风险则称为非系统风险或企业风险。通过增大投资组合中的资产种类来分散风险可以消除非系统风险，但不能消除系统风险。

Edwin J. Eiton 等人所做的实证研究表明：从纽约股票交易所随机地挑选股票组成等权重的股票组合，其平均标准差随着股票种数的增加而下降，但不会低于 19.2%，这部分无法通过分散化消除的风险就是系统风险。

表 5-5 风险的分散化

组合中的股票种数	股票组合年收益率的平均标准差(%)	股票组合的标准差与单个股票标准差的比值
1	49.24	1
2	37.36	0.76
4	29.69	0.60
6	26.64	0.54
8	24.98	0.51
10	23.93	0.49
20	21.68	0.44
30	20.87	0.42
40	20.46	0.42
50	20.20	0.41
100	19.69	0.40
200	19.42	0.39
300	19.34	0.39
400	19.29	0.39
500	19.27	0.39
1 000	19.21	0.39

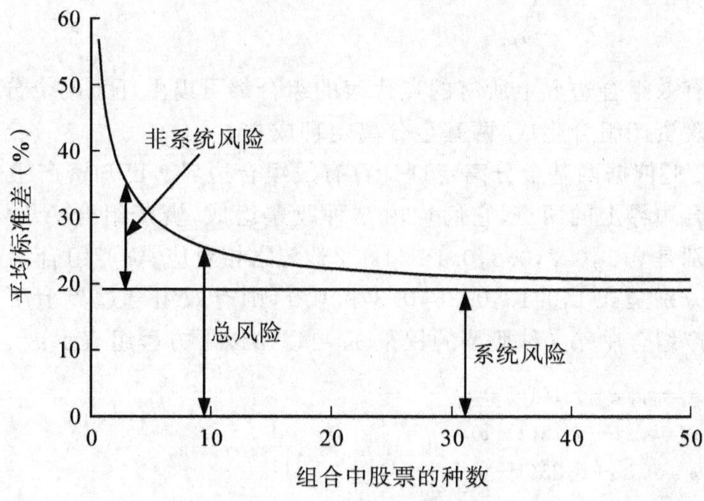

图 5-7 风险的分散化

三、两基金分离定理

两基金分离定理：在所有风险资产的有效组合边界上任意两个分离的点代表两个不同的有效投资组合，而有效组合边界上任意其他的点所代表的有效投资组合都可以由这两个分离的点所代表的有效投资组合的线性组合生成。

下面我们证明这个定理。在有效组合边界(即双曲线的上半枝)上任取两个分离的点，它们对应的预期收益率分别是 $E(r_1)$ 和 $E(r_2)$，权重向量分别是 $\vec{\omega}_1$ 和 $\vec{\omega}_2$。由于有效组合边界是严格单调增的，所以 $E(r_1)\neq E(r_2)$。再在有效组合边界上任取一点 P，它代表组合 $\vec{\omega}_P$，对应的预期收益率是 $E(r_P)$，则一定存在一个实数 α，使得

$$E(r_P)=\alpha E(r_1)+(1-\alpha)E(r_2)$$

按比例$\{\alpha,(1-\alpha)\}$把 $\vec{\omega}_1$ 和 $\vec{\omega}_2$ 组合到一起，并结合(5.12)式得到

$$\begin{aligned}\alpha\vec{\omega}_1+(1-\alpha)\vec{\omega}_2&=\alpha[\vec{m}+E(r_1)\vec{n}]+(1-\alpha)[\vec{m}+E(r_2)\vec{n}]\\&=\vec{m}+[\alpha E(r_1)+(1-\alpha)E(r_2)]\vec{n}\\&=\vec{m}+E(r_p)\vec{n}\\&=\vec{\omega}_p\end{aligned}$$

所以有效组合边界上所有的点代表的组合都可以由任意两个分离的点所代表的风险资产组合生成，两基金分离定理成立。

【例 5.5】依据两基金分离定理计算有效组合边界。已知资产组合 A 和 B 是有效组合边界上的两点，它们均由 5 种股票组成，资产组合 A 中每种股票的权重分别是 0.1，0.2，0.3，0.15 和 0.25，与之相对应，资产组合 B 中每种股票的权重分别是 0.1，0.15，0.35，0.3 和 0.1，则有效组合边界上所有的点所代表的资产组合中第 i 种股票的权重 ω_i 可以由以下方程组表示：

$$\begin{cases}\omega_1=0.1\alpha+0.1(1-\alpha)\\\omega_2=0.2\alpha+0.15(1-\alpha)\\\omega_3=0.3\alpha+0.35(1-\alpha)\\\omega_4=0.15\alpha+0.3(1-\alpha)\\\omega_5=0.25\alpha+0.1(1-\alpha)\end{cases}$$

容易验证 $\omega_1+\omega_2+\omega_2+\omega_4+\omega_5=1$。如果已知资产组合 C 中第 2 种股票的权重为 0.16,则可解出 $\alpha=0.2$,该资产组合中其他股票的权重分别是 $\omega_1=0.1$,$\omega_3=0.34$,$\omega_4=0.27$,$\omega_5=0.13$。我们还可以看出,如果某种风险资产在有效组合边界上两个分离的点所代表的资产组合中所占的权重相同,那么这种资产在有效组合边界所代表的所有资产组合中所占的权重都相同,就像此例中的第 1 种股票一样。

四、资本市场线

下面在风险资产组合的基础上引入无风险资产。当投资者可以以无风险利率 r_f 自由地借款或放贷时,有效组合边界就发生了根本性的变化。风险资产组合的有效组合边界上任意一点所代表的风险资产组合都可以看作是一项风险资产,我们用它和无风险资产进行组合。因为双曲线的顶点所代表的最小方差组合仍然具有一定的风险,所以无风险收益率 r_f 小于最小方差组合的预期收益率,在 $E(r)$-σ 二维图上点 r_f 位于双曲线顶点的左下方。将点 r_f 与不存在无风险借贷时的有效组合边界上的每个点逐个连结起来,可以得到一组射线,如图 5-8 所示。对于这一组射线我们非常熟悉,它们就是图 5-1 中的风险—收益曲线,表示将风险资产与无风险资产进行组合可以得到的风险—收益关系。

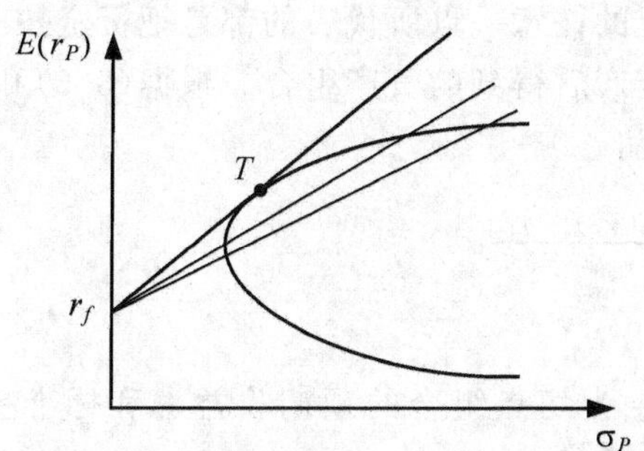

图 5-8 存在无风险借贷时的有效组合边界

在这一组射线之中与双曲线相切的那一条射线位置最高,与其他射线相比,切线上的点所代表的资产组合在承担相同风险的情况下具有最大的预期收益。因此,只有切点 T 对应的风险资产组合(称为切点组合)适合与无风险资产组合,而切点 T 的位置由无风险利率 r_f 和不存在无风险借贷时的有效组合边界确定，与投资者个人的风险—收益偏好无关。这条连结 r_f 点和 T 点的射线实际上构成了存在无风险借贷条件下包括无风险资产和所有风险资产在内的有效组合边界，称为资本市场线(CAL，Capital Market Line)。在存在无风险借贷时，代表有效组合的点必须落在资本市场线上。在这种情况下，投资者只需根据自己的风险—收益偏好在资本市场线上选择一个效用值最大的点作为最优资产组合。毫无疑问，代表最优资产组合的点一定是风险—收益效用无差异曲线与资本市场线的切点，如图 5-9 中的 A 点和 B 点，其中 B 点表示卖空无风险资产(即以无风险利率贷款)后将所得的资金投资于切点组合得到的资产组合。

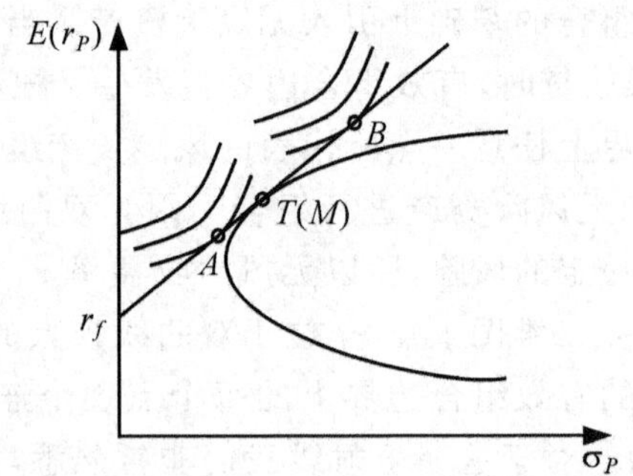

图 5-9　存在无风险借贷时的最优资产组合的确定

在资本市场线上的任意一点所代表的都是把资金按一定比例分别投资于切点组合和无风险资产后得到的资产组合。根据(5.5)和(5.6)式很容易推导出资本市场线的方程：

$$E(r)=r_f+\frac{[E(r_T)-r_f]}{\sigma_T}\sigma \tag{5.13}$$

$$\sigma=\omega_T\sigma_T \tag{5.14}$$

其中 $E(r_T)$ 和 σ_T 为切点组合的预期收益率和标准差，ω_T 为投资于切点组合的资金所占的权重。

与不存在无风险借贷时的有效组合边界类似，在资本市场线上两基金分离定理仍然成立。在资本市场线上，任意两个分离的点都代表两个不同的有效投资组合，而资本市场线上任意其他的点代表的有效投资组合都可以由这两个分离的点所代表的有效投资组合的线性组合生成。下面给出证明：

在资本市场线上任取两个分离的点 1 和 2，它们对应的预期收益率分别是 $E(r_1)$ 和 $E(r_2)$，且 $E(r_1)\neq E(r_2)$，切点组合在其中所占的权重分别是 ω_1

和 ω_2。再在资本市场线上任取另外一点 P,对应的预期收益率是 $E(r_P)$,切点组合在其中所占的权重是 ω_P,则一定存在一个实数 α,使得

$$E(r_P)=\alpha E(r_1)+(1-\alpha)E(r_2)$$

按$\{\alpha,(1-\alpha)\}$的比例把 ω_1 和 ω_2 组合到一起,并结合(5.5) 式得到

$$\begin{aligned}\alpha\omega_1+(1-\alpha)\omega_2&=\alpha\frac{E(r_1)-r_f}{E(r_T)-r_f}+(1-\alpha)\frac{E(r_2)-r_f}{E(r_T)-r_f}\\&=\frac{\alpha(E(r_1)-r_f)+(1-\alpha)(E(r_2)-r_f)}{E(r_T)-r_f}\\&=\frac{E(r_P)-r_f}{E(r_T)-r_f}\\&=\omega_P\end{aligned}$$

所以资本市场线上所有的点代表的组合都可以由任意两个分离的点所代表的资产组合生成,两基金分离定理成立。

由此可以得出一个具有重要意义的结论。我们取 r_f 点和切点 T 为两个分离的点,则不论投资者具有怎样的风险—收益偏好特性,都可以通过切点组合 T 和无风险资产的线性组合得到适合自己的最佳投资方案。投资者的风险—收益偏好特性表现为最优资产组合中无风险资产所占的权重。

第二节 资本资产定价模型

资本资产定价模型(CAPM, Capital Asset Pricing Model)是基于风险资产的预期收益均衡基础上的预测模型。事实表明资本资产定价模型在描述资本市场上资本产品的价格运动方面是相当成功的,可以说是迄今为止描述资本产品价格形成机制最为成功的一种理论。CAPM 有以下几个基本假定:

(1)假设不存在税收和交易成本,即市场是无摩擦的;

(2)假设资产是无限可分割的;

(3)假设资本市场是一个完全竞争的市场,任何单个投资者不可能通过个人的买卖行为来影响某一种资产的价格;

(4)假设所有投资者都是理性的,他们都依据马可维茨的资产组合理论在一定的预期收益率基础上追求方差的最小化;

(5)假设所有投资者的预测是均匀的,即投资者关于各种资产的预期收益率的概率分布以及不同资产收益率之间的相关性的预期是相同的;

(6)假设市场允许投资者进行无限制的卖空，并且可以在固定的无风险利率基础上借入或贷出任何金额的资金。

资本资产定价模型只有在上述条件成立的前提下才成立。

一、市场组合

马可维茨的资产组合理论告诉我们，在市场上众多的风险资产组合中，只有切点组合 T 适合与无风险资产进行组合得到最优资产组合，投资者的风险厌恶程度表现在最优资产组合中无风险资产所占的比重。切点组合是存在的，它由无风险利率 r_f 和风险资产的有效组合边界唯一地确定。因此，找到切点组合，再加上无风险资产就可以满足所有投资者的要求。资本资产定价模型进一步表明，切点组合就是风险资产的市场组合。

市场组合用 M 表示，是指按照市场上每一种资产的市值占所有资产总市值的比例持有所有资产的投资组合。假设市场上共有三种资产：A 股票、B 股票和无风险资产，按当前价格计算，A 股票的总市值是 800 万元，B 股票的总市值是 1 000 万元，无风险资产的总市值是 200 万元。在这种情况下，市场组合的构成就是 40% A 股票、50% B 股票和 10%无风险资产。与之类似，风险资产的市场组合是指按照市场上每一种风险资产的市值占所有风险资产总市值的比例持有所有风险资产的投资组合，也就是从市场组合中去掉无风险资产后的投资组合。在这个例子中，风险资产的市场组合的构成包括 44.44% A 股票和 55.56% B 股票，A 股票和 B 股票的权重比是 4∶5。

根据 CAPM 的假设，所有投资者都是理性的，他们都依据马可维茨的资产组合理论在一定的预期收益率基础上追求方差的最小化，同时所有投资者的预测也是均匀的，每个投资者关于各种资产的预期收益率的概率分布以及不同资产收益率之间的相关性的预期都一样，所以他们选择的最优风险资产组合中各种风险资产所占的比例都相同。在这种情况下，市场出清的条件一定是每一位投资者都按照市场上每一种风险资产的市值占所有风险资产总市值的比例持有所有风险资产。如果所有的投资者对某种资产——不妨假定就是 A 股票——的投资比例小于其市值在所有风险资产的总市值中所占的比例，市场上就会剩余一部分 A 股票无人问津，形成供过于求的局面，使其价格下降，进而导致 A 股票的预期收益率上升，于是投资会增大对它的投资权重，直至市场出清达到均衡为止。相反，如果所有的投资者对 A 股票的投资权重都大于其市值在所有风险资产的总市值中所占的比例，供求变动同样会使所有投资者最终都按风险资产的市场组合中的比例持有A股票。在市场均衡时,每种资产的总需求一定等于总供给。由此可见,资本市场线与风险资产的有效组合边界的切点T所代表的资产组合就是风险资产的市场组合M。于是资本市场线的方程就可以改写为

$$E(r)=r_f+\frac{[E(r_M)-r_f]}{\sigma_M}\sigma \tag{5.15}$$

$$\sigma=\omega_M\sigma_M \tag{5.16}$$

资本市场线的斜率是市场组合的风险溢价与其标准差的比$\frac{[E(r_M)-r_f]}{\sigma_M}$。

CAPM表明在均衡状态下,任何投资者所持有的风险资产比例都等于市场组合中的比例。投资者根据自己的风险—收益偏好持有不同比例的风险资产和无风险资产。假设有甲、乙两位投资者都用10万元在上文描述的市场上投资,二人的风险厌恶程度不同。甲将10万元中的1万元投资于无风险资产,9万元投资于风险资产,其中A股票4万元,B股票5万元,二者之比为4∶5。乙将10万元中的4万元投资于无风险资产,另外6万元投资于风险资产,其中A股票2.67万元,B股票3.33万元,二者之比仍然是4∶5。

二、单个资产的β值和风险溢价

明白了切点组合就是风险资产的市场组合之后,就可以研究任何一项风险资产的价格形成机制。

以后为方便起见,将风险资产的市场组合简称为市场组合,仍用M表示。市场组合M的方差可以表示为

$$\sigma_M^2=\sum_{i=1}^{n}\sum_{j=1}^{n}\omega_i\omega_j\sigma_{ij}$$

第i项资产对市场组合方差的贡献为

$$\omega_i\sum_{j=1}^{n}\omega_j\sigma_{ij}$$

当市场上风险资产的种类很多时,协方差项的数目将大大超过方差的数目,通常情况下,一种资产同其他所有资产的协方差的和决定了这项资产对市场组合风险的贡献程度。又由于

$$\sigma_{iM}=\mathrm{Cov}(r_i,r_M)=\mathrm{Cov}(r_i,\sum_{j=1}^{n}\omega_j r_j)=\sum_{j=1}^{n}\omega_j\mathrm{Cov}(r_i,r_j)=\sum_{j=1}^{n}\omega_j\sigma_{ij}$$

所以第 i 项资产对市场组合方差的贡献可以表示为 $\omega_i\sigma_{iM}$，也就是说我们可以用单项资产与市场组合的协方差来衡量其对市场组合风险的贡献程度。

对于理性的投资者来讲，σ_{iM}越大，则第 i 项资产对市场组合的影响越大，在市场均衡时投资于第 i 项资产就应该得到更大的风险补偿。下面我们证明投资于第 i 项资产所得到的风险补偿与 σ_{iM}之间是线性关系。

我们将市场组合 M 和第 i 项资产进行组合得到一个新的资产组合 P，在资产组合 P 中第 i 项资产占的权重为 ω，市场组合 M 所占的权重为$(1-\omega)$，根据(5.3)和(5.4)式可知资产组合 P 的预期收益率和标准差分别是

$$\mathrm{E}(r_P)=\omega\mathrm{E}(r_i)+(1-\omega)\mathrm{E}(r_M)$$

$$\begin{aligned}\sigma_P&=\sqrt{\omega^2\sigma_i^2+(1-\omega)^2\sigma_M^2+2\omega(1-\omega)\rho_{iM}\sigma_i\sigma_M}\\&=\sqrt{\omega^2\sigma_i^2+(1-\omega)^2\sigma_M^2+2\omega(1-\omega)\sigma_{iM}}\end{aligned}$$

将 $\mathrm{E}(r_P)$和 σ_P 分别对 ω 求导

$$\frac{\mathrm{dE}(r_P)}{\mathrm{d}\omega}=\mathrm{E}(r_i)-\mathrm{E}(r_M)$$

$$\frac{\mathrm{d}\sigma_P}{\mathrm{d}\omega}=\frac{\omega\sigma_i^2-\sigma_M^2+\omega\sigma_M^2+\sigma_{iM}-2\omega\sigma_{iM}}{\sqrt{\omega^2\sigma_i^2+(1-\omega)^2\sigma_M^2+2\omega(1-\omega)\sigma_{iM}}}$$

于是

$$\begin{aligned}\frac{\mathrm{dE}(r_P)}{\mathrm{d}\sigma_p}&=\frac{\mathrm{dE}(r_P)/\mathrm{d}\omega}{\mathrm{d}\sigma_P/\mathrm{d}\omega}\\&=\frac{[\mathrm{E}(r_i)-\mathrm{E}(r_M)]\sqrt{\omega^2\sigma_i^2+(1-\omega)^2\sigma_M^2+2\omega(1-\omega)\sigma_{iM}}}{\omega\sigma_i^2-\sigma_M^2+\omega\sigma_M^2+\sigma_{iM}-2\omega\sigma_{iM}}\end{aligned}$$

由于由市场组合 M 和第 i 种资产确定的有效组合边界(图 5-10 中的虚双曲线)不可能比由全部风险资产确定有效组合边界(图 5-10 中的实双曲线)更加有效，所以前者应该在后者的内部。由于 M 点同时位于上述两个有效组合边界上，所以两条双曲线在 M 点处相切，即两条双曲线在 M 点处切线的斜率相等，都等于资本市场线的斜率。故有

$$\left.\frac{\mathrm{dE}(r_P)}{\mathrm{d}\sigma_P}\right|_{\omega=0}=\frac{\mathrm{E}(r_M)-r_f}{\sigma_M}$$

即：

$$\frac{[\mathrm{E}(r_i)-\mathrm{E}(r_M)]\sigma_M}{\sigma_{iM}-\sigma_M^2}=\frac{\mathrm{E}(r_M)-r_f}{\sigma_M}\tag{5.17}$$

变形得到 $$E(r_i)=r_f+\frac{\sigma_{iM}}{\sigma_M^2}[E(r_M)-r_f] \tag{5.18}$$

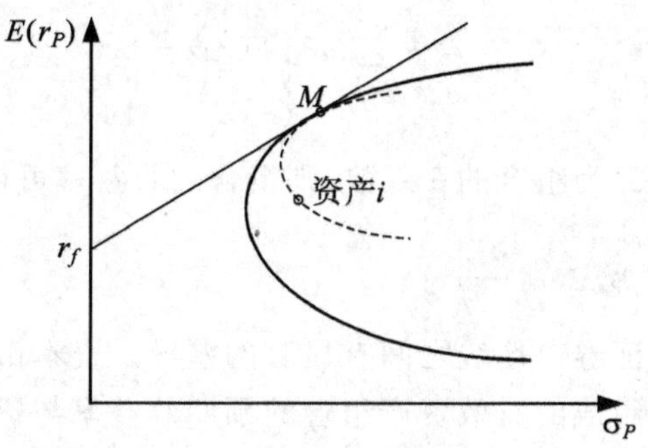

图 5-10 证券市场线的证明

令 $\beta_i=\frac{\sigma_{iM}}{\sigma_M^2}$ 为第 i 种资产的 β 系数，则上式可写为

$$E(r_i)=r_f+\beta_i[E(r_M)-r_f] \tag{5.19}$$

图 5-11 画出了预期收益率和 β 系数之间的直线关系，这条直线称为证券市场线（SML，Security Market Line）。

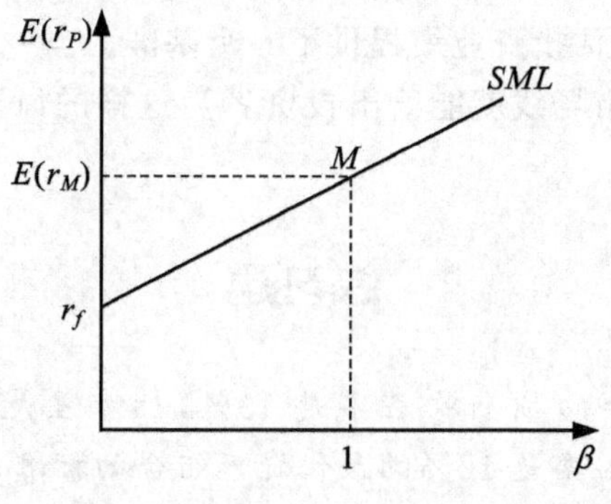

图 5-11 证券市场线

证券市场线说明，一项风险资产的风险补偿应当是它的 β 系数乘以风险资产的市场组合的风险补偿。由于市场组合的 β 系数为 1，所以证券市场线的斜率为市场组合的风险补偿 $E(r_M)-r_f$。

证券市场线对于单项资产和资产组合都适用。对于一个包含 n 项资产的投资组合，第 i 项资产所占的权重为 ω_i，则组合的收益率是

$$E(r_P)=\sum_{i=1}^{n}\omega_i E(r_i)=\sum_{i=1}^{n}\omega_i\{r_f+\beta_i[E(r_M)-r_f]\}$$
$$=r_f+\sum_{i=1}^{n}\omega_i\beta_i[E(r_M)-r_f]$$

令 $\beta_P=\sum_{i=1}^{n}\omega_i\beta_i$ 为组合的 β 系数，则组合的收益率可以表示为

$$E(r_P)=r_f+\beta_P[E(r_M)-r_f] \tag{5.20}$$

资本市场线与证券市场线之间有显著的差异。资本市场线刻画了由市场组合和无风险资产组成的有效资产组合的预期效益率与资产组合标准差之间的线性关系，标准差可以用来衡量资产组合的风险。而证券市场线描述了市场均衡时单项风险资产的风险补偿。β 系数代表单项资产对市场组合方差的贡献，被用来衡量单项资产的风险。

如果一项资产的 β 系数大于 1，说明该资产的风险补偿大于市场组合的风险补偿，这项资产的价格波动大于市场组合的价格波动；相反，如果一项资产的 β 系数小于 1，说明该资产的风险补偿小于市场组合的风险补偿，这项资产的价格波动就小于市场组合的价格波动；当一项资产的 β 系数小于 0 时，意味着该资产的收益与整个市场之间负相关。

证券市场线为评估投资业绩提供了一个基准。当一项资产以 β 系数表示的风险确定后，证券市场线就能给出投资者为这样的风险所能够要求的期望收益。

练习题

1. 假设市场组合的预期收益率是 15%，标准差是 0.5，无风险利率是 8%，问：一个预期收益率是 12% 的最优资产组合的标准差是多少？

2. A 公司股票和市场组合在最近 8 年中的收益率如下表：

年份	A 公司股票收益率(%)	市场组合收益率(%)
1	14.9	13
2	16.6	15
3	10.6	10
4	21	18.6

续表

年份	A公司股票收益率(%)	市场组合收益率(%)
5	18.8	16.7
6	9.5	9
7	13.1	12.6
8	14.7	13.9

假设在这期间无风险利率保持恒定，且A股票的收益率满足 $r_A = E(r_A) + \varepsilon_A$，求：①均衡状态下的无风险利率；②A股票的 β 值、系统风险 σ_S^2 和非系统风险 σ_I^2。

第六章

套利定价理论

学习要求

1. 了解因素模型的推导过程以及在因素模型基础上提出的单指数模型与资本资产定价模型的关系。

2. 了解单因素套利定价理论和多因素套利定价理论的含义及其应用。

第一节　单指数模型和多因素模型

一、单指数模型

马可维茨资产组合选择模型的建立需要准确地估计所有资产之间的协方差，这使工作量变得异常巨大。假设要对 n 种风险资产进行分析和组合决策，需要估计和计算的数据包括：n 种风险资产预期收益率、n 个风险资产的方差以及 $\frac{n^2-n}{2}$ 个协方差。若 $n=50$，则需要计算 1 325 个参数，当 n 等于目前沪深两市股票的总和 1 200 种时，需要计算的参数达到 717 000 个，同时还要根据市值的变化随时调整权重，如此巨大的计算量将严重影响工作的效率和准确性。

前已述及，由于系统风险的存在，所有风险资产收益率的变化具有某种程度的同向性，因为不同的企业会受到同样经济因素的冲击和影响，比如经济周期、通货膨胀、技术进步以及原材料价格变动等等。这些宏观经济因素的变化将使所有风险资产的收益率发生波动，为简便起见，我们把所有这些宏观经济因素综合成一个"宏观经济指数"，并使它与整个证券市场的波动保持一致。除了共同的宏观影响因素之外，每种证券还要受个别公司或企业内部微观因素变动的冲击，比如技术革新、人事变动等，而这些微观因素变动与宏观变化无关。

于是我们将宏观经济因素和企业个别的微观因素对证券收益率的影响写成下式：

$$r_i = E(r_i) + m_i + e_i \tag{6.1}$$

式中，$E(r_i)$是证券原始的预期收益率，m_i 表示宏观经济因素对证券收益率的影响，即系统风险，e_i 表示企业个别因素对证券收益率的影响，即非系统风险。由于企业个别因素的冲击是随机发生的，其结果可以在较长的时间内相互抵消，所以 e_i 的期望值为 0。

为了表示不同证券对宏观因素变化不同的敏感程度，我们以 F 代表整个宏观经济因素的变动，将第 i 种证券对它的变动的敏感程度记为 β_i，则第 i 种证券的收益率受宏观经济因素变动的影响是 $m_i=\beta_i F$。代入(6.1)式，得

$$r_i = E(r_i) + \beta_i F + e_i \tag{6.2}$$

(6.2)式被称为"因素模型"。

在因素模型的基础上，1963 年，威廉・夏普用证券市场中表示市场组合 M 的证券指数来代替宏观经济变动因素，提出了"单指数模型"，并将单一证券的收益率分解为以下三部分：

①当市场组合 M 的风险补偿($r_M - r_f$)为 0 时单个证券的预期收益率，记为 α_i；

②随着整个市场运动的部分，为 $\beta_i(r_M - r_f)$；

③受企业微观因素影响的收益率变动部分，为 e_i。

于是持有单一证券的风险补偿可写成

$$r_i - r_f = \alpha_i + \beta_i(r_M - r_f) + e_i \tag{6.3}$$

(6.3)式同时也表明每种证券有两种风险来源：①源于宏观经济因素变动的系统风险，不同证券系统风险的差异反映在 β_i 上，为 $\beta_i^2\sigma_M^2$；②源于企业特有的不确定性的非系统风险，为 σ_{ei}^2。记市场组合的方差为 σ_M^2，假定单个企业的非系统风险与系统风险不相关，则由(6.3)式可以导出第 i 种证券的风险补偿的方差为：

$$\sigma_i^2 = \beta_i^2 \sigma_M^2 + \sigma_{ei}^2 \tag{6.4}$$

对于两种不同的证券 i 和 j 而言，因为 e_i 和 e_j 是每个企业所特有的，所以它们之间不相关。假设无风险利率 r_f 恒定不变，则两种证券的协方差为：

$$\sigma_{ij} = \mathrm{Cov}(r_i, r_j) = \mathrm{Cov}(\beta_i r_M, \beta_j r_M) = \beta_i \beta_j \sigma_M^2 \tag{6.5}$$

这样一来大大减少了参数计算的工作量。同样假设要对 n 种风险资产进行分析和组合决策，现在需要估计和计算的数据包括：n 种风险资产预期收益率、n 个风险系数 β_i、n 个企业的特有方差 σ_{ei}^2 和一个宏观经济因素即市场组合的方差 σ_M^2。当 n 等于目前沪深两市股票的总和 1 200 种时，需要计算的参数只有 3 601 个，而不是原来的 717 000 个。

除了使需要计算的参数大大减少之外，指数模型还使不同证券之间协方差的计算第一次真正成为可能。如果没有指数模型，要计算两种属于不同行业的证券之间的协方差，需要掌握这两种行业的信息，如果推广到所有的股票，分析人员必须及时掌握经济领域中所有行业的信息变化，这显然是无法做到的。有了指数模型之后，只要计算出市场组合的方差和每一种证券的 β 系数就可以很方便地求出协方差矩阵。

【例 6.1】表 6-1 列出了代表市场组合的标准普尔 500 指数和 GM(General Motor)公司股票 1985 年的月度收益数据。12 个月的 GM 股票和市场组合相对于无风险利率 r_f(以同期国库券利率代表)的超额收益(即风险补偿)的散点图见图 6-1。

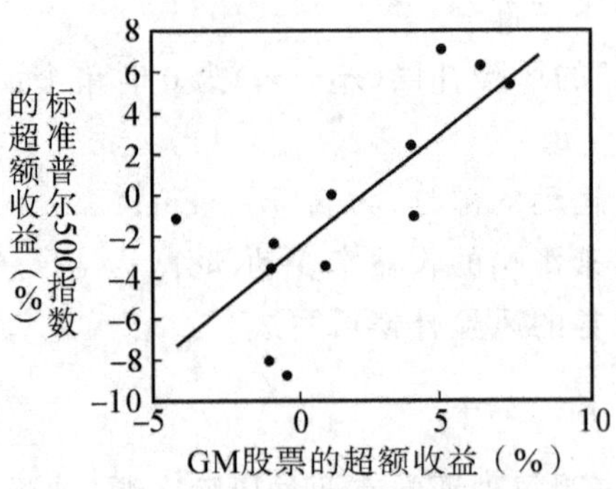

图 6-1 GM 股票的证券特征线

根据单指数模型，GM 的超额收益 $r_{GM} - r_f$ 与标准普尔 500 指数的超额收益 $r_M - r_f$ 之间的关系为：

$$r_{GM}-r_f=\alpha_{GM}+\beta_{GM}(r_M-r_f)+e_{GM}$$

表 6-1

月份	GM 股票的收益(%)	标准普尔 500 指数的收益(%)	国库券的月收益(%)	GM 股票的超额收益(%)	标准普尔 500 指数的超额收益(%)
1	6.06	7.89	0.65	5.41	7.24
2	−2.86	1.51	0.58	−3.44	0.93
3	−8.18	0.23	0.62	−8.79	−0.38
4	−7.36	−0.29	0.72	−8.08	−1.01
5	7.76	5.58	0.66	7.10	4.92
6	0.52	1.73	0.55	−0.03	1.18
7	−1.74	−0.21	0.62	−2.36	−0.83
8	−3.00	−0.36	0.55	−3.55	−0.91
9	−0.56	−3.58	0.60	−1.16	−4.18
10	−0.37	4.62	0.65	−1.02	3.97
11	6.39	6.85	0.61	6.32	6.25
12	3.08	4.55	0.65	2.43	3.90

这一关系类似于回归方程,其中 r_M-r_f 是解释变量,$r_{GM}-r_f$ 是被解释变量,α_{GM} 为截距,β_{GM} 为斜率,e_{GM} 为残差。回归模型和指数模型均假定残差与解释变量以及残差序列之间不相关。截距 α_{GM} 表示 GM 股票的平均超额收益,斜率 β_{GM} 表示 GM 股票的超额收益对市场组合的敏感度,残差 e_{GM} 是回归模型的估计值与实际值之间的差,反映 GM 公司内部因素对 GM 股票超额收益的影响。单指数模型的回归结果被称为证券特征线(SCL,security characteristic line),即图 6-1 中的直线。利用最小二乘法得到的回归结果为:

$$r_{GM}-r_f=-2.590+1.1357(r_M-r_f)$$

可决系数 $R^2=0.575$。

由于样本数据太少,所以这个例子只能用作一个简单的示意说明。由回归结果我们发现,GM 股票的 β 系数由回归直线的斜率给出,为 1.135 7;证券特征线 SCL 的截距为每月 −2.59%。

第 t 月的残差 e_{GMt} 由下式算出:

$$e_{GMt}=(r_{GMt}-r_f)-[-2.590+1.1357(r_M-r_f)]$$

残差的方差和标准差分别按下式计算：

$$\sigma^2(e_{GM})=\frac{1}{10}\sum_{t=1}^{12}e_{GM}^2=12.601$$

$$\sigma(e_{GM})=\sqrt{\sigma^2(e_{GM})}=3.55$$

其中自由度 $n=12$（样本个数）-2（参数个数）$=10$。

单指数模型对证券组合也是适用的。对于由 n 种证券组成，每种证券所占权重为 ω_i 的证券组合而言，其风险补偿为：

$$r_P-r_f=\alpha_P+\beta_P(r_M-r_f)+e_P \tag{6.6}$$

其中 $\alpha_P=\sum_{i=1}^{n}\omega_i\alpha_i,\beta_P=\sum_{i=1}^{n}\omega_i\beta_i,e_P=\sum_{i=1}^{n}\omega_i e_i$。

二、单指数模型和资本资产定价模型

资本资产定价模型实际上就是一种特殊的单指数模型。

我们把风险资产市场组合的超额收益作为宏观经济影响因素，就有：

$$r_i-r_f=\alpha_i+\beta_i(r_M-r_f)+e_i \tag{6.7}$$

根据假设，个别企业的非系统风险与市场组合风险（系统风险）无关，则代表非系统风险的残差 e_i 与市场组合的超额收益之间的协方差为0，即：

$$\mathrm{Cov}(e_i,R_M)=0$$

于是由证券 i 的超额收益和市场组合的超额收益之间的协方差为：

$$\begin{aligned}\sigma_{iM}&=\mathrm{Cov}(R_i,R_M)\\&=\mathrm{Cov}(\beta_iR_M+e_i,R_M)\\&=\beta_i\mathrm{Cov}(R_M,R_M)+\mathrm{Cov}(e_i,R_M)\\&=\beta_i\sigma_M^2\end{aligned}$$

所以有：

$$\beta_i=\frac{\sigma_{iM}}{\sigma_M^2}$$

可见，从单指数模型推导出来的风险系数 β 与从资本资产定价模型推导出来的风险系数 β 完全一样，这也是把单指数模型中对宏观经济变动的敏感度也定义为 β 的原因。

把(6.7)式写成期望形式

$$E(r_i)-r_f=\alpha_i+\beta_i[E(r_M)-r_f] \tag{6.8}$$

与资本资产定价模型相比多了一个 α_i，α_i 是证券的收益超出由资本资产定价模型给出的均衡收益的部分。如果市场处于均衡状态，对于所有的证券来说，都应该有 $\alpha_i=0$。

假设某一时刻资产 i 的 $\alpha_i>0$，那么资产会落在证券市场线的上方，即

$$E(r_i)-r_f>\beta_i[E(r_M)-r_f] \tag{6.9}$$

这样由(5.16)式反推到(5.15)式

$$\frac{[E(r_i)-E(r_M)]\sigma_M}{\sigma_{iM}-\sigma_M^2}>\frac{E(r_M)-r_f}{\sigma_M} \tag{6.10}$$

结合第二章证券市场线的推导过程可以看出，当 $\alpha_i>0$ 时，由第 i 种资产和市场组合 M 确定的双曲线在 M 点处切线的斜率大于资本市场线的斜率，所以由第 i 种资产和市场组合 M 经过优化组合之后得到的新组合在 M 点的右侧会落在资本市场线的上方，如图 6-2 所示。

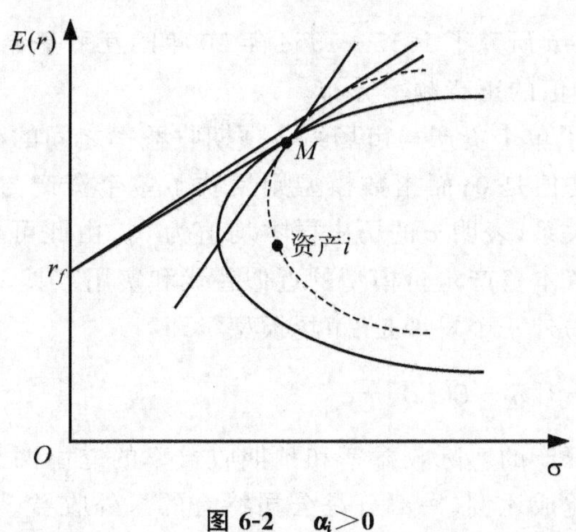

图 6-2　$\alpha_i>0$

同理，若 $\alpha_i<0$，则由第 i 种资产和市场组合 M 经过优化组合之后得到的新组合在 M 点的左侧会落在资本市场线的上方，如图 6-3。

将这些落在资本市场线上方的资产组合再与无风险资产组合可以得到比市场均衡更好的收益。这一点在实践中往往用作制定积极的投资策略的依据，只要找到 $\alpha_i\neq0$ 的资产或资产组合就能够设计出击败市场的投资策略。

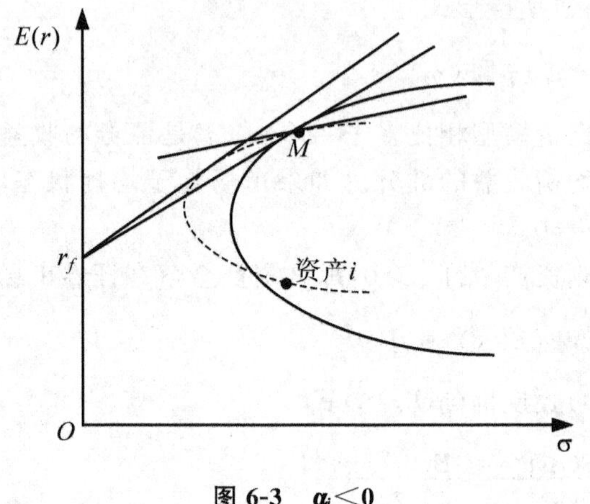

图 6-3　$\alpha_i<0$

另一方面，如果有 $\alpha_i\neq 0$ 的资产或资产组合存在，则意味着市场一定存在着缺陷，尚未达到均衡状态。如果资产的定价是合理的，那么资产的 α 值一定为 0。在较长的时间内，资产的价格不可能持久地被低估或高估，市场的均衡会使 α 值为 0。

Michael Jensen 研究了 1955—1964 年 10 年间互助基金的 α 值，结果表明 α 值呈现以 0 为均值的正态频率分布。

CAPM 描述了单个资产与市场组合预期收益率之间的事前关系，隐含的假设是 α 的期望均值是 0；而指数模型则反映了单个资产与市场组合实际收益率之间的事后关系，表明 α 的历史样本均值为 0。由此可见，指数模型是理论上十分抽象的资本资产定价模型的近似替代和实用工具。

指数模型的另外一个发展是"市场模型"，即

$$r_i-\mathrm{E}(r_i)=\beta_i[r_M-\mathrm{E}(r_M)]+e_i \tag{6.11}$$

它表示个别资产的实际收益率和预期收益率的差由两部分组成，一部分与市场的意外收益成比例，一部分是公司特有的意外收益。由于市场模型与指数模型十分相似，所以二者有时相互替换。

三、多因素模型

前面讨论的单指数模型实际上是用证券市场指数来代表所有的宏观经济因素的因素模型。事实上，影响宏观经济变动的因素是多种多样的，比如

GDP 增长率、平均就业水平、物价水平、国际收支状况等等，把这些因素都笼统地归结到一个宏观经济因素之中显然有些勉强。我们可以把只含有单一因素的单指数模型的思想推广到多因素模型。

为简单起见，我们只考虑两个因素的情况。以 F_1 和 F_2 分别代表两种最重要的宏观经济因素，比如 GDP 增长率和物价指数，任何证券的收益都与这两个宏观经济因素的变动有关。将第 i 种证券对 F_1 和 F_2 变动的敏感程度分别记为 β_{i1} 和 β_{i2}，企业特有风险记为 e_i，则其相对于 r_f 的超额收益可以用以下的两因素模型表示：

$$r_i - r_f = \alpha_i + \beta_{i1} F_1 + \beta_{i2} F_2 + e_i \tag{6.12}$$

收益率的方差为

$$\sigma_i^2 = \beta_{i1}^2 \sigma_{F_1}^2 + \beta_{i2}^2 \sigma_{F_2}^2 + 2\beta_{i1}\beta_{i2}\mathrm{Cov}(F_1, F_2) + \sigma_{ei}^2 \tag{6.13}$$

更多因素的情况可以照此推广。

第二节　套利定价理论

一、单因素套利定价理论

1976 年 Stephen Ross 提出了套利定价理论（APT，arbitrage pricing theory）。套利定价理论比资本资产定价模型的前提假设简单，只是假设资产和收益可以用因素模型表示。为了便于理解起见，我们先考虑只有一种宏观经济因素 F 对资产的收益具有系统性影响的情况。根据假设，单个证券的收益可以表示为：

$$r_i = E(r_i) + \beta_i F + e_i \tag{6.14}$$

式中 r_i、F 和 e_i 都是随机变量。r_i 是第 i 项资产的实际收益率，$E(r_i)$是其期望值；F 代表宏观经济因素的变动，即宏观经济因素的实际值与其预期值的偏离，是系统风险；β_i 表示该证券收益率对宏观经济因素变动的敏感度；e_i 表示企业自身的微观因素对收益率的影响，即非系统风险。F 和 e_i 的期望值都是 0，并且二者之间不相关。e_i 自身也不存在序列相关性，即当 $i \neq j$ 时，e_i 和 e_j 之间也不相关。

比如，F 代表国内生产总值(GDP)年实际增长率与预期值之间的差异，如果预期 GDP 当年增长 5%，实际增长 7%，则 $F=2\%$，假设 $\beta_i=1.5$，那么宏观因素变动使得该资产的收益率增加了 3%。另外，企业通过技术改造获得了超过预期值 1.5%的超额收益，即 $e_i=1.5\%$。如果此项资产原来的预期收益率为 6%，那么它实际实现的收益率是 6%+3%+1.5%=10.5%。

对于一个由 n 种资产组成的资产组合 P，其中第 i 项资产的权重为 ω_i，$i=1,2,\cdots,n$，$\sum_{i=1}^{n}\omega_i=1$，于是组合 P 的收益率为：

$$r_P=\sum_{i=1}^{n}\omega_i r_i=\sum_{i=1}^{n}\omega_i E(r_i)+\Big(\sum_{i=1}^{n}\omega_i\beta_i\Big)F+\sum_{i=1}^{n}\omega_i e_i$$

令 $E(r_P)=\sum_{i=1}^{n}\omega_i E(r_i)$，$\beta_P=\sum_{i=1}^{n}\omega_i\beta_i$，$e_P=\sum_{i=1}^{n}\omega_i e_i$，则

$$r_P=E(r_P)+\beta_P F+e_P \tag{6.15}$$

组合的方差是：

$$\sigma_P^2=\beta_P^2\sigma_F^2+\sigma_{e_P}^2$$

如果组合 P 是一个把非系统风险充分分散化的资产组合，则有

$$e_P=0,\ \sigma_{e_P}^2=0$$

于是组合的收益和方差分别是：

$$r_P=E(r_P)+\beta_P F$$
$$\sigma_P^2=\beta_P^2\sigma_F^2$$

套利定价理论是建立在无套利均衡基础上的。在资本市场上，如果投资者能够构造一个不需要任何投资却可以产生确定性收益的投资组合，就可以进行无风险套利。无风险套利时总投资额是 0，意味着投资者需要至少卖空一项资产，然后用得到的资金购买另外的资产。

当市场处于不均衡状态，价格偏离了由供求关系决定的价值，一价定律被违反时就会出现无风险套利机会。下面看一个无风险套利的例子。

【例 6.2】市场的无风险利率 $r_f=6\%$，资产组合 1、2 和 3 是三个充分分散化的资产组合，即 $e_i=0(i=1,2,3)$，它们的预期收益率和 β 系数如下：

资产组合	$E(r_i)$	β_i
1	10%	2
2	11%	3
3	8%	1.5

下面将它们进一步组合进行无风险套利。

无风险套利首先要求投资总额为 0。设 ω_i 为投资于资产组合 i 的权重变量，则有

$$\omega_1+\omega_2+\omega_3=0 \tag{6.16}$$

无风险套利组合的收益为

$$r_P=\sum_{i=1}^{n}\omega_i r_i=\sum_{i=1}^{n}\omega_i E(r_i)+\left(\sum_{i=1}^{n}\omega_i\beta_i\right)F$$

由于此收益为没有任何风险的确定性收益，所以它不受 F 变化的影响，故有

$$\sum_{i=1}^{n}\omega_i\beta_i=0 \tag{6.17}$$

将数据代入(6.17)式：

$$2\omega_1+3\omega_2+1.5\omega_3=0 \tag{6.18}$$

联立(6.16)和(6.18)式得到一个线性方程组，$\omega_1=30$，$\omega_2=-10$，$\omega_3=-20$ 是这个方程组的一个解。根据这个结果，我们卖空 10 万元的资产组合 2 和 20 万元的资产组合 3，同时买入 30 万元的资产组合 1，做到了总投资额为 0。此次投资的收益为：

到期后资产组合 1 多头的收益	(10%+2F)×30 万元
到期后资产组合 2 空头的损失	−(11%+3F)×10 万元
到期后资产组合 3 空头的损失	−(8%+1.5F)×20 万元
净收益	0.3 万元

这 0.3 万元净收益是与宏观经济因素 F 无关的一个确定的收益，说明投资者能够在不进行投资和没有任何风险的情况下获得回报，从而实现了无风险套利。

套利定价理论告诉我们，对于有不同 β 值的充分分散化的投资组合，其预期收益率中的风险补偿一定正比于其 β 值，否则就会发生无风险套利。下面给出证明。

对于一个由 n 种充分分散化的资产组成的资产组合，投资者如果要进行套利，必须满足没有净初始投资和资产组合的预期收益不受宏观经济因素 F 的影响两个条件，即

$$\sum_{i=1}^{n} \omega_i = 0 \tag{6.19}$$

$$\sum_{i=1}^{n} \omega_i \beta_i = 0 \tag{6.20}$$

又由于投资组合中的每种资产都是充分分散化的，所以此时组合的收益为

$$r_P = \sum_{i=1}^{n} \omega_i r_i = \sum_{i=1}^{n} \omega_i E(r_i) + \left(\sum_{i=1}^{n} \omega_i \beta_i\right) F + \sum_{i=1}^{n} \omega_i e_i = \sum_{i=1}^{n} \omega_i E(r_i)$$

如果此资产组合没有套利机会，就要求在满足(6.19)和(6.20)两式的条件下必须有

$$\sum_{i=1}^{n} \omega_i E(r_i) = 0 \tag{6.21}$$

由此可以解出 APT 的单因素模型

$$E(r_i) = \lambda_0 + \lambda_1 \beta_i \tag{6.22}$$

式中，λ_0 和 λ_1 是两个常数。显然 λ_0 是 $\beta_i = 0$ 即不受系统风险影响时的收益 r_f，也就是无风险收益，于是(6.22)式改写为

$$E(r_i) = r_f + \lambda_1 \beta_i \tag{6.23}$$

容易证明 λ_1 是 β 系数等于 1 的资产组合(称为因素组合，记作 F)相对于 r_f 的超额收益

$$\lambda_1 = E(r_F) - r_f \tag{6.24}$$

则(6.23)式进一步改写为

$$E(r_i) = r_f + \beta_i [E(r_F) - r_f] \tag{6.25}$$

$E(r_F)$ 和 r_f 对所有的证券来说都是一样的，令 $E(r_F) - r_f = K$，可得

$$E(r_i) = r_f + K\beta_i$$

因此，对于任意两个充分分散化的资产组合 1 和 2 一定有

$$\frac{E(r_1)-r_f}{\beta_1}=\frac{E(r_2)-r_f}{\beta_2}=K \tag{6.26}$$

结论得证。

更为重要的是，套利定价理论进一步指出：对于几乎任意两项不同的资产，上述关系仍然成立，即对于两种未被充分分散化的资产 i 和 j，有

$$\frac{E(r_i)-r_f}{\beta_i}=\frac{E(r_j)-r_f}{\beta_j}=K \tag{6.27}$$

式中 K 是一个对几乎所有证券都相同的常数。

为了证明这一结论，我们假设对于一个很小的正数 $\varepsilon>0$，在市场中的全部 n 项资产或资产组合中共有 m 项使下式成立：

$$\left|E(r_i)-r_f-\beta_i[E(r_F)-r_f]\right|\geqslant\varepsilon \tag{6.28}$$

当 ε 非常小时，在实际投资过程中可以将此差异忽略不计。

我们需要证明的是当市场充分大，即 $n\to\infty$ 时，m 不可能无限制地增大，m 永远是一个有限的数，这样对于除了这 m 项资产以外的绝大多数资产来说，它们都服从套利定价理论，使(6.27)式成立。

对于每一个单个证券 i，我们构筑一个资产组合 P_i，P_i 由因素组合 r_F 和无风险证券组成，二者所占的权重分别是 β_i 和 $(1-\beta_i)$。显然组合的预期收益 $E(r_{P_i})=r_f+\beta_i[E(r_F)-r_f]$。然后再针对每个单个资产 i 构筑如下的零投资组合 A_i：当 $E(r_i)-r_f-\beta_i[E(r_F)-r_f]>0$ 时，对组合 P_i 做空头并对资产 i 做多头；当 $E(r_i)-r_f-\beta_i[E(r_F)-r_f]<0$ 时，对组合 P_i 做多头并对资产 i 做空头。这样对冲后，A_i 的预期收益是

$$\left|E(r_i)-r_f-[E(r_F)-r_f]\beta_i\right|+\delta_i e_i$$

其中

$$\delta_i=\begin{cases}+1, 若\ E(r_i)-r_f-\beta_i[E(r_F)-r_f]>0\\-1, 若\ E(r_i)-r_f-\beta_i[E(r_F)-r_f]<0\end{cases}$$

现在我们采取等权重 $\frac{1}{m}$ 的方法把使 $\left|E(r_i)-r_f-\beta_i[E(r_F)-r_f]\right|\geqslant\varepsilon$ 的 m 组对冲头寸(即 $A_i, i=1,2,\cdots,m$)再组合到一起，这一组合仍然是初始净投资为 0 的投资组合，其收益率的期望值是

$$\frac{1}{m}\sum_{i=1}^{m}\left|E(r_i)-r_f-\beta_i[E(r_F)-r_f]\right|\geqslant\varepsilon>0$$

方差是

$$\frac{1}{m^2}\sum_{i=1}^{m}\sigma^2(e_i)\leqslant\frac{\max\limits_{i}\{\sigma^2(e_i)\}}{m}$$

由于$\max\limits_{i}\{\sigma^2(e_i)\}<+\infty$,所以如果在$n\to\infty$的同时也有$m\to\infty$,则方差将趋于0,于是这个预期收益率大于0而方差趋于0的零投资组合就是无风险套利组合。所以当市场充分大时,m不可能无限制地增大,只有有限项资产使得$E(r_i)\neq r_f+\beta_i[E(r_F)-r_f]$成立,这样对于除了这$m$项资产以外的绝大多数资产来说,它们都服从套利定价理论,即

$$\frac{E(r_i)-r_f}{\beta_i}=E(r_F)-r_f=K$$

变形后得到(6.25)式

$$E(r_i)=r_f+\beta_i[E(r_F)-r_f]$$

套利定价理论揭示了在没有无风险套利机会的均衡条件下,资产的预期收益和β系数之间的线性关系。这条直线叫做套利定价线,如图6-4。根据套利定价理论,如果一项资产的预期收益和β系数不在套利定价线上,投资者就有无风险套利的机会。图6-4中资产U的价值被低估,预期收益比资产A高,这样投资者就可以通过卖空资产A,同时买入资产U构筑零投资组合进行无风险套利。同样,利用资产B和价值被高估的资产D也可以进行无风险套利。套利的结果使U的价格上升,$E(r_U)$下降,D的价格下降,$E(r_D)$上升,最终U和D都回到套利定价线上,达到均衡状态,套利机会消失。

无风险套利机会的存在表明市场处于不均衡状态,而套利的力量会推动市场重新回到均衡状态。市场一恢复均衡,套利机会就会消失。市场的效率越高,重建均衡的速度就越快。

【例6.3】根据单因素套利定价理论,证券或证券组合的预期收益率可以表示为

$$E(r_i)=r_f+\beta_i[E(r_F)-r_f]$$

假设因素组合的预期收益率是$E(r_F)=16\%$,无风险利率$r_f=8\%$。A是一个充分分散化的证券组合,β系数为0.6,则证券组合A的预期收益率为

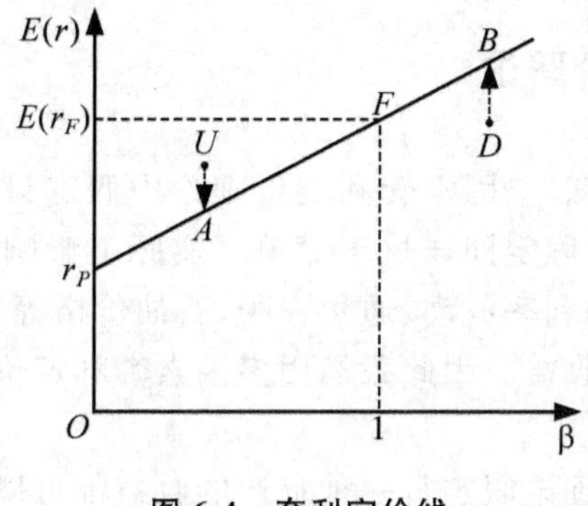

图 6-4 套利定价线

$$E(r_A)=8\%+0.6\times(16\%-8\%)=12.8\%$$

由单因素套利定价理论可知，β 系数为 0.6 的绝大多数证券或证券组合的预期收益率都是 12.8%。

如果证券组合 A 的预期收益率不是 12.8%，而是 15.8%，就会出现无风险套利机会。我们构造另一个证券组合 B，其中因素组合的权重为 0.6，无风险证券的权重为 1－0.6＝0.4，这时 B 的 β 系数也是 0.6，与 A 相同，并且 B 的预期收益率是 12.8%。我们卖空 10 万元证券组合 B，同时买入 10 万元证券组合 A，进行一次净投资额为 0 的投资，可以得到的收益为

$$\begin{array}{r} 10\times(15.8\%+0.6F) \\ -10\times(12.8\%+0.6F) \\ \hline 0.3(\text{万元}) \end{array}$$

我们无风险地获取了 0.3 万元利润。这种套利机会的存在使得证券组合 A 被一再地买入，导致其价格上升，预期收益率下降，直至降到 12.8% 达到均衡为止。

如果我们把市场组合 M 的超额收益作为宏观经济影响因素，则市场组合本身就是因素组合，$\beta_M=1$，于是(6.25)式就变为

$$E(r_i)=r_f+\beta_i[E(r_M)-r_f]$$

这就是 CAPM 中的证券市场线。我们通过 APT 推导出证券市场线的过程中并没有用到 CAPM 众多的假设条件，这是 APT 理论的先进性。同时也说明，当 CAPM 理论中的那些前提假设不严格成立时，由 CAPM 推导出的证券市场线也是成立的。

二、多因素套利定价理论

与单指数模型相似,单因素套利定价理论中假定只有一个宏观经济因素影响证券的收益,这一假定同样过于简单。实际上影响证券收益的宏观经济因素是多方面的,比如利率波动、通货膨胀、石油价格等,其中任何一种因素的变动都会影响证券的收益。因此我们用多因素套利定价理论来处理证券所面临的多方面的风险。

多因素套利定价理论假定每一种资产的收益都可以用多因素模型表示:

$$r_i = E(r_i) + \beta_{i1}F_1 + \beta_{i2}F_2 + \cdots + \beta_{ij}F_j + e_i \tag{6.29}$$

其中的 $F_1, F_2, \cdots, F_j$ 分别表示不同的宏观经济因素对其预期值的偏离,比如说 F_1 表示 GDP 的增长率与其预期值的差,F_2 表示预料之外的通货膨胀,等等,它们都具有 0 期望值;β_{ij} 表示证券 i 的收益对第 j 个宏观经济因素 F_j 变动的敏感性。由企业内部个别因素造成的非系统风险 e_i 的期望值也是 0,$F_1, F_2, \cdots, F_j$ 和 e_i 之间彼此不相关。同时将单因素套利定价理论中因素组合的概念推广到多因素的情况:因素组合是充分分散化后消除了非系统风险的资产组合,对其中一个宏观经济因素的 β 值为 1 而对其他因素的 β 值为 0。由于在资本市场上资产的种类非常多,而因素的个数十分有限,因此这种因素组合的构造在实践中是可行的。在多因素的证券市场中,因素组合将起到基准的作用。

多因素套利定价理论指出,每一种资产或资产组合的风险补偿应该是投资者承担来自所有的宏观经济因素变动的系统风险的风险补偿的和,而每一种宏观因素的系统风险的补偿等于对应于该因素的 β 值与因素组合的风险补偿的乘积,即

$$E(r_i) = r_f + \beta_{i1}[E(r_{f_1}) - r_f] + \beta_{i2}[E(r_{f_2}) - r_f] + \cdots + \beta_{ij}[E(r_{f_j}) - r_f] \tag{6.30}$$

仿照单因素套利定价理论的证明,我们对此给出如下证明:

对于一个由 n 种充分分散化的资产组成的资产组合有

$$\begin{aligned} r_P &= \sum_{i=1}^{n} \omega_i r_i \\ &= \sum_{i=1}^{n} \omega_i E(r_i) + \left(\sum_{i=1}^{n} \omega_i \beta_{i1}\right)F_1 + \left(\sum_{i=1}^{n} \omega_i \beta_{i2}\right)F_2 + \cdots + \left(\sum_{i=1}^{n} \omega_i \beta_{ij}\right)F_j + \sum_{i=1}^{n} \omega_i e_i \end{aligned}$$

投资者如果要进行套利，必须满足没有净初始投资和资产组合的预期收益不受宏观经济因素的影响两个条件，即

$$\sum_{i=1}^{n}\omega_i = 0$$

$$\sum_{i=1}^{n}\omega_i\beta_{ik} = 0 \qquad (k = 1,2,\cdots,j)$$

如果此资产组合没有套利机会，就要求在满足这两个方程的条件下必须有：

$$r_P = \sum_{i=1}^{n}\omega_i E(r_i) = 0$$

由此可以解出 APT 的多因素模型：

$$E(r_i)=\lambda_0+\lambda_1\beta_{i1}+\lambda_2\beta_{i2}+\cdots+\lambda_j\beta_{ij} \tag{6.31}$$

与 APT 的单因素模型相同，式中，$\lambda_0=r_f$，$\lambda_k(k=1,2,\cdots,j)$是 $\beta_k=1$ 的因素组合(记作 r_{F_k})相对于 r_f 的超额收益：

$$\lambda_k=E(r_{F_k})-r_f$$

则(6.31)式进一步改写为：

$$E(r_i)=r_f+\beta_{i1}[E(r_{F_1})-r_f]+\beta_{i2}[E(r_{F_2})-r_f]+\cdots+\beta_{ij}[E(r_{F_j})-r_f]$$

所以，对于充分分散化($e_i=0$)的资产 APT 的多因素模型成立。

对于未被充分分散化的资产 $i(e_i\neq 0)$，我们仍然假设对于一个很小的正数 $\varepsilon>0$，在市场中的全部 n 项资产或资产组合中共有 m 项使下式成立：

$$|E(r_i)-r_f-\beta_{i1}[E(r_{F_1})-r_f]-\beta_{i2}[E(r_{F_2})-r_f]-\cdots-\beta_{ij}[E(r_{F_j})-r_f]|\geqslant\varepsilon$$

仿照单因素套利定价理论在 $e_i\neq 0$ 情况下的证明可以很容易地得出：在 $n\to\infty$时 m 不可能无限制地增大，只有有限项资产使得 $E(r_i)\neq r_f+\beta_{i1}[E(r_{F_1})-r_f]+\beta_{i2}[E(r_{F_2})-r_f]+\cdots+\beta_{ij}[E(r_{F_j})-r_f]$成立，这样对于其他绝大部分资产来说，它们都服从多因素套利定价理论：

$$E(r_i)=r_f+\beta_{i1}[E(r_{F_1})-r_f]+\beta_{i2}[E(r_{F_2})-r_f]+\cdots+\beta_{ij}[E(r_{F_j})-r_f]$$

具体证明过程不再赘述。

【例 6.4】根据两因素套利定价理论，任何证券或证券组合的预期收益率

可以表示为：

$$E(r_i)=r_f+\beta_{i1}[E(r_{F_1})-r_f]+\beta_{i2}[E(r_{F_2})-r_f]$$

假设其中因素组合的预期收益率分别是 $E(r_{F_1})=15\%$，$E(r_{F_2})=13\%$，无风险利率 $r_f=8\%$。A 是一个充分分散化的证券组合，它对两个宏观经济因素 F_1 和 F_2 变动的敏感度分别是 $\beta_{A1}=0.3$，$\beta_{A2}=1.1$，则证券组合 A 的预期收益率为：

$$E(r_A)=8\%+0.3\times(15\%-8\%)+1.1\times(13\%-8\%)=15.6\%$$

事实上，对这两个宏观经济因素 F_1 和 F_2 变动的敏感度分别是 0.3 和 1.1 的绝大多数证券或证券组合的预期收益率都是 15.6%。

如果证券组合 A 的预期收益率不是 15.6%，而是 12.6%，就会出现无风险套利机会。我们构造另一个证券组合 B，其中因素组合 F_1 和 F_2 的权重分别为 0.3 和 1.1，无风险证券的权重为 −0.4，这时 B 对 F_1 和 F_2 的 β 系数也是 0.3 和 1.1，与 A 相同，并且 B 的预期收益率是 15.6%。我们卖空 10 万元证券组合 A，同时买入 10 万元证券组合 B，进行一次净投资额为 0 的投资，可以得到的收益为：

$$\begin{array}{r} 10\times(15.6\%+0.3F_1+1.1F_2) \\ -10\times(12.6\%+0.3F_1+1.1F_2) \\ \hline 0.3(\text{万元}) \end{array}$$

也就是说我们可以无风险地获取 0.3 万元利润。这种套利机会的存在使得证券组合 A 被一再地卖空，导致其价格下降，预期收益率上升，直至上升到 15.6%时达到均衡为止。

顺便提以下，当有 n 个宏观经济影响因素时，构造证券组合 B 的一般方法是以 β_{Ai} 为权重投资于第 i 个因素组合 F_i，以 $(1-\sum_{i=1}^{n}\beta_{Ai})$ 为权重投资于无风险证券。

练习题

1. 假设资产组合 P 由 A、B 两只股票组成，如下表所示：

	β 系数	非系统风险 σ_{ei}^2	权重 ω_i
A 股票	1.2	20	0.6
B 股票	0.7	18	0.4

它们都满足单指数模型。如果市场指数 M 的标准差是 0.8，求资产组合 P 的系统风险、非系统风险和它的标准差。

2. 假设影响市场的宏观经济因素主要有以下三种：

宏观经济因素	风险溢价(%)
GDP 的年增长率(G)	8
物价水平(P)	5
失业率(U)	2

某股票的收益率可以由以下方程确定：$r=16\%+1.2G+0.8P-0.5U+e$。

根据套利定价理论确定这只股票的均衡收益率。如果无风险利率是 6%，该股票的价格是低估还是高估？

3. 投资者预期当市场组合的收益率为 6% 时，A、B 两只股票的收益率将是 3% 和 8%，当市场组合的收益率为 18% 时，A、B 两只股票的收益率将是 27% 和 15.2%，无风险利率为 5%，请根据单因素套利定价理论回答：①两只股票相对于市场组合 β 系数是多少？②如果市场组合的收益率是 6% 和 18% 的可能性相同，两只股票的 α 值是多少？③分别针对 A、B 两只股票构筑怎样的证券组合能够实现无风险套利？

第七章

有效市场理论

学习要求

1. 了解有效市场假说理论的发展历史，掌握有效市场假说理论的要点；
2. 掌握三种有效市场的含义和特性，熟悉三种有效市场的假设检验；
3. 掌握市场有效性对投资策略的影响方式；
4. 了解有效市场假说的缺陷，掌握行为金融学的理论要点；
5. 掌握行为金融理论的两个模型。

第一节　有效市场假说

一、有效市场假说概述

（一）有效市场假说的理论渊源

首先我们来看几个有趣的案例。据说外国有这样一个故事。说有位经济学教授，有一次他带着他的学生在路上走。走着走着，忽然看见前面地上有一张百元大钞躺在那里。学生见钱眼开，便要去捡那张钱。教授制止他说，“你别拣，那是一张假钞。”学生不信，还是走过去，拣起来一看，果然是一张假钞，他觉得奇怪，便问自己的老师，“您何以知道那是一张假钞呢？”经济学教授的回答是：“如果它是一张真的钞票，它早就被人捡走了。”在中国的一本很有名的著作《世说新语》中也有这样类似的一个故事“此必苦李”：“王戎七岁，尝与诸小儿游。看道边李树多子折枝，诸儿竞走取之，唯戎不动。人问之，答曰：'树在道边而多子，此必苦李。'取之，信然。"说在人来人往的一片果树林里，如果在枝头上还挂着一些果实的话，你也不要试图去摘，不要以为自己能吃到什么好吃的果子，它多半是又酸又涩，难吃得不能吃的，因为，按照同样的逻辑，它若是甜的，它也早就被人摘走了。

我们身边也有这样的事情。在超市里排队付款的地方，或者是火车站排队买票的窗口，往往是排着好几条长龙，我们常常要琢磨自己该排到哪个队伍后面。一般来说，你不必费心去猜测哪支长龙稍稍快一些，以便节省你的排队时间，因为实际上它们都是差不多的。在你前面的所有的人，都已经做出了他们的最佳选择，你只要随便排在哪一个队列的尾巴上就行了。而当你到股票市场上去买股票的时候，眼见得上千只股票，红绿翻滚不定，跌宕起伏无常，让你不知所措。但是，按照同样的逻辑，一般来说，你也不必费心去琢磨到底该买哪只股票，好让自己买得物有所值，实际上它们的价值都是相似的。著名的美国经济学家保罗·A. 萨缪尔森就教我们这样投资："你可以向《华尔街日报》的股票栏扔飞镖，将此作为选择股票的一种方法。"拿一支飞镖任意掷，投中哪只股票就买哪只股票。他把这叫做股票选择的"投镖板理论"。随机选择股票，"这看起来有点发疯，"另一位著名的美国经济学家曼昆说，"但有理由相信，这不会使你误入歧途。"这个理由就是经济学中所谓的"有效市场假说"，它被萨缪尔森称之为"效率市场理论"。

"有效市场假说"起源于20世纪初，这个假说的奠基人是一位名叫路易斯·巴舍利耶的法国数学家，他把统计分析的方法应用于股票收益率的分析，发现其波动的数学期望值总是为零。

1964年奥斯本提出了"随机游走理论"，他认为股票价格的变化类似于化学中的分子"布朗运动"（悬浮在液体或气体中的微粒所做的永不休止的、无秩序的运动），具有"随机游走"的特点，也就是说，它变动的路径是不可预期的。

此后在1970年时，法玛也做出了这样的判断，即股票价格收益率序列在统计上不具有"记忆性"，所以投资者无法根据历史的价格来预测其未来的走势。

"有效市场假说"的这个结论不免使许多在做股价分析的人感到沮丧，他们全力研究各家公司的会计报表与未来前景以决定其价值，并试图在此基础上做出正确的金融决策。而"有效市场假说"对他们来说，不啻是当头一棒。

所以萨缪尔森告诫我们，"不要对证券界的朋友宣讲这个效率市场教条。该行业很少有人能够接受这个可疑的发现。这个教条实际上是要索价很高的货币经理去进行职业性自杀;放弃他们的手续费;解雇大批忙于处理高涨的交易数量的经纪人。”

但是,难道股价真的是如此随机,金融市场就没有经济学的规律可循吗?“一个合乎理性的市场怎么会有如此不规则的变动方式呢?”萨缪尔森说:“对这个问题所做出的解答是现代经济学最深奥的理论之一。”他的看法是,金融市场并非不按经济规律运作,恰恰相反,这正是符合经济规律的作用而形成的一个有效率的市场。

(二)有效市场假说的要点

有效市场是指这样一种市场,在这个市场上,所有信息都会很快被市场参与者领悟并立刻反映到市场价格之中。例如,拉齐—T石油公司刚刚在阿拉斯加湾发现石油。这是在星期二上午11点30分宣布的。拉齐—T公司股票的价格将会在什么时间上涨呢?效率市场理论认为这个消息会立刻反映到价格上去。市场参与者会立即做出反应,并将拉齐—T公司股票的价格抬高到应有的高度。简而言之,在每一个时点上,市场都已经消化了可以得到的全部最新消息,并且将它包含在股票价格或谷物价格或其他投机价格之中。

这意味着,如果你从报纸上看到佛罗里达下了一场大霜,别以为依靠在午餐休息时间购进冷冻橘汁期货你就能够发财;在报导该消息的同时,甚至在此之前,橘汁的价格就已经上涨了。

作为一个有效市场,一般包含下面几点:

第一,经济学理论大厦有个重要的根基是“经济人假定”,即,经济学假定每个人都是理性的自利人,同样,在股票市场上的每个买卖股票的人当然也都是这样的经济人。俗话说,“商人无利不起早”,或者说,“无商不奸,无奸不商。”这里我们不把“奸”字理解成道德上的贬义词,而只是指他们是自利的,是理性的。事实上也正是如此。而在金融市场上的每只股票所代表的各家公司,都处于这些理性的自利人的严格监视之下,他们每天都在进行基本分析,以公司未来的获利性来评价公司的股票价格,把未来价值折算成今天的现值,并谨慎地在风险与收益之间进行权衡取舍。他们既然是理性的自利人,我们大致可以把他们的行为看作是“正确”的,因为如果不正确,从而对他们不利的话,他们是不会那么去做的。虽然他们有时也会做出错误的决策,但总的来说,他们都不傻。

第二,股票的价格反映了这些经济人的供求的平衡,对每一只股票,想买的人正好等于想卖的人,即,认为股价被高估的人与认为股价被低估的人正好相等。假如有人发现这两者不等,即存在套利的可能性的话,理性的自利人立即会用买进或卖出股票的办法使股价迅速变动到能够使二者相等为止。这就是经济学中最基本的供求规律。任何商品的价格,一方面它必定是其背后的供求关系的反映,它的任何涨落变动都是供求关系发生某种改变的结果,均衡价格就是供求平衡时的价格;另一方面,价格也对供求关系产生影响,股票作为一种投资,它的价格反映了人们对其未来收益的预期,现在价格低,未来收益高,人们倾向于买,反之,人们便倾向于卖。

第三,股票的价格也能充分反映该资产的所有可获得的信息,即"信息有效"。理性的经济人都是按照一定的信息来进行决策操作的,"若信息为零,则决策等于死亡。"当有关的信息变动时,股票的价格就一定会随之变动。股市上的一个利好消息或利空消息刚刚传出时,股票的价格就开始异动,随着消息的迅速传播,越来越多的人加入到买卖股票的行动中来,而当这个消息已经路人皆知时,股票的价格也已经涨或跌到适当的价位了。股市上的信息总是层出不穷,新的或旧的,真的或假的,普遍的或是有限传播范围的,而且人们对某个信息的获知有时间的先后,心理上有相信的、不相信的或者半信半疑的,如此种种,不一而足。股票的价格就是在这种种信息的引导下被人们操作着的。

"有效市场假说"实际上意味着"天下没有免费的午餐",世上没有唾手可得之物。在一个正常的有效率的市场上,每个人都别指望发意外之财,所以我们花时间去看路上是否有钱好捡是不明智的,我们费心去分析股票的价值也是无益的,它白费我们的心思。

当然,"有效市场假说"只是一种理论假说,实际上,并非每个人总是理性的,也并非在每一时点上都是信息有效的。"这种理论也许并不完全正确,"曼昆说,"但是,有效市场假说作为一种对世界的描述,比你认为的要好得多。"

(三)有效市场的定义及形成条件

1.关于有效的资本市场的两种定义

内部有效市场(internally efficient markets)又称交易有效市场(operationally efficient markets),它主要衡量投资者买卖证券时所支付交易费用的多少,如证券商索取的手续费、佣金与证券买卖的价差。

外部有效市场(externally efficient markets)又称价格有效市场(pricing efficient markets),它探讨证券的价格是否迅速地反映出所有与价格有关的信息,这些"信息"包括有关公司、行业、国内及世界经济的所有公开可用的信息,也包括个人、群体所能得到的所有的私人的、内部非公开的信息。

2.成为有效市场的条件

市场有效性假设是建立在以下前提上的:

(1)投资者都利用可获得的信息力图获得更高的报酬；

(2)证券市场对新的市场信息的反应迅速而准确，证券价格能完全反映全部信息；

(3)市场竞争使证券价格从旧的均衡过渡到新的均衡，而与新信息相应的价格变动是相互独立的或随机的。

二、有效市场假说的三种形态

Harry Roberts 根据股票价格对相关信息反映的范围不同，将市场有效分为三类：弱有效(weak form)市场、半强有效(semi-strong form)市场和强有效(strong form)市场。后来，Fama 又对这三种有效市场做了阐述。

(一)弱有效市场

弱有效市场是说证券价格已经反映了所有历史信息，如市场价格的变化状况、交易量变化状况、短期利率变化状况等等。弱有效市场假说意味着趋势分析等技术分析手段对于了解证券价格的未来变化，谋取利润是没有帮助的。由于股票价格变化等历史数据是公开的，也好似绝大多数投资者可以免费得到的信息，因此广大投资者会充分利用这些信息并使之迅速、完全地反映到证券市场价格上去。最终，这些信息由于广为人知而失去了价值。因此如果购买信息需要付费的话，那么这些成本将立刻反映在证券价格上。

(二)半强有效市场

这一有效市场是指证券价格反映了所有公开发布的信息。这些信息不但包含证券交易的历史数据，而且包含诸如公司的财务报告、管理水平、产品特点、盈利预测、国家经济政策等等各种用于基本分析的信息。同样，如果人们可以公开得到这些信息，则这些信息也就不具有什么价值了。

证券价格对各种最新消息的反应速度是衡量市场效率的关键。如图 7-1 所示，在 $t=0$ 时刻之前证券价格的运动是随机游走，$t=0$ 时发布了有关该证券的利好消息，从而导致证券价格的上升。如果从消息公布到价格上升到一个新的均衡点要经过时间期间 n，如图 7-1A 所示，则这一市场的效率较低，达不到半强有效市场的要求。如果消息一公布证券价格立刻上升到新的均衡点，如图 7-1B 所示，则该市场为半强有效市场。

证券价格的基本分析，就是对公开发布的各种消息对有关企业的经营现金流的影响进行分析，并据此确定该公司股票的价值及未来的变化趋势，指导证券投资，以期获得高于一般投资者的超额利润。但在半强有效的证券市场

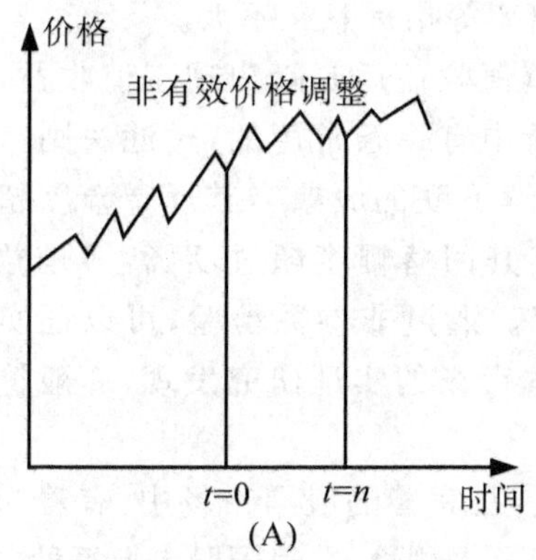

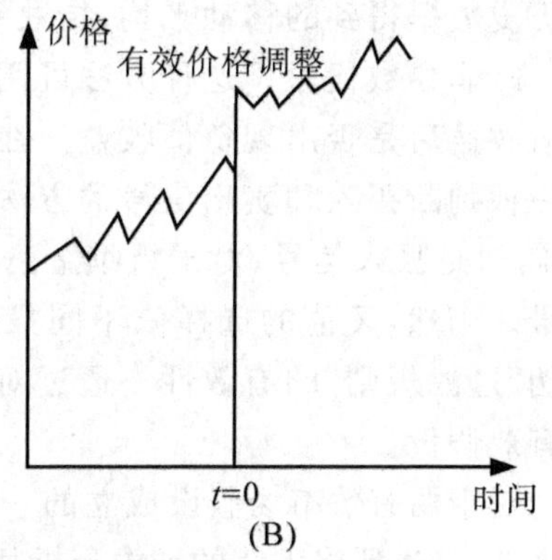

图 7-1 市场效率对价格调整速度的影响

上，基本分析并不能为投资者带来超额利润。

（三）强有效市场

强有效市场是说证券价格反映了所有有关信息，不仅包括历史信息和所有公开发布的信息，而且包括仅为公司内部人掌握的内幕信息。

显然，强有效市场是一个极端的假设，如果某些投资者拥有某种内幕消息，他是有可能利用这一消息获取超额利润的。强有效市场只是强调这种信息不会对证券价格产生较大的影响，这些消息尽管在一开始是秘密的，但很快会透露出来并迅速反映在证券价格的变化上。同时，各国证券管理机构的主要任务之一就是防范、打击利用内幕消息进行交易，以保护证券市场的健康发展和广大投资者的利益，保证"公开、公正、公平"三公原则的实现。

三、有效资本市场假设检验

自有效市场假设提出后，学术界对其有效性进行了大量的实证检验。从检验结果来看，迄今为止的基本结论是支持弱有效市场及半强有效市场假设，但对于强有效市场假设的分歧较大。

（一）弱有效假说的检验

对弱有效市场的检验主要是看历史的价格、成交量等信息与未来价格的变化是否相关，具体的方法有：

1. 序列相关检验。某一技术指标的前后变动高度相关，则可以根据历史数据推测未来，从而弱有效市场假设不成立；反之，则弱有效市场假设成立，而由历史数据得到的移动平均、指数平均、乖离率等指标意义不大。

2.非参数检验。这种方法可用来估计负值收益后是否出现正值收益，或正值收益后是否出现负值收益。在技术分析中有一条常用的“过滤法则”，它是一种判断买入和卖出信号的方法：对于持续下跌的股票当其反弹幅度超过X%，即是吸入信号；对于持续上涨的股票当其回落幅度超过 X%，即是抛出信号。当然，X 值的选择依不同投资者而定。通过非参数检验，可以证实或证伪“过滤规则”的有效性。通过对成熟资本市场的实证研究发现，一般符合弱有效假设。

对于弱有效市场假设成立的一般解释是：在完善的股票市场中，有着为数众多的、受过严格训练的证券分析师和交易商。据测算，在美国股市上每种主要股票平均有 1 000 位证券专家在负责交易，各种能够影响股票价格的新信息一出现，负责该股票的 1 000 位专家几乎同时收到信息并评估其对股价的影响。加之很多证券专家受雇于那些财力雄厚的大型金融机构，他们一旦发现有利的机会，其背后的公司随即调动数以亿计的资金来投资，这样一来，股价会随着信息的出现而迅速作出调整。由于新的信息马上被市场吸收并反映出来，它不会对未来的价格产生影响，因此股价的历史变动与未来变动之间没有什么联系。

(二)半强有效的检验

支持半强有效市场假设的一个经验事实是美国股市对美联储货币政策的反应。当美联储主席发表可能加息的讲话后，美国股市通常要下跌；而联邦基金利率调高后，股市却没有下跌的迹象了。这说明在加息之前股市已经充分吸收了这个消息并及时予以反应，从而证明半强有效市场假设的真实性。

不过，比较严密的检验证券市场半强有效性的方法是 1969 年法玛、费雪、詹森和罗尔等人提出的“事情研究法”。该方法通过观察某一影响股票价格的事件(如年报公布、股票分割、公司控制权转移等)发生前后累积超常回报率的变动情况来检验半强有效市场假设是否成立。其具体过程为：(1)选定一组股票作为样本，根据 CAPM 模型或单因素模型计算出各自的正常回报率。(2)以事件发生的时间为中心、以时间长度 t 为半径，划定一个区间，计算区间内各股票的超常回报率(实际回报率减去正常回报率)和平均超常回报率(各股票超常回报率的算术平均)。(3)分别计算事件发生前后 t 时间内的累积平均超常回报率(CARR，即 t 时间内平均超常回报率之和)。(4)分析事件发生前后 CARR 的变化情况，以检验半强假设的有效性，其具体情况有三：如果某条利好消息的公布是出乎公众预期之外的，那么在消息公布前 CARR 以 0 为轴心上下波动，消息公布当天股价一次性上涨，从而带动 CARR 突然增加，但此后 CARR 又在新的水平线附近波动，即可证明半强假设；如果利好消息的公布在公众的意料之内，在消息公布前股价即持续上涨，带动 CARR 随之增加，但到消息公布日市场已经把此消息消化掉，今后 CARR 在新的水平线附近波动，即可证明半强假设；如果公众事先未能预料到利好消息的出台，但从消息公布日起，股价持续上涨一段时间（由此 CARR 持续增加），则说明市场未能及时消化这一消息，半强有效市场假设不成立。经实证研究，美国股市大部分时间符合半强有效。

总之，与弱有效市场相比，半强有效市场要求使用更复杂的信息和推理，投资者要掌握必要的经济学、统计学和财务分析等专业知识，并对宏观经济运行、各个行业的状况以及上市公司的特征有深刻的认识，这样高的要求非一般人所能达到，因此二级市场的半强有效更难实现。

（三）强有效假说的检验

强有效市场假设主要是通过分析市场中那些掌握内部信息的特殊投资者是否可以持续获取超额利润来检验的。一般而言，特殊投资者包括公司内部人、交易所专家、证券分析师以及专业基金经理。

有很多研究结果表明公司内部人可以持续性地获取高于市场的利润率。美国 SEC 在 20 世纪 70 年代早期做的一项调查显示，做市商的资本收益率高于平均水平，与强有效市场假设相矛盾。在证券分析师的研究方面，Black 验证了 ValueLine 公司 1965—1970 年的评级，发现其评级最佳股票平均收益在经过风险调整后，高出评级最差的股票 20%，Stickel 发现，其对股票评级变更的时候会显著影响股票的价格。Hulbert 的研究表明 ValueLine 的最高评级在 1983 年之后表现已经没有优势了。而对基金经理人经营绩效的研究人们的认识比较一致，即基金经理的投资绩效经过风险调整后并不能持续强于单纯的“买入持有”的投资策略。也就是说，基金经理人绩效的研究支持了强有效市场假设。

（四）关于有效市场假说的其他实证研究

尽管许多实证研究对有效市场假说做出了肯定，但同时也确实存在着相当一部分实证研究的结果对有效市场假说提出了质疑，下面介绍几个典型研究。

1. 小公司现象与规模效应

自 20 世纪 80 年代以来，一些研究结果显示，在排除风险因素之后，小公司股票的收益率要明显高于大公司股票的收益率。比如，最早进行这一研究的 Banz 发现，不论是总收益率，还是经过风险调整的收益率，都存在着随着公司规模（根据企业的普通股票市值衡量）的增加而减少的趋势。Banz 将纽约股票交易所的全部股票根据公司规模分为5组,他发现规模最小的一组的普通股的平均收益率比规模最大的一组的普通股的平均收益率高19.8%。

随后,Keim,Reinganum和Blume与Stambaugh等人也进行了类似的研究。他们发现,小公司现象发生在每年1月,特别是1月的头两个星期。因此,这一现象又称为"小公司1月现象"。

2.期间效应

关于证券市场的另一个值得注意的问题是"期间效应"。French对在纽约证券交易所上市的S&P500种股票自1953年至1977年间的收益状况的研究发现,这些股票在星期一的收益率明显为负值。

对这一现象的解释是那些要发布坏消息的企业总是在星期五市场关闭之后才公布其坏消息,这样就导致了周一股票价格的下跌。而企业之所以要在周五公布坏消息,是希望人们利用周六周日更好地考虑一下这些消息,避免过于冲动,一下子给股价带来过大的影响。但问题是,人们应该能够很快发现这一现象,利用它谋利而使这一现象消失,而这一现象却长期存在。对这一现象的另一种解释是由于市场关闭带来的"闭市效应"。但French对所有因假日闭市后又开市的现象做了研究,发现除假日后的第一个营业日是星期二之外,其他各天作为假日后的第一个营业日,股票收益均为正值,因而排除了闭市效应的解释。到目前为止,对这一现象也没有令人满意的解释。

3.反向投资策略

一些研究显示,选择那些不被市场看好的股票进行投资,可以明显地获得投资收益。如选择低市盈率(P/E)的股票,选择股票市场价值与账面价值比值低,历史收益率低的股票,往往可以得到比预期收益率高很多的收益。

上述实证研究给有效市场假说理论提出了严峻的考验,亟待用新的理论来解释,第三节我们将论及行为金融对这些现象的解释。

第二节　市场有效性与投资策略

一、有效市场假说的理论意义及实践意义

(一)有效市场假说的理论意义

提高证券市场的有效性,根本问题就是要解决证券价格形成过程中在信

息披露、信息传输、信息解读以及信息反馈各个环节所出现的问题，其中最关键的一个问题就是建立上市公司强制性信息披露制度。从这个角度来看，公开信息披露制度是建立有效资本市场的基础，也是资本市场有效性得以不断提高的起点。

(二)有效市场假说的实践意义

在资本市场投资中，投资者所应用的投资策略大概分为以下三类：

1. 技术分析。主要是根据证券市场过去的统计资料，来研究证券市场未来的变化。

2. 基本分析。是对证券，尤其是对股票的分析研究，重点放在证券本身的内在价值上。通过对宏观投资环境，尤其是经济环境、发行人所在行业和企业本身的情况进行最基本的分析，来探求证券本身的价值，以确定是否具有投资价值。

3. 证券组合管理。是指对投资进行计划、分析、调整和控制，从而将投资资金分配给若干不同的证券资产，如股票、债券及证券衍生产品，形成合理的资产组合，以期实现资产收益最大化和风险最小化的经济行为。

根据有效市场假说的理论，在不同效率的市场，三种投资策略的效用是不一样的。

二、市场有效性对投资策略的影响

(一)有效市场和技术分析

如果市场未达到弱有效，则当前的价格未完全反映历史价格信息，那么未来的价格变化将进一步对过去的价格信息作出反应。在这种情况下，人们可以利用技术分析和图表从过去的价格信息中分析出未来价格的某种变化倾向，从而在交易中获利。如果市场是弱有效的，则过去的历史价格信息已完全反映在当前的价格中，未来的价格变化将与当前及历史价格无关，这时使用技术分析和图表分析当前及历史价格对未来作出预测将是徒劳的。如果不运用进一步的价格序列以外的信息，明天价格最好的预测值将是今天的价格。因此在弱有效市场中，技术分析将失效。

(二)有效市场和基本分析

如果市场未达到半强有效，公开信息未被当前价格完全反映，分析公开资料寻找误定价格将能增加收益。但如果市场半强有效，那么仅仅以公开资料为基础的分析将不能提供任何帮助，因为针对当前已公开的资料信息，目前的价格是合适的，未来的价格变化与当前已知的公开信息毫无关系，其变化纯粹依赖于明天新的公开信息。对于那些只依赖于已公开信息的人来说，明天才公开的信息，他今天是一无所知的，所以不用未公开的资料，对于明天的价格，他的最好的预测值也就是今天的价格。所以在这样的一个市场中，已公布的基本面信息无助于分析家挑选价格被高估或低估的证券，基于公开资料的基本分析毫无用处。

（三）有效市场和证券组合管理

如果市场是强有效的，人们获取内部资料并按照它行动，这时任何新信息（包括公开的和内部的）将迅速在市场中得到反映。所以在这种市场中，任何企图寻找内部资料信息来打击市场的做法都是不明智的。这种强有效市场假设下，任何专业投资者的边际市场价值为零，因为没有任何资料来源和加工方式能够稳定地增加收益。对于证券组合理论来说，其组合构建的条件之一即是假设证券市场是充分有效的，所有市场参与者都能同等地得到充分的投资信息，如各种证券收益和风险的变动及其影响因素，同时不考虑交易费用。但对于证券组合的管理来说，如果市场是强有效的，组合管理者会选择消极保守型的态度，只求获得市场平均的收益率水平，因为区别将来某段时期的有利和不利的投资不可能以现阶段已知的这些投资的任何特征为依据，进而进行组合调整。因此在这样一个市场中，管理者一般模拟某一种主要的市场指数进行投资。而在市场仅达到弱有效状态时，组织管理者则是积极进取的，会在选择资产和买卖时机上下工夫，努力寻找价格偏离价值的资产。

综上所述，在不同效率的市场上应采取的投资策略如表7-4所示：

表7-4　市场有效性与投资分析

	技术分析	基本分析	组合管理
无效市场	有效	有效	积极进取
弱有效	无效	有效	积极进取
半强有效	无效	无效	积极进取
强有效	无效	无效	消极保守

第三节 行为金融学对有效市场假说的挑战

一、行为金融理论的提出

(一)有效市场假说的缺陷

资本市场作为一个复杂系统并不像有效市场假说所描述的那样和谐、有序,有层次。比如,有效市场假说(EMH)并未考虑市场的流动性问题,而是假设不论有无足够的流动性,价格总能保持公平。故EMH不能解释市场恐慌、股市崩盘,因为这些情况下,以任何代价完成交易比追求公平价格重要得多。

尽管在西方学术界很少有哪一种理论能够获得像市场有效性理论那样多的支持和如此高的学术地位,但是该理论的局限性和缺陷还是十分明显的。

1.从理论渊源来看,有效市场理论脱胎于西方传统经济学的市场自发理论。因此它必然带有同样的痼疾:过分夸大和神化市场调节的自发作用;否定市场运行中的内在矛盾和问题;排斥政府调控市场运行的积极作用;从理性原则出发,用先验的理论假说和抽象的模型来规范和说明复杂多变的现实;重形式,轻内容,追求逻辑体系和数学形式的完美,不惜牺牲经济理论的现实性;重现象,轻本质,注重现象描述,缺乏对市场运行及矛盾运动内在机理的深入研究。由于有效市场理论存在着上述弊端,因此在说明现实问题时候,尤其是说明诸如"黑色星期一"之类的现实矛盾的时候往往显得力不从心,苍白无力。

2.从认识论上看,有效市场理论从现象形态出发,以资本市场价格不规则运动为依据,割断资本市场运行与整个经济运行的内在联系,否定经济规律对资本市场运行的支配作用,否定人们认识资本市场运动规律的主观能动性,把资本市场视为超社会超经济存在的、纯粹的"物理实验场"。这种观点是不正确的,也是脱离实际的。毫无疑问,资本市场确实是一个盲目性很大、投机性很强、易受心理预期因素和突发事件影响的特殊市场。

3.有效市场理论提出的理性模型存在着致命的弱点。从模型本身看,理性市场模型的基础是完全理性和完全信息两个基本的前提条件。

其中,完全信息的假设条件是:

(1)所有的信息都必须是公开和透明的。

(2)价格已经反映了所有可以得到的信息,并且具有高度的灵敏性和传导性。

(3)价格是既定的量,所有的投资者只能根据给定的价格作出自己的选择。谁也不能支配和影响价格的形成,价格是唯一的调节信号。

完全理性的假设条件是:

(1)市场是理性的,即市场是完全竞争的市场和公平与效率统一的市场,不存在资本过剩和资本短缺的问题,资本可以自由的流出流入,交易过程是在瞬间完成的,既不存在虚假交易也不存在时间和数量调整。

(2)市场行为人是理性的,收益最大化是所有投资者从事证券交易的唯一动机,都必须自觉根据理性原则制定投资决策,调整交易数量,确立交易方式,规范交易行为,开展交易活动。

(3)市场运行是均衡的,能根据内部机制和外部环境的变化及时迅速地进行调整,从非均衡态自动恢复到均衡态。

不难看出,在上述假设条件中,市场均衡假设是从理性市场假设中推导出来的,而理性市场假设又是以完全信息假设作为前提的。由于这些假设条件之间存在着互为前提循环证明的关系,只要人们对其中的一个假设条件证伪,上述假设条件形成的逻辑链条就会即刻断裂,有效市场理论的基石就会因此而崩塌。

(二)行为金融对投资者行为的分析

行为金融是从人们在决策过程中的实际心理活动研究入手讨论投资者的投资决策行为的,其投资决策模型是建立在人们在投资决策时的心理因素的假设的基础上的。行为金融发现投资者在进行投资决策时常常表现出以下一些心理特点:

1.过分自信。行为金融理论的研究者指出,心理学研究发现人们较多地表现出过分自信,他们过分相信自己的能力。比如,在瑞典进行的一项调查显示,在被调查的司机中,有90%的司机认为自己的驾驶水平要高于“平均水平”。特别是有研究发现,在实际预测能力未改变的情况下,人们更为相信自己对较熟悉的领域所做的预测。

2.非贝叶斯预测。现代金融理论中的最优决策模型要求投资者按照贝叶斯规律修正自己的判断并对未来进行预测。但是行为金融的研究发现,人们在决策过程中并不是按照贝叶斯规律不断修正自己的预测概率,而是对最近发生的事件和最新的经验给予更多的权重,从而导致人们在决策和做出判断时过分看重近期事件的影响。

3.回避损失和“心理会计”。对于收益和损失,投资者更注重损失带来的不利影响。有的实证研究显示,人们对损失赋予的权重是收益的两倍,而这将造成投资者在投资决策时按照心理上的"盈利"和"损失",而不是实际收益和损失采取行动。比如,如果某投资者拥有A、B两种股票各1 000股,其当前市场价格均为20元,但其中A股票的买入价是10元,B股票的买入价为25元。如果投资者分别出售两只股票,由于不愿意遭受损失,他将保留股票B。但如果投资者将两只股票同时出售,由于会有净收益产生,将大大削弱出售时遭受损失的感觉,甚至不觉得投资遭受了损失。投资者的这种心理活动将对其投资决策产生影响。

4. 减少后悔,推卸责任。当投资决策失误后,投资者的后悔心情是难以避免的。因此,即使是同样的决策结果,如果某种决策方式可以减少投资者的后悔心情,则对投资者来说,这种决策方式将优于其他决策方式。减少决策失误后的后悔心态的决策方式有多种,比如,委托他人代为进行投资决策;"随大流",仿效多数投资者的投资行为进行投资等等。而如果委托他人投资可以减少因自身决策失误造成的后悔心态,则这种委托代理关系将会产生负的代理成本,提高委托人的效用。

行为金融理论认为,正是由于投资者在进行投资决策时存在着上述种种心理背景,从而使他们的实践决策过程并非经典现代金融理论所描述的最优决策过程,进而导致证券市场上证券价格的变化偏离建立在最优决策模型等经典现代金融理论假设基础上的效率市场假说。

(三)行为金融对市场无效率现象的解释

1. 对证券交易行为与主动性投资管理的解释

如果市场上所有的投资者都是理性的,而且这种理性已经成为公共信息,则证券市场上将不会有交易进行。因为理性的投资者是不会同同样理性的投资者进行交易的(简单地讲,既然他要买,我为什么要卖呢?)。事实上,正是不同投资者对同样的信息给予不同的解释,并且各自更加相信自己的判断是正确的,才会形成大量的证券交易和主动性投资管理。1987年,S&P500公司股票的全球交易成本达到这些公司年利润总额的17.8%,而这些交易主要是由机构投资者完成的。同时,每年有大量的投资基金从事主动型投资管理,但其中经营业绩高于S&P500指数的基金却为数不多。行为金融认为,这些现象恰恰说明了投资者并不是真正理性的,他们总是过分高估了自身的能力。

2. 对反向投资策略的解释

我们在前一节介绍了一些研究结果显示通过采取反向投资策略可以取得超额投资收益。行为金融理论认为,这种现象是由于人们预测时的心理偏差造成的。预测企业的未来收益状况是一件很困难的事情，虽然我们很难指出怎样才能较为可靠地预测企业的未来，但至少仅根据企业的近期表现和经验进行预测是不充分的。但在实际投资决策中，许多投资者恰恰是过分注重证券发行者(股份公司)的近期表现，仅仅是根据企业的近期表现对其未来做出预测，对近期业绩较差的企业的未来过分悲观，对近期表现较好的企业的未来过分乐观，从而造成预测的系统性偏差，为实行反向投资策略提供了可能。尽管效率市场的支持者认为反向投资策略所指出的异常应该解释为投资的风险报酬，但并不是真正意义上的超额收益，但行为金融的支持者认为实际研究并不能发现相应的风险因素。

3.公司股票报酬之谜

研究表明，美国自 1926 年至 1990 年初，公司股票的收益与无风险收益之差约为 7%，而同期公司长期债券的这一收益差仅为 1%。公司股票的风险报酬与公司长期债券的风险报酬之间如此大的差异是否真正反映了二者的风险程度的差异引起了许多学者的怀疑，Mehra 和 Prescott 首先于 1985 年正式提出了这一疑问。Benartzi 和 Thaler 给出了关于这一谜团的行为金融的解释：这是由于投资者对投资损失的回避心理和对收益与损失的心理会计计量的结果。回避损失的心理导致一单位投资损失带来的效用减少是同样一单位收益带来的效用增加的两倍。心理会计导致投资者心目中一个风险投资项目的风险大小取决于其评估风险状况的频繁程度。比如，如果一个投资者每天检查他的投资组合的价值，由于股票价格每日升降的可能各占一半，而投资损失对投资效用的影响两倍于投资收益，这会使投资者感到股票投资的风险很高，很不可取。相反，如果另一个投资者买完股票后 20 年置之不理，则他几乎不会感受到价格下跌的影响，从而会觉得股票投资的风险很低，是一项很吸引人的投资。Benartzi 和 Thaler 根据这一思路进一步分析了如果让企业债券和公司股票对投资者具有同样的吸引力，那么股票投资者需要一年评估一次股票投资的价值。因此，他们认为由于投资者过分频繁地评估手中股票的价值，使股票投资的心理风险大大增加，从而不能正确认知股票投资的真正风险的大小，对股票投资要求了过高的投资回报。

二、行为金融理论模型

(一)BSV 模型

Barberis，Shleifer 和 Vishny 模型(简称 BSV 模型)。BSV 模型是从人们

进行投资决策时的两种心理判断偏差出发解释投资者的决策模式如何导致证券的市场价格变化偏离有效市场假说的，这两种偏差是：(1)选择性偏差，即投资者过分重视近期数据的变化模式，而对产生这些数据的总体特性重视不够；(2)保守性偏差，投资者不能及时根据变化了的情况修正自己的预测模型。根据BSV模型，收益变化是随机的，但上述两种判断偏差使投资者对收益变化做出了两种错误的判断——判断A和判断B。根据判断A，投资者认为收益变化只是一种暂时的现象，因此他们并未根据收益变化充分调整自身对股票未来收益状况的预期，而当后来的实际收益状况与投资者先前的预期不符时，投资者才再次做出调整，从而导致证券价格对收益变化的滞后反应。这一价格反应机制可以较好地解释股票价格对公司收益公告的反应迟缓的现象。根据判断B，投资者认为近期股票价格的变化反映了其未来变化的趋势，从而错误地对价格变化做出了外推，导致过度反应。由于收益变化是随机的，因此过度反应导致长期收益率降低。这一价格反应机制可以较好地解释反向投资策略，长期投资收益反转，以及增发新股和新股上市时股票价格的变化等现象。

(二)DHS模型

Daniel，Hirshleifer和Subramanyam模型(简称DHS模型)。该模型将投资者分为有信息和无信息的两类，其中无信息的投资者不存在判断偏差，有信息的投资者存在着过度自信和对自己掌握的信息过分偏爱这两种判断偏差，而证券价格由有信息者决定。过度自信导致投资者过分相信自己对股票价值判断的准确性；过分偏爱自己掌握的信息使投资者在判断股票价格时对自己掌握的信息做出过度反应，对公共信息则反应不足，即投资者会低估公共信息在判断股票价值时的作用。在这种判断偏差指导下的投资行为导致市场对股票价格近期的过度反应和远期的回调，因此DHS模型较好地解释了股票价格过度反应的问题。

三、行为金融理论和有效市场假说的争论

尽管行为金融模型较好地解释了许多市场异常现象，但有效市场的支持者仍然对行为金融理论是否真正解释了市场异常现象，是否比有效市场假说更接近证券市场运行实质提出了疑问。这些疑问表现在以下几个方面：

(一)解释的普适性

赞成有效市场假说者认为，尽管行为金融模型可以较好地解释某些市场异常现象，但这些解释都仅适用于某种或某几种市场异常现象，对不同的市场

异常现象往往需要不同的行为假设和不同的模型进行解释，缺乏一种能够普遍地解释各类市场异常现象的理论或模型。与此相反，有效市场假说通过股票随机游走普遍地解释了各种异常现象（效率市场认为那些市场异动只不过是对价格变化的一种偶然偏离，价格的过度反应和远期回调恰恰可以认为是围绕价格变化趋势的一种波动）。

（二）实证研究结果的支持问题

赞成有效市场假说者认为，尽管行为金融较好地解释了市场对股票价格的过度反应等现象，但综合考虑所有实证研究结果后显示，某事件发生后股票市场上价格反应不足现象与反应过度现象的出现频率接近，正好说明价格变化是随机的。

（三）异常超额收益的存在性

有效市场假说的支持者认为所谓“异常的超额收益”与正常收益的计量方法有很大关系，不同的计量方法可以导致超额收益的出现与消失，因此，是否存在长期的超额收益本身也是不可靠的。在研究市场效率问题时面临的一个重大难题是所谓的“坏模型”问题。“坏模型”问题有两层含义：一是任何一个资产定价模型都仅仅是一个模型，它不一定能够完全准确地描述投资者的期望收益；二是即使存在一个能够完全描述投资者期望收益的资产定价模型，研究时所选择的样本也可能会与模型的预测产生系统偏差。因此，选择不同的资产定价模型或参数，就会产生不同的期望收益，从而使人们难以测量出真正的“异常收益”。

练习题

一、单选题

1. 股票价格已经反映了所有的历史信息，如价格的变化状况、交易量变化状况等，因此技术分析手段对了解股票价格未来变化没有帮助。这一市场是（　　）。

A. 强有效市场　B. 半强有效市场　C. 弱有效市场　D. 无效市场

2. 在下面哪一种效率市场中，投资者倾向于采用消极的投资组合策略（　　）。

A. 强有效市场　B. 半强有效市场　C. 弱有效市场　D. 无效市场

二、结合我国当前资本市场情况论述市场有效性。

三、比较分析有效市场假说和行为金融理论。

第八章

证券投资的基本分析

学习要求

1. 掌握证券投资基本分析方法的思路；
2. 了解宏观经济因素对证券市场的影响机制；
3. 掌握行业分析的方法和流程；
4. 熟悉公司分析的方法和流程。

第一节　基本分析方法概述

证券的交易价格几乎每时每刻都在波动，决定证券价格波动的因素很多，有各种政治和经济因素、投资心理因素以及交易技术因素等。把这些因素概括起来，主要分为两大类：一类是基本因素，另一类是技术因素。

所谓基本因素，是指来自证券市场内外的政治、经济因素以及其他因素，其波动和变化往往会对股票的市场价格趋势产生决定性影响。一般认为，基本因素主要包括国家及世界的政治形势、重大政治事件、政府政策、宏观经济运行态势、行业动态、公司的人员素质、经营状况、财务结构等。

因此，所谓基本分析就是通过对影响证券市场供求关系的基本因素进行分析，确定有价证券的真正价值，判断股票走势，提供投资者选择股票的依据。基本分析的确立以 1934 年本杰明·格雷厄姆和大卫·多德的《证券分析》一书出版为标志，此后又演变出以沃伦·巴菲特为代表的价值投资流派和以彼得·林奇为代表的增长投资流派。不过，基本分析方法的精髓在于把分析的重点放在宏观政治经济的走势及证券的“内在价值”上，而忽略掉那些引起价格短期波动的因素。

基本分析方法认为，影响证券内在价值的因素主要有三个方面：一是全国的政治形势是否稳定、经济环境是繁荣还是萧条；二是各经济部门，如工业、农业、商业、运输业、公用事业、金融业等各行各业的状况；三是证券发行企业的经营状况，如果经营得当、盈利丰盈，其内在价值就高，反之其内在价值就低。

基本分析方法的一般思路是：利用丰富的统计资料，运用多种多样的经济指标，采用比例、动态的分析方法，首先研究宏观的政治经济形势，然后进行中观的行业兴衰分析，进而从微观角度分析企业的经营现状和发展前景，从而对有价证券作出接近现实的评价，并尽可能预测其未来的变化，作为投资者作出投资决策的依据。在实践中有时候会采取相反的路径，即按照"公司分析——行业分析——宏观政治经济形势分析"的顺序进行。

在几大证券投资分析方法中，基本分析与技术分析及现代数学模型分析等相比，处于无可撼动的重要地位。如果要量化其重要性的比重，则基本分析的重要性应在证券投资决策时占到70%，而技术分析只能占30%。如果有人鄙视基本分析的重要性，认为它没有数学分析没有量的推导，则可能在投资实践中血本无归。而一生重视基本分析的巴菲特则稳稳地成为一代股神。

本章就按照基本分析方法的一般思路，对宏观、中观和微观三个层面的基本分析加以阐述。

第二节　宏观分析：宏观经济趋势研究

一、影响证券投资的宏观经济变量分析

证券市场与宏观经济密切相关，素有宏观经济晴雨表之称，所以宏观经济分析对证券投资来说非常重要。上市公司的生产经营活动总是在一定的经济环境中运行的，其运行的效果理所当然受到宏观经济的影响和制约，因此证券价格会随宏观经济运行状况的变动而变动。要成功地进行证券投资，首先必须认真研究宏观经济状况及其走向。影响证券市场的宏观经济变量主要有国内生产总值（GDP）、通货膨胀率、失业率、利率、经济周期、财政收支、汇率等，下面我们来分析这些宏观经济变量对证券市场的影响。

(一)国内生产总值与通货膨胀率

国内生产总值与通货膨胀率都是证券市场分析的重要指标,国内生产总值是一国经济成就的根本反映,而通货膨胀率则说明了一定时期内的价格变化情况。在证券市场分析过程中,难以通过单个 GDP 指标或通货膨胀率指标对证券市场的走势做出判断,因为二者仅仅是宏观经济运行情况"量"的指标,"质"的情况需要在一定经济形势下才能有所反映。所以,通常将两个指标结合起来分析。下面先分别阐述 GDP 和通货膨胀对证券市场走势影响的传导机制,再对两个指标进行综合分析。

1.国内生产总值

一国的国内生产总值能综合反映宏观经济运行的速度。在不同的国内生产总值条件下,证券价格有着不同的变化,可以说,国内生产总值的变化是证券价格变化的基础。

(1)当 GDP 持续、稳定、高速增长时,上市公司的产值、销售收入和利润就会持续增加,从而公司的股票和债券全面得到升值,促使价格上扬;证券投资者对经济形势形成了良好的预期,投资积极性提高,证券投资需求增加,这也会促使证券价格上涨。

(2)当 GDP 高速增长伴随着高通胀率时,虽然经济高速增长,但经济过热,总需求大大超过总供给,通货膨胀率过高,许多公司因材料采购困难,经营成本上升而陷入困境,从而导致通货膨胀与经济停滞并存的"滞胀"现象,这必将导致证券价格下跌。

(3)当经济过热时,如果政府调控得当,GDP 将在政府的宏观调控下减速增长,经济矛盾逐步得以缓解,这时证券市场也将呈平稳渐升的态势。

(4)当 GDP 由正常的高速增长转向低速增长直至负增长时经济环境恶化,证券市场的走势也将由上升转为下跌。当 GDP 经过一段时间的负增长后呈现出向正增长转变的趋势时,表明恶化的经济环境得到逐步改善,证券价格走势将由下跌转为上升。当 GDP 由低速增长转向高速增长时,表明经济的"瓶颈"制约得以改善,证券价格也将伴之以快速上涨之势。

图 8-1 是我国 1990—2011 年间上证指数走势图,图 8-2 反映了 20 世纪 90 年代以来我国国内生产总值的变动趋势。我们可以发现,从 1992 年至今,我国国内生产总值保持了向上的趋势,这时股票价格也在震荡中走高;然而 2001—2005 年以及 2008—2011 年这两个比较长的时间段中,我国股票市场的表现却和国内生产总值的变动相背离。由此可见,影响股票价格的因素很多,除了国内生产总值以外还有其他的一些因素。

2.通货膨胀率

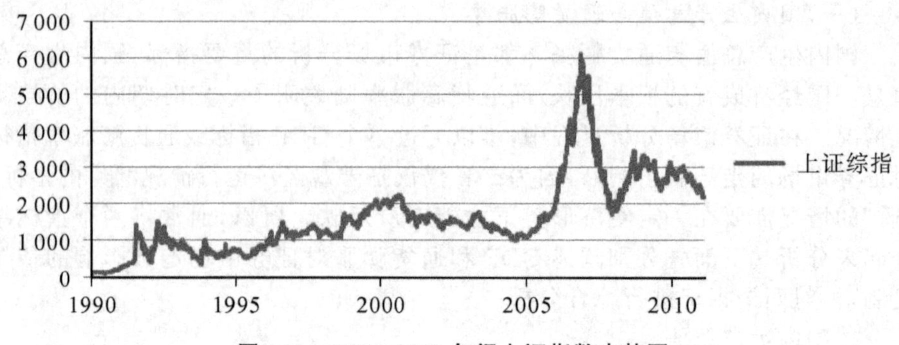

图 8-1 1990—2011 年间上证指数走势图

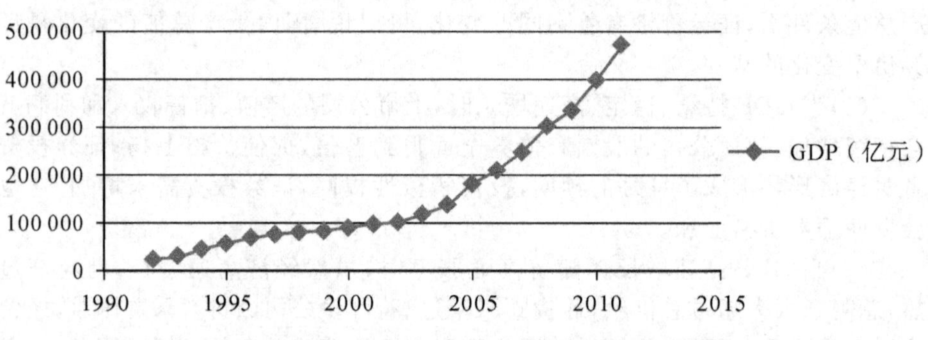

图 8-2 1992—2011 年我国国内生产总值的增长图

一般来说，当经济未处于充分就业时，适量的通货膨胀能使居民收入和企业利润得到提高。企业利润提高，可分派的股息随之增加，从而刺激股价上涨；居民收入增加，对股票的需求随之上升，也有利于股价的上涨。但是，在恶性通货膨胀条件下，几乎所有证券的价格都会受到影响而下跌。主要原因包括以下几个方面：

(1)当恶性通货膨胀出现时，投资者会被迫购买实物以求保值，大量资金撤出证券市场，引起证券价格下跌。

(2)当恶性通货膨胀出现时，企业难以筹集到必要的资金，加之原材料和劳务的价格飞涨，使企业经营严重受挫，盈利水平下降，甚至倒闭，其证券价格下跌。

(3)当恶性通货膨胀出现时，欲购买股票的投资者期望股票价格下跌，投资成本降低，以扩大获利空间，抵补通货膨胀所造成的实际收益率下降的损失和实际购买力下降的损失。在此情况下，股票价格很难上涨，下跌却比较容易。

(4)如果投资者预期通货膨胀趋向严重,则同时也会预期股价下跌,从而采取抛售股票或持币观望的策略,使股票价格趋向下降。

(5)通货膨胀使公司未来的经营状况和股息水平具有更大的不确定性,从而动摇投资者的投资信心,导致股价下跌。

3.国内生产总值与通货膨胀率的综合分析

将GDP和通货膨胀指标结合起来分析,会大大增加证券市场分析的有效性。大致来看,GDP与通货膨胀率具有以下四种状态组合,如表8-1。

表8-1 GDP与通货膨胀率的状态组合

经济运行状态	通货膨胀	通货紧缩
GDP增长	(1)	(2)
GDP下降	(3)	(4)

(1)GDP增长与通货膨胀并存。GDP增长过程中伴随着温和的通货膨胀,这是正常的经济现象。适度的通货膨胀可以保证充足的流动性,促进投资需求,在一定程度上有利于经济增长。在经济运行情况良好的形势下,证券价格也会随之提升。但是当GDP增长伴随着高通胀率时,则预示经济过热。短期内流动性泛滥可能提升证券价格,但从长期来看,会导致企业的经营成本上升,投机盛行进而破坏实体经济,成为证券价格下跌的征兆。比如2007年到2008年间,我国通货膨胀率一度上涨到8.4%,上证综指也在2007年10月16日跃升到6 124.04点的高点,但在2008年10月28日跌至1 664.93点,其中虽有金融危机的因素,中国经济本身的问题也不容忽视。

(2)GDP增长与通货紧缩并存。GDP增长说明总需求增加,通货紧缩说明流动性不足。这种情况下,经济基本面既有可能向好的方向发展,也有可能恶化,取决于货币当局的政策措施。如果央行及时增加市场流动性,那么证券市场将保持上升态势;如果流动性持续不足,那么总需求将无法得到满足,实体经济增长遭遇瓶颈,证券价格将会下降。

(3)GDP下降与通货膨胀并存。这种情况就是通常所说的"滞胀",即经济停滞甚至衰退的同时,伴随着较高的通货膨胀率。在这种经济形势下,虽然流动性充足,但投资者出于对未来经济形势的悲观预期,会减少对证券市场的投资,导致证券市场走低。比如两次石油危机期间,美国经济发生滞胀,道琼斯工业指数从1973年1月11日的1 067.20点下跌到1974年12月9日的570.00点,并且在接下来的10年当中始终在1 000点以下徘徊,严重影响了美国股市的发展。

(4)GDP下降与通货紧缩并存。该经济状态有两种情况:它可能是第(2)种状态的延续,即持续的流动性不足导致总需求下降,使经济进入衰退期,证券价格将会下跌;也可能是在宏观调控政策下,经济增长速度下调到一个合理水平,以保证经济长期平稳发展,从而证券价格也将保持平稳增长。

(二)失业率

失业率高低是反映经济是萧条还是繁荣的重要信号。萧条时期失业率通常较高;反之,繁荣时期失业率较低。失业率逐步提高或者是逐步降低是经济衰退与扩张的信号。失业率的变化与证券价格的变化呈反向关系。

失业率高低通过如下机制对证券市场产生影响:失业率很高,表明企业资源未充分利用,积压存货过多,利润大幅度下降,证券价格下降。同时,失业率提高导致居民收入下降,使证券投资需求大大减弱,而且失业率过高还会使人们对未来经济的预期产生悲观情绪,进一步减弱投资需求,这些都会导致证券价格下跌。相反,失业率逐步下降,表明经济复苏,社会资源得到充分利用,企业市场扩大,利润提高,有利于公司股票升值。同时,人们收入提高又增加了证券投资比重,进一步推动证券价格上扬。

(三)利率

利率的变化对证券市场的影响更为直接。一般说来,利率下降时,股票价格就上升,而利率上升时,股票价格就下降。主要有两个方面:(1)利率水平的变动直接影响到公司的融资成本,从而影响到股票价格。(2)利率水平影响投资者的资金成本,当利率降低后,投资者将能够以低利率拆借到资金,从而增大对股票的需求,造成股票价格上升;利率上升时,一部分资金将会从证券市场转移到银行存款或其他具有固定利息收入的金融工具上,致使股票价格下降。

(四)经济周期

经济周期表现为扩张与收缩的交替出现。扩张至高峰期表现为经济繁荣,收缩至低谷期则表现为经济萧条。在经济萧条时期,多数投资者的投资积极性不高,证券市场的交易量不大。当萧条期接近尾声时,投资者中那些不断搜集信息、分析能力强的先知先觉者有选择地吸纳证券,证券价格开始缓慢上升。当各种媒体开始传播萧条已去、经济日渐复苏时,证券价格已经上升至一定水平。在经济繁荣时期,多数投资者的投资热情高涨,证券价格在顶部波动。当繁荣期接近尾声时,有识之士悄然抛出证券,此时证券价格虽然还在上涨,但证券市场的多空力量对比逐渐朝有利于空方的方向变化。当越来越多的投资者预期经济繁荣期即将结束时,多空力量对比经过平衡期之后转入空方占主导地位的时期,证券价格掉头向下进入下跌通道。

(五)财政收支

财政收支制度本身具有内在的自动稳定功能。当经济出现波动时,财政制度的内在稳定器就会自动发生作用,会减轻甚至消除经济的波动。一般来说,政府财政收支的自动稳定器作用对股市的调节如下:

(1)政府税收的自动调节对股市的影响。经济繁荣时,股价在无任何约束的情况下会被旺盛的需求炒得很高,这时整个社会的就业人数增加,总收入水平较高,因而政府的税收会上升。由于实行的是收入累进税,政府税收上升的幅度大于收入上升的幅度,有利于抑制通胀,同时减少了人们的实际可支配收入,投资需求在一定程度上受到遏制,便股价上升的势头减缓了。反之,则会得出相反的结论。

(2)政府支出的自动变化对股市的影响。当经济繁荣时,收入水平上升。失业率下降,政府的失业救济金和其他福利转移支付减少,降低了社会总需求水平,减少了人们的实际可支配收入和企业投资额,这对于抑制股价上涨有一定的作用。反之,则会得出相反的结论。

(3)政府基金对股价的稳定作用。政府往往设立农产品基金,在农产品产量上升、价格下降时,收购农产品,以稳定其价格,这就使以农产品为原料的加工工业和其他产业的股价不会因为成本下降而上升过快。反之,在农产品歉收、价格上升时,政府减少对产品的购买或给农场主以价格补贴以维持农产品的价格,这样,其他产业不会因成本上升而亏损过多,因此也就不会出现股价暴跌的局面了。

(六)汇率

汇率的变化对证券市场的影响是多方面的。一般来说,一国的经济越开放,证券市场的国际化程度越高,证券市场受汇率的影响越大。下面以汇率上升为例分析汇率对证券市场价格的影响,汇率下降时产生相反的效应。

(1)汇率上升,本币贬值,这导致本国产品竞争力增强,出口型企业将增加收益,而企业的股票、债券价格将上扬;相反,依赖于进口的企业成本增加,利润受损,股票和债券的价格将下跌;另外,本币贬值将导致资本流出本国,资本的流出将使得本国证券市场需求减少,从而证券价格下跌。

(2)汇率上升,本币表示的进口商品价格提高,进而带动国内物价水平上涨,引起通货膨胀。通货膨胀对证券市场的影响需根据当时的经济形势和具体企业以及政策行为进行分析。

(3)汇率上升,为维持汇率稳定,政府可能动用外汇储备,抛售外汇,从而将减少本币的供应量，使得证券市场价格下跌。

(4)汇率上升，政府可能利用债市与汇市联动操作来达到既控制汇率的升势又不减少货币供应量的目的，即抛售外汇，同时回购国债，这将使国债市场价格上扬。

二、宏观经济政策对证券投资的影响

与股市相关的经济政策可分为两个层面：一是宏观经济总体政策，其对股市的影响是间接的；二是有关股市规范与发展的具体政策，其对股市的影响是直接的。我们主要论述第一个层面的内容。宏观经济政策主要包括财政政策和货币政策。经济政策对股市的影响，主要反映在总量及结构两个层面。

(一)财政政策

财政政策是刺激或减缓经济发展的最直接方式。一般来说，财政政策分为扩张性财政政策和紧缩性财政政策。财政政策的扩张与紧缩对经济总量变化影响极大。一方面其本身引起经济周期波动，从而对股市产生影响；另一方面其作为调节工具又具有反周期特征，其超前效应，使得股市对其反应更灵敏。

扩张的财政政策有利于股市上涨。降低税率、减少税种、扩大减免税范围是扩张性财政政策的主要内容，这可刺激企业投资，降低经营成本，增加企业利润，提高公司股票价值。同时，降低证券投资印花税、所得税，可使证券交易成本降低，刺激股市交易活跃，推动股价上扬。扩大财政支出是扩张性财政政策的又一内容，它包括增加政府购买与公共支出。政府直接投资将带动企业投资，扩大企业产品销路，提高企业利润，从而使股票升值。同时，通过贴息、补贴，也可提高企业与居民收入，促使更多资金流入股市，促进股价上扬。

紧缩性财政政策的基本特征是提高税率、扩大税种、缩小减免税范围、降低财政支出、减少财政补贴、大量发行国债等等。它对股市产生相反影响，即导致股价下跌。

财政政策还可对经济结构产生影响，从而进一步影响不同行业、企业的股价。比如通过政府投资、差别税率、减免税范围的划定，对个别行业、企业实施专项财政补贴，以及财政贴息等手段，可抑制或鼓励某些行业、企业的发展。凡受到鼓励的行业、企业，其股价必然上涨；反之，受到抑制的行业、企业，其股价必然下跌。

（二）货币政策

货币政策是指中央银行控制、直接影响金融市场的货币供应量和利率时所采取的政策。货币政策对经济的影响更多体现在总量调控上，反映在股市上对股价总体走向的影响更大。与财政政策相同，其对股市的影响总体上也从扩张与紧缩两方面起作用。

扩张的货币政策可促进股价上扬。因为银根松动可使企业发展有充足的资金，利息支出减少必然扩大利润比重，这就形成“成本降低——利润增加——再投资规模扩大——利润增加”这一良性循环。企业业绩提高，可分配利润增加，使股价上扬有坚实基础。此外，利率下调使部分资金从银行转向股市，又增加了股市资金供给量，进一步推动股价上涨。当然货币政策过度松动，累积到一定程度会产生通胀。初期影响不大，但一旦到恶化地步则会引起股价下跌。

紧缩性货币政策与扩张性货币政策情况相反，其对股市的影响也刚好相反。

货币政策也可对经济结构产生影响。这种影响主要是通过差别利率、定向贷款等紧中有松、松中有紧的结构调整手段实现的。如对优先发展的农业、交通、高科技产业，可放松贷款额度，实行优惠利率；反之，对有些产业则通过利率的提高及贷款压缩予以抑制。反映到股市上，个别股价就涨跌不一了。

三、经济周期对证券投资的影响

国民经济从来都是在收缩与扩张的周期性交替变化中运行的。这种周期性交替变化表现在许多宏观经济统计数据的周期性波动上，如国民生产总值、工业增加值、消费总量、投资总额、失业率等，不同的统计数据对经济周期变动的灵敏度有差异，但基本一致。对采用哪种统计数据来预测和判断证券市场的价格波动更加合适，不同的市场会有不同的答案。例如，有实证研究表明美国股票市场对工业生产周期的敏感程度就要超过国民生产总值周期。国民生产总值周期一般经历四个阶段：高涨、衰退、萧条、复苏。经济从衰退和萧条中开始复苏，继而进入又一个高涨阶段，这就是所谓的经济周期循环，即景气变动。

（一）经济周期分析指标

要预测和衡量经济周期性的波动，要借助于一系列相关指标。按照时间的先后来划分，这些指标可以分为先导指标、同步指标和滞后指标三类。

1.先导指标又称先行指标,指在总体经济活动发生波动之前,先行达到峰顶和谷底的经济指标。先导指标一般能在总体经济活动发生变化之前6个月达到峰顶和谷底。正由于先导指标具有这一特点,投资者采用该指标可以事先判断经济波动的转折点,从而采取恰当的投资策略。

先导指标包括货币政策指标、财政政策指标、劳动生产率、消费支出、住宅建设、建筑业许可证发放数量和商品订单等。

2.同步指标又称重合指标,是指与经济活动同时达到峰顶与谷底的经济指标。同步指标达到峰顶与谷底的时间大致与总体经济活动变化的时间相同。投资者采用同步指标预测经济周期性变化,可以确定经济活动达到峰顶和谷底的具体时间。同步指标包括真实国民生产总值、公司利润率、工业生产指数及失业率等。

3.滞后指标又称后续指标,指在总体经济活动发生波动之后方到达峰顶或谷底的经济指标。滞后指标一般在总体经济活动发生变化后6个月到达峰顶和谷底,其主要有优惠贷款利率、存货水平、资本支出和商品零售额等。

(二)经济周期变动分析

经济周期的变动对证券市场有显著影响。证券市场综合了人们对于经济形势的预期。投资者根据这种预期而表现出的对经济复苏来临的信心或对经济危机发生的恐慌,都会直接改变其投资决策和投资行为,从而影响证券市场的价格。从证券市场的情况来看,证券价格的变动大体和经济周期一致。但是,不同行业受经济周期影响的程度会有差异,有些行业(如钢铁、能源、耐用消费品等)受经济周期影响比较明显,而有些行业(如公用事业、生活必需品行业等)则受经济周期影响较小。

在复苏阶段,经济逐渐走出低谷,但由于萧条时期带来的不安,证券市场依然低迷。随着经济复苏的明朗,投资者已经预测经济将会好转,公司利润将会增加,而此时物价和利率仍处于较低水平。由于先知先觉的投资者的不断吸纳,证券实际价格已经回升至一定水平,初步形成底部反转之势。随着各种媒介开始传播萧条已经过去、经济日渐复苏的信息,投资者的认同感不断增强,投资者自身的境遇亦在不断改善,从而推动证券价格不断走高,完成对底部反转趋势的确认。

在繁荣阶段,市场需求旺盛,公司产品库存减少,固定资产投资增加,导致公司利润明显增加。此时物价和市场利率也有一定程度的提高,但是生产的发展和利润的增加常会领先于物价和利率的上涨。由于经济的好转和证券市场上升趋势的形成得到了大多数投资者的认同,投资者的投资回报也在不断增加。因此，投资者的投资热情高涨，推动证券价格大幅上扬，并屡创新高，整个经济和证券市场均呈现出一派欣欣向荣的景象。此时，一些有识之士在充分预测宏观经济形势的基础上认为经济高速增长的繁荣阶段即将过去，经济将不会再创高潮，因而悄悄地卖出所持的证券。

在衰退阶段，由于繁荣阶段的过度扩张，社会总供给开始超过总需求，经济增长减速，存货增加。银根开始紧缩，利率提高，物价上涨，使公司营运成本上升，加之市场竞争日趋激烈，公司业绩开始出现停滞甚至下降之势。当更多的投资者基于对衰退来临的共识，加入抛售证券的行列时，证券价格形成向下的趋势。

在萧条阶段，经济下滑至低谷，百业不振，公司经营情况不佳，证券价格在低位徘徊。由于预期未来经济状况不佳、公司业绩得不到改善，大部分投资者都已离场观望，只有那些富有远见且不断地搜集和分析有关经济形势并合理判断经济形势即将好转的投资者在默默地吸纳股票。

四、国际政治经济关系对证券投资的影响

(一)国际政治关系对证券投资的影响

国际政治关系的变化也会对一国的经济及其证券市场产生重大影响。在分析时要侧重考虑本国外交关系的变化、战争发生的可能性及其所波及的范围。外交关系的改善有利于本国经济的发展和证券市场的稳定。外交关系恶化则起相反作用。战争爆发会引发投资者的恐慌情绪，不利于证券市场稳定。战争波及的国家，正常生产程序会受到破坏，从而会影响对该国出口商品的另一国企业的经济效益，使其证券价格受到影响。政治关系应与经济关系结合分析。

(二)国际经济关系对证券投资的影响

国际经济关系的变化对一国证券市场中的证券价格有直接或间接的影响。在分析时，可以关注以下几个问题：

1.本国对外贸易是增长还是萎缩，进出口贸易是顺差还是逆差？如果本国对外出口贸易大幅增长，并保持顺差，则出口品生产企业和外贸企业的效益就会提高，其证券价格会上涨。如果对外贸易不景气，则与此相关的企业效益就会滑坡，其证券价格就会走软。另外，顺差与逆差的程度对一国的通货膨胀率有一定影响，对证券市场的影响不甚明显，但也不能说没有。一般来说，顺差是利好，逆差是利空。

2. 进口关税税率及其他贸易保护措施的变化情况，国际贸易区域化和一体化的进程。降低进口关税税率或减弱其他贸易保护措施的力度，或加入国际贸易区域化和一体化的潮流以后，国外某些产品会低价涌入本国市场，这对本国相关企业会形成冲击。如果这类企业能够通过科技开发、降低成本、提高产品质量、拓展国内外市场、强化售后服务等措施在竞争中取胜，则其证券价格不会受到冲击，否则就会导致其证券价格下跌。

3. 国际金融市场的变化。如国外爆发金融危机，全球股市普遍下跌，某一有影响的大银行、大证券公司破产倒闭等，都会冲击本国的证券市场。但是，其影响程度视本国金融市场的开放程度而定。如果本国金融市场是封闭式的，或者开放程度低，则国际金融市场的动荡对本国证券市场一般无实质影响，但心理影响是有的。

第三节　中观分析：行业研究

上一节我们考察了主要的经济变量及政府实行的经济政策是怎样影响证券市场的。现在，我们针对具体行业进行分析。投资者通过行业分析可以了解各个行业的风险与收益的关系，借此预测该行业的发展趋势。

行业是指按生产同类产品或具有相同工艺过程或提供同类劳务划分的经济活动类别。行业分类是研究国民经济结构的前提，是进行国民经济统计分析的基础，也是证券投资决策的重要依据之一。在国民经济中，一些行业的增长与国民生产总值的增长保持同步，另一些行业的增长率高于或低于国民生产总值的增长率。效益好的“朝阳行业”中的企业（特别是优秀企业）的股票会升值。因此，必须高度重视研究上市公司所属的行业。如果是处于不景气行业的公司，就不要去买它；如果手中还有此类股票，应早日抛出。

“中华人民共和国国家标准（GB/T4754－2002）”中对我国国民经济各行业进行了详细的划分。它按照企业主要涉及的活动类型，将所有行业一共分为20类，具体分类如下：(1)农林牧渔业；(2)采掘业；(3)制造业；(4)电力、煤气及水的生产和供应业；(5)建筑业；(6)交通运输业、仓储及邮电通信业；(7)信息传输、计算机服务和软件业；(8)批发和零售业；(9)住宿和餐饮业；(10)金融业；(11)房地产业；(12)租赁和商务服务业；(13)科学研究技术服务和地质勘查业；(14)水利、环境和公共设施；(15)居民服务和其他服务业；(16)教育；(17)卫生、社会保障和社会福利业；(18)文化、体育和娱乐业；(19)公共管理和社会组织;(20)国际组织。

证券业为反映证券市场的活动变化,也将上市公司划分为不同行业,分别计算其股价指数、成交额、平均市盈率等有关指标,供投资者参考。如美国道·琼斯股价平均数将样本股票分为交通运输业、工业和公用事业三类;美国标准普尔股价指数将样本股票分为工商业、运输业、公用事业和金融业四类;我国香港恒生指数将样本股票分为金融业、公用事业、地产业和其他工商业四类;我国上证综合指数也将全部股票分为工业、商业、公用事业与地产业四类。

一、行业的一般特性分析

(一)行业对经济周期的敏感性分析

并非所有的行业对经济周期的敏感程度都是一样的。例如,医药行业与汽车行业对经济周期的敏感程度大不相同,一般来说,医药行业是独立于经济周期的,因为人们对于医疗服务和药品的需求是缺乏弹性的,因此对医药行业的需求并不会因为宏观经济状况的改变而有大的改变;而汽车行业的情况则有所不同,在经济萧条期,消费者往往试图延长其汽车的寿命直到他们的收入提高。一个行业对于经济周期的敏感性主要由以下因素决定:

1.销售量对于经济周期的敏感性。食品、药品以及医疗服务等生活必需品的销量对于经济周期的敏感性较低;而钢铁、汽车等行业的公司对宏观经济状况的敏感程度较高。

2.经营杠杆的大小。生产成本中可变成本所占比例较高的公司对经济周期的敏感程度较低,因为这些公司可以随着销量的减少而相应降低产量,继而降低生产成本;相反,生产成本中固定成本所占比例较高的公司在经济衰退时利润所受影响较大,因为生产成本的变动比例低于销量的变动比例,从而导致利润的大幅度下降。

3.财务杠杆。财务杠杆是指公司的总资产中债务所占的比例。不管销量如何,公司需要付出的利息数额都是一定的。当经济处于衰退期时,如果资产回报率小于利息率,那么公司资产中债务所占比例越高,公司的亏损额越大;反之,当经济高涨时,由于资产回报率高于利息率,那么公司资产中债务所占比例越高,公司股东的股权收益率也就越高。

按照不同行业与经济周期之间存在的关系,我们可以将行业分为以下三类:一是增长型行业,这类行业的运动状态与经济活动总水平的周期及其振幅无关,因为它们主要依靠技术的进步、新产品的推出及更优质的服务,从而使其经常呈现出增长态势，如计算机行业；二是周期型行业，这类行业的运动状态与经济周期存在着显著的联系，如房地产业、汽车制造业等；三是防守型行业，这类行业的特点是其运动状态相对稳定。

（二）行业的竞争度分析

根据国民经济各行业中的企业收益、产品属性、价格决定机制等因素，可将国民经济各行业分为完全竞争、垄断竞争、寡头垄断及完全垄断四种类型。

1.完全竞争。完全竞争行业的产品价格、企业利润主要取决于市场供求关系。这一特征也决定了这类行业经营业绩波动较大，股票价格受此影响波动也较大，投资风险相应提高。

2.垄断竞争。垄断竞争行业的企业利润受到产品品牌、质量、服务、特性等因素影响。这一特征决定了这类行业中各企业间的差别较大。那些生产规模大、质量好、服务优、品牌知名度高的企业在同行业中具有较强的竞争能力，因此其经营业绩一般较好且相对稳定，投资风险相对较小。

3.寡头垄断。寡头垄断行业一般为资金密集型或技术密集型，由于资金、技术等因素限制了新企业的进入。因而，个别企业对其产品价格有较强的控制力。

4.完全垄断。完全垄断行业主要是公用事业，如电力、煤气、自来水公司，其产品为社会生产、人民生活不可缺少，但又高度垄断。政府为稳定社会生产与人民生活，通常对其价格的确定及变动有较为严格的控制。

（三）行业的生命周期分析

通常，每个行业都要经历一个由成长到衰退的发展演变过程。这个过程便称为行业的生命周期。

一般地，行业的生命周期可分为四个阶段，即初创阶段、成长阶段、成熟阶段和衰退阶段。下面分别介绍行业的不同发展阶段的情况。

1.初创阶段。由于初创阶段行业的创立投资和产品的研究、开发费用较高，而产品市场需求小，销售收入较低，因此这些创业公司可能不但没有盈利，反而普遍亏损；另外，在初创阶段，企业还有因财务困难而引发破产的风险，因此，这类企业更适合投机者而非投资者。在初创阶段后期，随着行业生产技术的提高、生产成本的降低和市场需求的扩大，新行业便逐步由高风险低收益的初创期转向高风险高收益的成长期。

2.成长阶段。在成长阶段，拥有一定市场营销和财务力量的企业逐渐主导市场，这些企业往往是较大的企业，其资本结构比较稳定，开始定期支付股利并扩大经营。这一时期，新行业的产品的市场需求开始上升，新行业也随之繁荣。产品也逐步从单一、低质、高价向多样、优质、低价方向发展，同时生产厂商不断增加，市场的需求日趋饱和。因而，这一时期企业的利润虽然增长很快，但所面临的竞争风险也非常大，破产率与合并率相当高。在成长阶段的后期，由于产业中生产厂商与产品竞争优胜劣汰规律的作用，市场上生产厂商的数量在大幅度下降之后便开始稳定下来。由于市场需求基本饱和，产品的销售增长率减慢，迅速赚取利润的机会减少，整个行业开始进入稳定期。

在成长阶段，不确定因素的影响较小，行业的波动也较小。此时，投资者因企业经营失败而遭受投资损失的可能性大大降低，分享行业增长带来的收益的可能性大大提高。

3. 成熟阶段。在这一时期里，在竞争中生存下来的少数大厂商垄断了整个行业的市场，每个厂商都占有一定比例的市场份额。厂商与产品之间的竞争手段逐渐从价格手段转向各种非价格手段，如提高质量、改善性能和加强售后服务等。在行业成熟阶段，行业增长速度降到一个更加适度的水平。在某些情况下，整个行业可能会完全停止增长，甚至产出下降。由于丧失其资本的增长，致使行业的发展很难保持与国民生产总值同步，当国民生产总值减少时，行业甚至会蒙受更大的损失。但是，由于技术创新的原因，某些行业或许实际上会有新的增长。何时算是进入成熟阶段在短期内很难识别，但总而言之，这一阶段一开始，投资者便有希望收回资金。

4. 衰退阶段。这一时期出现在较长的成熟阶段之后。由于新产品和大量替代品的出现，原行业的市场需求开始逐渐减少，产品的销售量也开始下降，某些厂商开始向其他更有利可图的行业转移资金。因而原行业出现了厂商数目减少，利润下降的萧条景象。至此，整个行业便进入了生命周期的最后阶段。在衰退阶段，厂商的数目逐步减少，市场逐渐萎缩，利润率停滞或不断下降。在正常利润无法维持或现有投资折旧完毕后，整个行业便逐渐解体了。

在实际投资的决策过程中，由于投资资金的来源不同，可使用时间长短及投资人愿意冒的风险大小不同，所以要仔细研究投资公司所处的行业生命周期及行业特征，以作出合乎自己情况的选择。

二、影响行业兴衰的因素分析

（一）政府的管制政策

每个行业都会受到不同程度的政府管制，直接或间接地受到政府的影响。政府管制和影响行业的目的在于维护经济的公平和自由竞争，保证经济的健康发展。政府对行业的管制和影响主要是通过补贴、税收、关税、信贷、价格等经济手段来实现的，其他手段还有规划指导、额度限制、市场准入、公司规模限制、环保标准限制、安全标准限制、直接行政干预等。

政府对某一行业的扶持或限制，常常意味着这一行业有更多更快的发展机会，或者被封杀了发展空间。在我国，政府对交通运输业、金融行业、公用事业采取管制政策，允许它们在一定范围内垄断经营，但也采取一定的政策法规如反垄断法等加以管理。这些行业被政府授予了特许权利成为垄断者，但它们并不能够因此而收取不合理的价格，它们的价格一般被定在足以为公司提供合理的收益率的水平上。但价格结构由立法所限制这一事实并不能保证这些行业一定能获利，成本增加、管理不善和需求转移都可能使其利润下降。投资者必须认识到这一点。

产业政策是政府影响行业发展的另一个重要因素。产业政策通过以下途径对投资活动产生直接影响：一是促进和维护该国幼稚产业的发展；二是加快资源配置的优化过程，促使资本向有利于国民经济的产业流动；三是促进市场机制和市场结构的完善；四是给公司提供一个透明度较高的发展环境；五是使产业结构能够适应世界科学技术的新发展等。产业政策的突出特点是有区别地对待不同行业，因此，了解国家不同时期产业政策的特点对于证券投资的决策有重要作用。国家大力发展的产业，由于受到政府各种优惠政策的扶持，往往会有良好的发展前景，证券投资者从长远考虑，应向这些产业投资；国家限制发展的产业，其前景将是暗淡的，在向这些产业投资时应十分慎重。

（二）技术

技术进步对行业的影响是巨大的。伴随着新技术的出现，会出现新的行业。而一批旧的行业则因为消费者对这些行业产品需求的大大降低而走向衰落。因此，投资分析人员必须不断地考察一个行业产品生产线的前途，分析其被优良产品的消费需求替代的趋势。行业追求技术进步也是时代的要求，目前人类正处于科学技术日新月异的时代，不仅新的科学发明层出不穷，而且从科学理论向技术的转化速度大大加快，一旦科学发明转化为技术，在新的产业中得到应用，这些新产品在定型和大批量生产后，市场价格就会大幅度下降，从而很快地被消费者所使用。这就使得新兴产业能够很快地超过甚至代替旧产业，或严重地威胁原有产业的生存。因此，作为投资分析人员，充分了解各种行业技术发展的状况和趋势至关重要。

（三）社会习惯的改变

随着人们生活水平和受教育程度的提高，消费心理、消费习惯、文明程度和社会责任感会逐渐改变，使得对某些商品的需求发生变化并进一步影响到行业的兴衰。消费者消费心理和消费习惯的改变同社会物质生活水平的整体提高有着显著的关系：在基本温饱解决之后，人们更注意生活的质量，不受污染的天然食品和纺织品备受人们青睐；智力投资和丰富的精神生活成为人们消费追求的目标，这使旅游、音乐成为新的消费热点；生活节奏的加快带动超市、快餐业等行业的蓬勃发展；消费者社会责任感的加强使人们增加了对环境保护的关注，一些发达国家的工业部门每年都要花费几十亿美元的经费来研制和生产与环境保护有关的各种设备，以便使工业排放的废渣、废水和废气能够达到规定的标准，这些措施带动了环保产业的发展。投资分析人员必须对这些影响行业内企业的经营活动、生产成本和利润等方面的社会因素进行分析，因为它们足以使一些不再适应社会需要的行业衰退而激发新的行业的发展。

三、对行业成长性的衡量

在讨论了行业的一般特性和影响行业兴衰的主要因素后，我们再来看一看投资分析人员是怎样对一个行业的成长性进行衡量的。一般来说，投资分析人员可以用两种方法来对一个行业的成长性进行衡量：一是将行业的增长率与国民经济的增长率进行对比；二是利用行业历年的销售额、盈利额等历史资料分析过去的增长情况，并以此来预测未来的行业发展趋势。

（一）行业成长性的比较分析

分析某行业是否属于成长性行业，可利用该行业的历年统计资料与国民经济综合指标进行对比。具体做法是计算某行业历年销售额或营业收入的年增长率，并将其与国内生产总值增长率进行对比。通过比较，可以作出以下判断：一是确定该行业是否属于周期性行业。如果该行业销售额与国内生产总值趋于同向变化，即在国民经济处于繁荣期时销售额同步上升，在国民经济处于衰退期时销售额也同步下降，则说明这一行业很可能是周期性行业。二是比较该行业的年增长率与国内生产总值的年增长率。如果在大多数年份中该行业的年增长率都高于国内生产总值的年增长率，则说明该行业是成长性行业；反之，则表明该行业与国民经济保持同步增长或增长过慢；三是计算各观察年份该行业销售额在国内生产总值中所占的比重。如果这一比重逐年上升，则说明该行业增长比国民经济平均水平快；反之，则较慢。

通过以上分析，基本上可以判断不同行业的类型，但在选取观察年份时，为了减小误差应尽可能选取多个年份。

(二)行业未来增长率预测

对行业未来增长率进行预测的方法有多种,使用较多的方法有两种。一种方法是将行业历年销售额与国内生产总值标在坐标图上,用最小二乘法找出两者的关系曲线,也绘在坐标图上,这一关系曲线即为行业增长的趋势线。根据国内生产总值的计划指标或预测值可以预见行业的未来销售额。另一种方法是利用行业历年的增长率资料计算历史的平均增长率和标准差,预计未来增长率。使用这一方法要使用行业过去10年或10年以上的历史数据才具有较强说服力。如果某一行业是与居民基本生活资料相关的,也可利用历史资料计算人均消费量及人均消费量增长率,再利用人均增长预测资料来预计行业的未来增长率。此外,在对行业未来增长率进行预测时,投资分析人员必须对一些其他因素进行综合考虑,如消费者的偏好、居民收入分配的变化、某产品国外竞争者的进入威胁等。

第四节　微观分析:公司研究

一、公司的市场竞争力分析

20世纪80年代初,迈克尔·波特(Michael Porter)提出了五力模型,用于分析一个行业的竞争环境。但随着该理论模型被广泛理解和传播,五力模型不仅在行业竞争环境分析中产生了重要影响,还被广泛引入公司的市场竞争力分析和企业市场战略制定等多个领域。很多知名的跨国公司运用该模型对本公司的市场竞争力进行全面分析后,制定出最有利于公司的全球化战略,取得了巨大的成功。

所谓五力,是指供应商的议价能力、购买者的议价能力、潜在竞争者进入的能力、替代品的替代能力和行业内竞争者的竞争能力,如图8-3。该模型将许多影响公司市场竞争力的因素分为五大类,为企业分析自身竞争力提供了一个有效框架。如果上市公司在其中一个或几个方面具备绝对优势,那么该公司的市场竞争力就相对较强,其证券价格也更具竞争力。

(一)供应商的议价能力

之所以关注供应商的议价能力,是因为供应商所提供产品的价格对公司

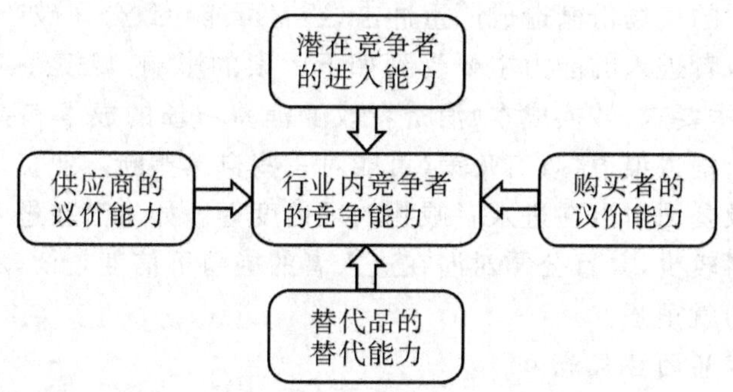

图 8-3 波特五力模型

的生产经营成本具有重大影响。供应商的议价能力越强，公司生产和提供的产品或服务成本就越高，导致公司产品或服务的价格缺乏竞争力，盈利能力受到制约，进而对公司股票价格造成消极影响。

供应商的议价能力主要取决于要素投入占公司产品价值的比例、要素投入对公司产品的重要程度和公司后向一体化的能力。一般来说，投入要素占产品价值的比例越高，对产品的生产越重要，公司实行后向一体化的能力越弱，那么供应商的议价能力就越强，相应的公司在要素市场的竞争能力就越弱。

（二）购买者的议价能力

购买者的议价能力对公司市场竞争力分析具有重要意义，它影响了公司产品或服务的价值的最终实现。购买者如果具备很强的议价能力，就会对公司产品或服务进行压价，迫使公司以较低的价格出售产品；还可能对产品或服务提出更高的质量方面的要求，增加公司的生产经营成本。购买者较强的议价能力会导致公司收益降低而成本上升，压缩公司的盈利空间，不利于提升公司股票价格。

购买者的议价能力主要取决于单个购买者的购买量占公司销售量的比例、公司产品或服务的标准化程度和公司前向一体化的能力。具体来看，如果单个购买者的购买量占公司销售量的比例较大，公司产品或服务的标准化程度较高，并且公司前向一体化的能力很强，那么购买者的议价能力就较强。

（三）潜在竞争者进入的能力

对公司股票价值的判断，必须着眼于公司的市场前景。如果潜在竞争者可以非常容易地进入公司所处的行业，那么公司产品市场的利润率将逐渐下降到很低的水平，使公司的股票价值在长期内呈现下降趋势。如果新进入的竞争者对公司的市场份额造成严重冲击，还有可能导致公司破产。

潜在进入者进入的能力主要受到如下因素的影响：规模经济、产品差异、资本需要、技术要求、转换成本（消费者改变消费习惯的成本和新进入者的资本转换成本）、销售渠道、政府政策（可能对一些自然垄断行业实行进入限制）、自然资源以及公司对潜在进入者威胁的可信度等。如果潜在进入者在生产经营方面的障碍较少，并且公司对潜在进入者的威胁可信度较低，那么潜在进入者进入的能力就很强。

（四）替代品的替代能力

公司产品的替代品的替代能力，也会影响公司的股票价格。替代品的替代能力越强，对公司产品形成的竞争压力就越大。如果无法保证本公司产品较低的可替代性，那么公司产品就面临着市场份额缩小甚至被淘汰的风险，降低了公司股票的投资价值。

替代品的替代能力主要取决于替代品的价格、替代品与公司产品的交叉价格弹性、替代品的质量以及消费者的转换成本。替代品的价格越低，与公司产品的交叉价格弹性越大，质量越高，消费者的转换成本越低，则替代品的替代能力就越强。

（五）行业内竞争者的竞争能力

行业内竞争者之间的竞争方式，主要有两种：一种是价格竞争，另一种是非价格竞争。价格竞争通过价格优势获得市场份额，非价格竞争则主要依靠提高产品的质量、增加促销费用、加强售后服务等来提高公司的市场份额。所以，行业内竞争者的竞争能力也表现在两个方面，即价格竞争能力与非价格竞争能力。

如果竞争者在两种竞争能力上都具有优势，那么公司的股票价值将会下跌。如果竞争者在价格竞争能力上具有优势，而在非价格竞争能力上处于劣势，那么在采取产品差异化战略的情况下，公司仍然可以保持一定的市场份额并实现盈利，股票价值能够得到保持甚至有一定程度的提升。如果竞争者在价格竞争上处于劣势，而在非价格竞争上具有优势，那么在采取低成本战略的情况下，公司仍有可能生存并获得盈利。如果竞争者在两个方面都处于劣势，那么对于公司股票投资者来说无疑是重大利好，公司股票将持续稳定增值。

对于行业内竞争者竞争能力的衡量，在价格方面比较容易作出判断。在非价格方面，可以根据竞争者产品所处的生命周期阶段、推出新产品的速度和频率、单位销售额的广告支出以及售后服务网点的密度等作出判断。

二、公司的经营管理能力分析

(一)公司管理人员的素质与能力

公司的行政管理对公司的发展与成功具有决定性意义。公司的董事会、总经理及其助手、职能部门分别对应决策层、管理层和操作层三个层次。决策层主要是对公司经营方向、筹资方式等各项重大方针作出决定。优秀的决策层应该积极进取、富有开拓精神又具有稳健求实的作风。管理层主要是贯彻决策层的意图,完成既定的目标和计划,协调各部门工作,进行日常的全局管理,管理层应有务实高效的作风。各职能部门则应在管理层的指挥下各司其职,保证公司日常工作顺利运行。一个高效合理的管理机构应有足够能力解决公司可能面临的内部或外部事务,如维持公司强有力的竞争地位、发展公司的业务和规模、维持较高的盈利水平、保持较高的生产能力、合理地融通资金和分配盈利、妥善处理公司和职工的关系、培养和训练公司员工、运用现代管理手段以及做好对外的宣传、广告、协商、谈判等等。

通常情况下,可以根据公司管理人员的高学历比例、对管理人员的管理培训频率以及年人均职业培训支出等指标对公司管理人员的素质和能力作初步判断。一般来看,公司管理人员的高学历比例越高,越注重对管理人员的培训,则管理人员的素质与能力相应越强。

(二)公司的经营效率

公司经营效率的高低,直接影响到公司的盈利能力。我们可以依据各种指标对其进行估量,资产周转率、销售利润率和每股盈利等都是反映公司经营效率与盈利能力高低的主要财务指标。这里,我们仅对人均销售和盈利、每元设备投资的销售和盈利、生产能力利用率和盈亏平衡点等指标进行简要介绍。表 8-2 列出了衡量公司经营效率的几个常用指标及其解释。

表 8-2　衡量公司经营效率的指标及其解释

指标	解　释
人均销售和盈利	表示销售额或收入与员工人数之比,表明公司的经营效率。
每元设备投资的销售和盈利	表示销售额或收入与全部设备投资的比例,反映从耗费在新设备的费用上所获得的收益。
生产能力利用率	表示生产的实际成果与设备额定能力的比值。
盈亏平衡点	表示收入与成本相等时产品生产或销售的数量,当产品生产或销售数量超过该数值时则公司盈利,反之亏损。

（三）多种经营和新产品的研发能力

公司以主营业务为主同时又开拓业务范围，进行多种经营，不仅能使公司事业有所发展，而且能减轻经营风险。公司多种经营的途径可以有多种：一是向公司目前生产经营对象的原材料和消费市场开拓发展，形成纵深型企业。二是向与目前生产经营范围无关的领域开拓，发展横向联合企业。

公司应经常进行产品市场的调查，分析市场供需情况及消费者的新需求，组织新产品的研制和开发，不断设计、试制、试销、推销新产品，保持公司产品的生命力，这对公司未来的发展前景非常重要。

（四）公司的治理结构

公司治理结构有狭义和广义两种定义：狭义的公司治理结构是指有关公司董事会的功能、结构和股东的权利等方面的制度安排。广义上的公司治理结构是指有关公司控制权和剩余索取权分配的一整套法律、文化和制度安排，包括人力资源管理、收益分配和激励机制、财务制度、内部制度和管理等。健全的公司治理机制至少体现在以下几个方面：

1.规范的股权结构。规范的股权结构表现为：股权集中度较低；流动股股权适度集中；发展机构投资者、战略投资者；股权具有普遍流通性。

2.完善的独立董事制度。引入独立董事制度有利于增强公司董事会的独立性，有利于董事会对公司的经营决策作出独立判断。

3.监事会的独立性和监督责任。一方面，加强监事会的地位和作用，增强监督制度的独立性和加强监督的力度，限制大股东提名监事候选人和作为监事会召集人；另一方面，应该加大监事会的监督责任。

4.优秀的经理层。优秀的职业经理层是保证公司治理结构规范化、高效化的人才基础，而形成高效运作的经理层的前提条件是上市公司必须建立和形成一套科学的市场化和制度化的选聘制度和激励制度。

5.相关利益者的共同治理。相关利益者包括员工、债权人、供应商和客户等。相关利益者共同参与的共同治理机制可以有效地建立一起公司外部治理机制，以弥补公司内部治理机制的不足。

三、公司的财务分析

（一）公司偿债能力分析

分析公司的偿债能力，对于购买企业债券的投资者而言，可以判断债权的保障程度；对于购买公司股票的投资者而言，可据以判断投资风险的大小。分析公司偿债能力的主要指标是：

1.流动比率，即企业流动资产与流动负债的比率。由于企业的流动负债通常必须使用流动资产偿付，所以流动比率可用于测验企业短期偿债能力的强弱。原则上，流动比率越高，说明企业短期偿债能力越强。不过，流动比率过高，也说明企业资金呆滞，没有被最有效地运用。一般认为，流动比率在200％左右比较合适。当然，在进行分析时，还应考虑企业的行业特性。如重型机械制造业生产周期长，存货较多，因而其流动比率应相对高一些；娱乐业的流动比率可以低一些。

2.速动比率，即企业速动资产与流动负债的比率。速动资产是流动资产中的一部分，它把流动资产中不能立即变现的存货剔除，只保留了比较容易变现的部分。速动比率可用于衡量流动资产中可以立即用于偿付流动负债的比率。一般认为速动比率等于100％比较适当。

在分析时，可将流动比率与速动比率配合使用。在分析一个时期的财务状况时，如果流动比率大于200％，而速动比率小于100％，则说明企业存货过多；如果企业的流动比率逐年提高而速动比率逐年降低，则意味着存货逐年增加。

3.债务本息偿付比率，即企业的纳税前利润和折旧之和与应付债权人本金、利息及所得税之比。债务本息偿付比率可用于衡量企业用税前利润和折旧额偿还债权人本金、利息和所得税的能力。一般认为，债务本息偿付率应大于100％。如果小于100％，则投资风险较大，不但股东无利可得，而且债权人的权益也得不到有效保障。

（二）公司资本结构分析

公司资本结构就是指企业全部资金来源中负债和股东权益二者各占的比重及其比例关系，有时也包括各类资产的构成。分析资本结构的主要指标是：

1.负债比率和股东权益比率

这两个指标分别用于衡量总资产中债权人和股东提供的资金比率，也反映公司的偿债能力。负债比率过高，即股东权益比率过低，则公司的偿债能力差，债权人所受的保障程度降低；负债比率过低，即股东权益比率过高，则不利于财务杠杆作用的发挥，对股东较为不利。一般认为，权益比率应在60％～80％之间。但要注意两点：一是要注意行业特性，如金融企业的资产负债率就可以比其他企业高得多。二是要注意公司的总资产利润率，如果总资产利润率高于债务利息率，则资产负债率高一些反而对股东有利。

2.固定资产对股东权益比率和固定资产与长期资金比率

固定资产对股东权益比率可用于显示企业固定资产投资是否适当，企业有无短期资金长期使用的财务风险。比率小于1，说明企业的固定资产投资全部来自股东，企业经营比较稳健；比率大于1，说明企业的固定资产投资来源有一部分是属于债务，企业的经营较不稳健。

固定资产与长期资金比率，在分析上的意义与固定资产对股东权益比率相同，只是将二者结合分析，更能反映公司的财务状况。固定资产与长期资金比率大于1，说明公司的长期资金还不足以解决公司固定资产投资的需要，还要动用短期债权人的资金(即流动负债)，有短期资金长期使用的现象。

(三)公司的资本营运能力分析

资本营运能力是企业财务管理和财务分析的重要目标。通过资本营运能力分析，可以衡量企业是否实现了资源的优化配置，发现企业提高产出和销量的潜在能力。资本营运能力分析将资产负债表与损益表有机地结合起来，计算并分析企业的资产利用情况和周转速度，以揭示企业在配置各种经济资源过程中的效率状况。

1.存货周转率和存货周转天数

存货周转率反映企业的存货由销售转为应收账款的速度，是分析公司销售能力的强弱和存货是否过量的重要指标，也是衡量企业产供销效率和企业流动资产运转效率的参考依据。一般而论，存货周转率高，说明公司销售能力很强，营运资本闲置在存货中的数额小，商品库存周转快，公司利润额多。

存货周转天数又称存货供应天数，反映产品销售后，应收账款收妥所需要的天数。存货周转天数一般越短越好，但这也与信用发达程度有关。

2.固定资产周转率

固定资产周转率是用于衡量企业利用现存厂房、机器设备等固定资产形成多少销售额的指标，反映了企业固定资产的使用效率。由于受固定资产原值、存续时间、折旧等因素影响，不同企业的固定资产周转率有时会出现很大差异，所以这一指标一般只用于本公司不同年份的纵向比较，而很少在不同企业之间作横向比较。

3.总资产周转率

总资产周转率是销售收入与资产总额的比率，这一比率表明企业投资的每一元资产在一年之内可产生多少销售额，从总体上反映了企业利用资产创造收入的效率。显然，这一比率越高，表明企业投资效率越高，企业利润率也越高。反之，则说明资产利用程度低，投资效率差。但是总资产周转率在不同行业之间几乎没有可比性，资本密集程度越高的行业总资产周转率越低。因此，一般不将总资产周转率作跨行业的比较。

4.股东权益周转率

股东权益周转率表明股东每一元的投资在一年内可产生多少元的销售收入，反映了企业资本的经营活动能力。

(四)公司盈利能力分析

影响公司盈利能力的主要因素是多方面的，如资金筹措和运用是否得当、固定资产是否得到充分利用、劳动生产率和工作效率是否提高、新产品开发和新技术应用是否有效、市场份额是否逐渐扩大等等。只有具有较强的盈利能力的公司才能保证连续取得较高的盈利水平。因此，投资者不仅要注意分析公司过去的盈利水平，更应注意公司的盈利能力。

1.毛利率

一般来说，毛利率指标越高越好，但不同行业间的毛利率相差很大。资本密集型、尖端技术型等行业的毛利率可能会比其他行业高。而在同一行业中，各企业的毛利率差距不大，但通过比较还是可以发现它们的差别。

2.净利率

净利率是销售收入减去一切生产成本、各项费用和税金后的相对效益，即每一元销售收入有多少纯收益。各行各业的净利率有时相差很大，可比性很小。通常资本密集型行业和企业的净利率较高，在同一行业中，净利率高的企业盈利能力强，股东获利多。

3.资产收益率

资产收益率又称资产报酬率，用来衡量企业利用资产实现利润的情况，即每一元钱的资产能获取多少净利润。这一指标可准确全面地反映企业的经营效益和盈利情况，是资产周转率和净利率的结合。

4.股东权益收益率

股东权益收益率与股东的经济利益密切相关，股东权益收益率对公司的生存和发展也十分重要：如果公司不能给股东提供足够的报酬，企业就难以维持现有的资产基础，更不用说通过吸引潜在投资者来扩大资产规模了。股东权益收益率并没有统一的标准，要看市场平均收益率、投资者承受的风险以及投资者对收益的预期。如果公司既发行普通股又发行优先股，还可以计算普通股每股净收益，用以衡量普通股投资的获利能力并可预测公司未来的派息能力。

练习题

一、单选题

1. 从长期看，在上市公司的行业结构与该国产业结构基本一致的情况下，股票平均价格的变动与 GDP 的变化趋势是(　　)。

A. 相吻合的　　B. 相背离的

C. 不相关的　　D. 关系不确定的

2. 下列情况下，证券市场将呈现上升趋势？(　　)

A. 持续、稳定、高速的 GDP 增长　　B. 高通胀下的 GDP 增长

C. 宏观调整下的 GDP 减速增长　　D. 转折性的 GDP 变动

3. 生活必需品或是必要的公共服务属于(　　)行业。

A. 增长型　　B. 周期型　　C. 防御型　　D. 衰退型

4. 企业利润增长很快，但是所面临的竞争风险也非常大，破产率与被兼并率相当高的时期是企业的(　　)。

A. 幼稚期　　B. 成长期　　C. 成熟期　　D. 衰退期

5. (　　)反映企业一定期间现金的流入和流出，表明企业获得现金及现金等价物的能力。

A. 现金流量表　　B. 资产负债表

C. 利润表　　D. 利润分配表

6. 在现金流量分析中，下列不属于流动性分析的财务指标是(　　)。

A 现金到期债务比　　B. 现金流动债务比

C. 现金债务总额　　D. 现金股利保障系数

二、结合中国目前资本市场的情况阐述公司基本分析的重要性。

第九章

固定收益证券投资分析

学习要求

1. 在第二章的基础上进一步了解作为固定收益证券主体的债券，掌握债券的性质、功能、票面要素、偿还方式以及债券的信用评级。

2. 掌握如何使用收入资本化法对债券估值，并了解债券收益率的分类以及债券的定价定理。

3. 学习掌握债券收益率曲线的概念及其应用，了解债券的利率期限结构理论。

4. 学习了解固定收益证券组合的管理策略，掌握两种主要的策略，即消极策略和积极策略。

上一章，我们分别从宏观、中观和微观三个角度对证券投资进行了基本面分析，接下来，我们将对固定收益证券、权益证券以及金融衍生品等证券投资工具的投资分析方法进行逐一介绍。本章中，我们首先向大家介绍固定收益证券。

第一节　固定收益证券及其特性

固定收益证券是在一定时期内有固定收入权的有价证券。之所以称之为固定收益证券，是因为这些证券按规定可以提供一个固定的收入流。固定收益证券的收益由证券发行人或其代理机构支付，只要证券发行人不破产，这些证券的收益就是有保障的，债券是固定收益证券的主体。

在本书的第二章，我们简单介绍了债券的概念及其基本特征，在这一节，我们将对债券进行进一步的介绍和阐述。

一、债券的性质与功能

（一）债券的性质

债券作为固定收益证券的主体，它具有如下的基本性质：

首先，债券是一种有价证券。债券本身有一定的面值，通常它是债券投资者投入资金的量化表现；持有债券可按期取得利息，利息是债券投资者收益的价值表现；债券的投资者的收益包括按期取得的利息以及债券到期后获得的债券发行时所规定的现金。

其次，债券是一种虚拟资本，而非实际资本。债券的本质是证明债权债务关系的证书，在债权债务关系建立时所投入的资金已被债务人占用，债券是实际运用的实际资本的证书。债券的流动并不意味着它所代表的实际资本也同样流动，债券独立于实际资本之外。

最后，债券是债权的表现。债券代表债券投资者的权利，这种权利不是直接支配财产，也不以资产所有权表现，而是一种债权。拥有债券的人是债权人，债权人不同于财产所有人。以公司为例，在某种意义上，财产所有人可以视作公司的内部构成分子，而债权人是与公司相对立的。债权人除了按期取得本息外，对债务人不能作其他干预。

（二）债券的功能

我们已经了解了债券的基本性质，下面我们来介绍债券有哪些功能。对债券的发行者而言，债券是一种融资工具；对于投资者而言，债券又是一种投资工具；另外债券在国家的宏观调控以及实现社会资源的优化配置方面，也起着重要的作用。

首先，债券具有融资的功能。债券对于国家、企业和金融机构等债券的发行者来说，是很重要的一个融资工具。举债人通过发行债券，能够较快地筹集到所需要的资金，而且具有筹资成本低、不损害公司大股东控制权等优点。通常为资金需求者所青睐。政府发行债券可以弥补财政收支缺口，减少赤字，促进经济建设，使政府对经济调控功能得以发挥。公司或企业可以以此满足其扩大再生产的资金要求，与银行贷款相比，它使用周期长，稳定性强。金融机构可以通过发行债券获得较为稳定的资金来源，更好地开展各项金融业务。

也正因为如此，债券成了一种重要的融资工具。

其次，债券是一种很好的投资工具。由于债券收益稳定，风险较小，变现能力强，到期可偿还，因此债券是一种较好的投资对象，尤其对风险厌恶者来说，既可有效规避风险，又可获得稳定的收入。

另外，债券是中央银行宏观调控的重要手段。公开市场业务是中央银行实行货币政策进行宏观调控的重要手段之一。中央银行可以通过在证券市场上买卖国债等有价证券，调节货币供应量。当经济过热，需要抽紧银根时，中央银行通过向市场抛售债券，收回一部分货币，缩小社会信用规模，抑制经济过热现象；当经济萧条时，中央银行则买入债券，增加货币投放量，扩大信用规模，刺激经济回升与复苏。

最后，债券流通是优化资源配置的有效杠杆。由于效益好的企业，其债券通常受投资者欢迎，筹资成本低；而效益差的企业，其债券风险大而不受投资者欢迎，筹资成本高。因此通过债券流通可使社会有限的资金从经济效益差的部门、企业向经济效益好的部门、企业流动，从而促进产业结构的调整，促进资源优化配置。

二、债券的票面要素

债券作为一种有价证券，为了方便其在证券市场上流通，必须标明债券的面值、还本和付息期限、票面利率以及其他的特殊条款，这些就构成了债券的票面要素。不同债券的票面要素往往不同，但是大部分债券都规定了以下几种票面要素：

（一）面值

面值即票面价值。面值的大小，根据债券发行者的需要、债券的种类及债券发行的对象来确定。债券的面值小，有利于吸引零散投资者的小额资金；债券的面值大，便于机构投资者操作。选择最合适的面值，对债券成功发行有很重要的意义。债券的面值，也是计算还本付息额的依据，不论债券的发行价格如何变化，已注明的面值是始终不变的，它和债券的票面利率共同构成了未来的确定不变的现金回流量。

（二）还本和付息期限

债券的特点是要按债券发行时的具体规定，期满归还本金。债券上写明的还本付息期限，就是发行单位在发行时认定这笔借款在多少年内偿还本金和利息。按期限归还本金不受市场变化、物价水平、社会经济状况，以及汇率、利率的升降等外在因素的影响。债券还本期限有长有短,还本期限在 1 年以内的为短期债券,中期债券一般 3 年到 5 年,长期债券有十几年、几十年不等。

(三)票面利率

债券的票面利率是债券票面所写明的利率。一般来讲,期限长的债券,票面利率高些,期限短的债券,票面利率低些;信用级别高的债券,可以相应降低票面利率,信用级别低的债券,则要相应提高票面利率。有时债券的票面利率并不是债券的实际收益率,如果投资者以票面金额购进债券,其票面利率等于实际收益率;如果以低于票面的价格购进债券,其实际收益率要高于票面利率;如果以高于票面的价格购进,实际收益率则低于票面利率。

(四)赎回条款

大多数公司的债券都具有"赎回"的特性,或者说它们的债券契约中包含赎回条款。即债券的发行者有权在债券未到期以前赎回一部分在外流通的债券。公司是否使用这种权利,可由它根据具体情况来决定。赎回时机和赎回数额,都在契约上写明。一般情况,规定债券在发行后的前若干年不能赎回。赎回的价格要比面值高一些,叫做赎回溢价,大约为面值的 3%到 10%。

三、债券的偿还方式

债券的发行者必须履行还本付息的义务,但债券的偿还方式有所不同,债券的发行者可以根据实际情况选择偿还方式,但是债券发行者选择偿还方式必须在债券发行时作出说明或者与债券投资者协商一致。债券的偿还方式主要包括到期偿还、期中偿还和展期偿还。

(一)到期偿还

到期偿还是指按发行债券时规定的还本时间,在债券到期时一次全部偿还本金的偿债方式。我国发行的许多企业债券和 3 年期国库券、5 年期国库券等,都是在期满后一次还本付息的。采用到期偿还方式,手续简便,计算方法简单。但如果债券发行人在发行债券时考虑到不一定全部在到期日还本,就必须在发行前规定特殊的还本条款,采用期中偿还甚至延期偿还。

(二)期中偿还

期中偿还是指在债券最终到期日之前,偿还部分或全部本金的偿债方式。期中偿还的目的主要在于分散债务人到期一次还本的压力,同时在某些情况下也有利于增加对投资者的吸引力。此外,还要对债券的宽限期、偿还率等事先作出规定。债券宽限期是债券发行后不允许提前偿还和转换的时间,它一般是根据债券偿还期的长短来确定的;偿还率是指每次偿还的债务金额占发行额的比例。

在期中偿还情况下,根据偿还本金的额度,有部分偿还和全额偿还两种。部分偿还是指从债券发行日起,经过一定宽限期后,按发行额的一定比例,陆续偿还,到债券期满时全部还清。不同期限的债券其宽限期可能不一样。这样设置的目的也是为了保证这类债券投资的长期性。采用部分偿还方式,减轻了债券发行人一次偿还的负担。全额偿还是指在债券到期之前,偿还全部本金。债券发行人采用全额偿还,主要有两个方面的目的:其一,债券发行后因各种原因,债务人拥有的资金过剩,从而将债务本金全额偿还后可以避免支付更多的利息。其二,债券发行后市场利率下降,从而原发行的债券利率过高。如果提前偿还原来发行的全部债券,再发行较低利率的新债,可以降低筹资成本。

另外,根据偿还时间的不同,期中偿还又可以分为定时偿还和随时偿还。定时偿还是指债券宽限期过后,分次在规定的日期,按一定的偿还率偿还本金。一般的做法是在每次利息支付日,连同利息一并向投资者偿还一部分本金,到债券期满时全部还清。定时偿还可以使债券有一个平均偿还年限。在定时偿还中,偿还日期、偿还率、具体偿还方式等,一般在发行债券时已确定,并在发行公告中说明。随时偿还是指债券宽限期过后,发行人可以自由决定偿还时间,任意偿还债券的一部分或全部。采用这种方式,债券发行人可以根据自己的情况,选择有利的时机偿还债务,因而对发行人有利。比如,当市场利率急剧降低并较大幅度地低于未到期债券的票面利率时,发行人便可以从市场上以低利率借入资金偿还原来高利率债券,从而降低筹资成本。但这种情况往往使投资者蒙受损失,因为其失去了将债券持有到期获得高利率的权利。因此,有的国家对采用随时偿还作了专门规定,设立了一些限制性条款。

(三)展期偿还

展期偿还是指在债券期满后又延长原规定的还本付息日期的偿债方式,属于延期偿还。它适用的场合通常是发行一种附设延期售回条款的债券,这种债券赋予投资者在债券到期后继续按原定利率持有债券直到一个指定日期或者几个指定日期中的一个日期的权利。延期售回方式对发行者和投资人都有一定的吸引力,它使发行人在需要继续发行债券和投资者愿意继续购买时省去新发债券的麻烦,也使投资者可以据此灵活地调整投资组合的结构。延期偿还的另一种情况是由于债券到期时债务人无力偿还,亦不能或者不便借新债还旧债,于是征得债券持有者同意,将到期债券予以延期。

四、债券的信用评级

(一)债券信用评级的意义

对债券发行人而言,信用级别对债券的成功发行具有特别重要的意义。信用级别高的债券不仅可以得到低利发行的优惠,降低筹资成本,还可以在较短的时间内发行数额较大或期限较长的债券,使发行工作顺利进行。没有公布信用级别或信用级别低的债券由于自身风险大,不易被公众接受,很难公开发行和成功发行。

对投资者来说。债券的信用级别是投资决策的重要参考指标。债券投资最大的风险就是信用风险。如果发行者不能按时偿还本息,投资者就会蒙受损失。债券的这种风险依发行者偿还能力不同而有所差异,但是对大众投资者来说,因为没有足够时间和相关的专业知识,或者因为得不到足够的信息而无法对诸多债券一一做出详尽分析后再加以比较选择。因此,由专业的信用评级机构做出的公开的权威性的资信评级就成为投资者衡量其投资风险及评估其投资价值的最主要依据。

对证券管理机构而言,债券的信用评级也有一定的参考价值。随着证券市场的迅速发展。申请发行和上市交易的债券种类和数量都不断增加。证券管理机构和证券交易所为了加强对证券的管理,也都需要一种比较客观公正的指标作为核准和管理的依据。由权威的信用评级机构公布的债券信用等级就是较为理想的参考指标。

(二)债券信用级别的划分

债券级别一般根据债券风险的大小分为 10 个等级,最高是 AAA,最低是 D 级。各个级别的符号及表示的内容如下:

AAA 级为最高级,其安全性最高,本息具有最大保障,基本无风险。

AA 级为高级,其安全性高,风险性较最高级别略差,但是也基本无风险。

A 级为中高级,其安全性良好,还本付息没有问题,但保障性不如 AAA 级和 AA 级。

BBB 级为中级,其安全性中等,目前安全性和收益性没有问题,但不景气时有可能影响本息安全。

BB 级为中低级,其安全性为中下品质,具有一定的投机性,不能保证将来的安全性。

B 级为半投机性,其安全性较低,具有投机性,不适合作为投资对象,还本付息缺乏适当保障。

CCC 级为投机性，其安全性极低，债息虽能支付，但有无法还本付息的危险。

CC 级为极端投机性，其安全性极差，可能已处于违约状态。

C 级为充分投机性，其信誉不佳，无力支付本息。

D 级为最低等级，其品质最差，不履行债务，前途无望。

以上 10 个等级的债券可以分为两大类，前 4 个等级为投资级债券，BB 级以下属于不适合投资的债券，很少进行公募发行。

第二节　收入资本化法与债券估值

上一节，我们介绍了最主要的固定收益证券——债券——的特性、票面要素、偿还方式以及债券的信用评级，接下来，我们介绍债券估值的相关内容。

一、收入资本化法在债券估值中的应用

（一）债券价值评估的基本公式

收入的资本化定价方法认为，任何资产的内在价值都是在投资者预期的资产可获得的现金收入的基础上进行贴现决定的。运用到债券上，债券的价格即等于来自债券的预期货币收入的现值。在确定债券价格时，需要知道估计的预期货币收入和投资者要求的适当收益率。

以 P 代表债券理论价格，C_t 代表 t 时期内的预期现金流，I 代表贴现率或市场平均收益率，n 代表投资期内时段数，那么债券价格评估的一般模型为：

$$P = \sum_{t=1}^{n} \frac{C_t}{(1+I)^t} \tag{9.1}$$

由上式可见，债券的价格和预期现金流成正比，和贴现率成反比。

（二）不同债券的价值评估

1. 零息债券的估值

零息债券采用贴现方式发行，以发行价小于票面额的差额表示投资者利息收益。零息债券的投资者在债券偿还期内的货币收入是唯一的，即在偿还日取得与债券面值等同的货币收入。

根据债券估值的一般公式,零息债券的定价公式为:

$$P=\frac{M}{(1+k)^{n}} \tag{9.2}$$

式中,M 为债券的面值,k 为贴现率,n 为至到期日所剩的期数。

2.定息债券的估值

定息债券的特点是利息定期支付,债券期限内,利息固定不变,债券到期后收回本金。

根据债券估值的一般公式,定息债券的定价公式为:

$$P=\frac{M}{(1+k)^{n}}+\sum_{t=1}^{n}\frac{C_t}{(1+k)^{t}} \tag{9.3}$$

其中 M 为债券面值,C 为每期所得利息,k 为贴现率,n 为债券期数。

由定息债券的定价公式可以知道,当债券的贴现率高于其票面利率时,债券价格将以面值贴水的价格交易;反之,则以升水的价格交易。

3.一次性还本付息债券的估值

一次性还本付息债券的特点是,只有一次现金流,即到期日的本息之和。根据债券估值的一般公式,我们可以得到一次性还本付息债券的定价公式为:

$$P=\frac{M(1+r)^{n}}{(1+k)^{m}} \tag{9.4}$$

其中,M 为面值,r 为票面利率,k 为贴现率,n 为发行日到到期日的期数,m 为买入日到到期日的期数。

二、债券的收益率

债券的收益率是衡量债券投资报酬率的一个指标,它既受债券当前收益水平高低的影响,又能反映在债券寿命期间内其价格水平变动的影响。债券收益率主要包括到期收益率、持有期收益率、名义收益率、当前收益率、赎回收益率和已实现收益率等。

(一)到期收益率

到期收益率也称内部收益率,我们可以将其定义为使债券寿命期间内所产生的现金流的现值与其当前市场价格相等时的贴现率。它衡量将债券持有至到期日止的情况下所获得的收益率的大小。设债券面值为 M,每年支付 m 期利息,每期支付额为$\frac{C}{m}$,还有 n 期需要支付,债券目前价格为 P,则到期收益

率 R 可以由下式求出：

$$P=\frac{M}{\left[1+\left(\frac{R}{m}\right)\right]^{n}}+\sum_{k=1}^{n}\frac{\frac{C}{m}}{\left[1+\left(\frac{R}{m}\right)\right]^{k}} \tag{9.5}$$

其中，公式右侧的第一项为面值的现值，第二项为各期利息的现值。

（二）持有期收益率

持有期收益率是指持有某种债券一定时期内所获得的收益率。用公式表示为：

$$Y_P=\frac{EMV-BMV+I}{BMV}$$

其中 EMV 为持有期末的债券市场价值，BMV 为持有期初的债券市场价值，I 为债券持有期所获得的利息收入。

（三）名义收益率

名义收益率也称息票收益率，它是指债券发行者约定的收益率。名义收益率等于年息票利息支付额除以债券面值。

（四）当前收益率

债券的当前收益率主要用于计算债券的每年收益率，当前收益率等于债券的年息除以债券价格。

（五）赎回收益率

对于可赎回债券而言，如果债券发行者在赎回期间行使了赎回权，此时投资者所获得的收益率就叫做赎回收益率。赎回收益率类似于到期收益率，不同的是，赎回收益率以赎回价格代替到期收益率计算公式中的票面价格，即：

$$P=\sum_{t=1}^{n}\frac{C}{(1+R)^{t}}+\frac{P_0}{(1+R)^{n}} \tag{9.6}$$

其中，n 为到赎回日为止息票的支付期数，P_0 为赎回价格。需要注意的是，如果 C 是每半年支付一次，则根据上式求出的 R 为半年期收益率，年收益率为 $(1+R)^2-1$。此外，为了降低投资人的赎回风险，赎回价格一般会高于票面价格。

（六）已实现收益率

已实现收益率是指从债券投资中产生的实际持有期收益率，该收益率是在债券到期或持有期结束，且所有风险都不存在之后才确定的。其计算公式为：

$$Y_r = \frac{M+C}{P} - 1 \tag{9.7}$$

三、债券的定价定理

从债券定价模型我们可以得知，债券价格主要由市场利率、债息率、到期年限和到期收益率决定。下面我们结合前面的模型分析，简要介绍一下债券定价定理的主要内容。债券的定价存在以下五大定价定理：

(1)债券的市场价格与到期收益率呈反方向变动：债券价格上涨，则收益率下降；债券价格下降，则收益率上升。这一定理对债券投资分析的价值在于，当投资者预测利率将要下降时，应及时买入债券，因为利率下降则债券价格必然上升；反之，当预测利率将上升时，应卖出手中持有的债券，待价格下跌后再买回。

(2)如果债券的收益率在整个有效期内不变，则折价或溢价的大小将随到期日的临近而逐渐减少，直至到期日时价格等于债券面额。这一定理也可理解为，若两种债券的其他条件相同，则期限较长的债券销售折价或溢价较大。债券价格对市场利率变化较敏感。一旦市场利率有所变化，长期债券价格变动幅度大，潜在的收益和风险较大。

(3)如果债券的收益率在整个有效期内不变，则其折价或溢价减少的速度将随到期日的临近而逐渐加快。这一定理说明，债券价格变化的百分率随着到期年限的临近而增大，两者之间存在着增函数关系，但债券价格变化百分率的增幅是递减的。由于债券价格变动的百分率可以表示债券价格对市场的敏感程度，因此这一定理也说明债券价格对市场利率的敏感度随着到期日的接近而以递减的比率增加。对投资者而言，如果预测利率将下降，在其他条件相同的前提下，应选择到期日较远的债券投资。

(4)债券收益率的下降会引起债券价格上升，且上升幅度要超过债券收益率以同样比率上升而引起的债券价格下跌的幅度。这一定理说明债券价格对市场利率下降的敏感度比利率上升更大，这将帮助投资者在预期债券价格因利率变化而上涨下跌能带来多少收益时做出较为准确的判断，或者说，在市场利率分别以相同幅度下降与上升时，投资者应明白，在这两次决策中，买入债券持有的收益将大于卖出债券的那次。

(5)债券的息票利率越高，则由其收益率变化引起的债券价格变化的百分比就越小。或者说，息票利率越低的债券，其价格对市场利率越敏感。这一定理告诉投资者，对于到期日相同且到期收益率也相同的两种债券，如果投资者预测市场利率将下降，应选择买入票面利率较低的债券，因为一旦利率下降，这种债券价格上升的幅度较大。值得注意的是，这一定理不适用于1年期的债券和永久债券。

很显然，投资者在预测债券价格将如何对利率变动做出反应时，债券定价五定理对债券投资分析和投资决策很有帮助。

第三节　利率的期限结构

我们在上一节讨论了债券的估值，我们知道，债券的价值与利率有着密切的联系，本节将重点介绍利率的期限结构。

一、收益率曲线

在利率期限结构中，我们很容易发现，同样发行主体的债券，其到期收益随着期限长短不同而不同。这种不同到期日贴现现金流的收益率之间的结构性特征，可以用收益率曲线作为典型来说明。收益率曲线反映了随着到期日的不同，债券的到期收益率的变动情况。由于不同债券可能存在其他差异，例如违约风险差异等，人们通常用无违约风险的国债利率（作为基准利率）的到期期限与收益率的关系来刻画单纯因为到期期限不同而产生的收益率差别。事实上，收益率曲线是描述了在某一时点上一组可交易债券的收益率与其剩余到期期限之间数量关系的一条曲线，即在直角坐标系中，以债券剩余到期期限为横坐标、债券收益率为纵坐标而绘制的曲线。一条合理的债券收益率曲线将反映出某一时点上不同期限债券的到期收益率水平。债券收益率曲线通常表现为四种情况，一是正向收益率曲线，表明在某一时点上债券的投资期限越长，收益率越高，也就意味着社会经济处于增长阶段；二是反向收益率曲线，表明在某一时点上债券的投资期限越长，收益率越低，也就意味着社会经济进入衰退期；三是水平收益率曲线，表明收益率的高低与投资期限的长短无关，也就意味着社会经济出现极不正常情况；四是波动收益率曲线，表明债券收益率随投资期限不同而呈现波浪变动，也就意味着社会经济未来有可能出现波动。

图9-1中显示了各种形态的国债收益率曲线。横轴是到期日，纵轴则是

到期收益率，该曲线告诉人们给定期限的债券收益率是多少。人们会发现，当利率水平较低时，收益率曲线较陡，而利率水平较高时，收益率曲线可能呈现水平状，有时甚至会向下倾斜。比较常见的收益率曲线是图 a 所示的那样：长期利率比短期利率高，但随着利率水平的上升，长期收益与短期收益之差将减少，反之则是反向的收益率曲线；驼峰形的曲线呈现出倒 U 形特征，而水平型的收益率曲线则表明不同到期日的债券到期收益率均相同。

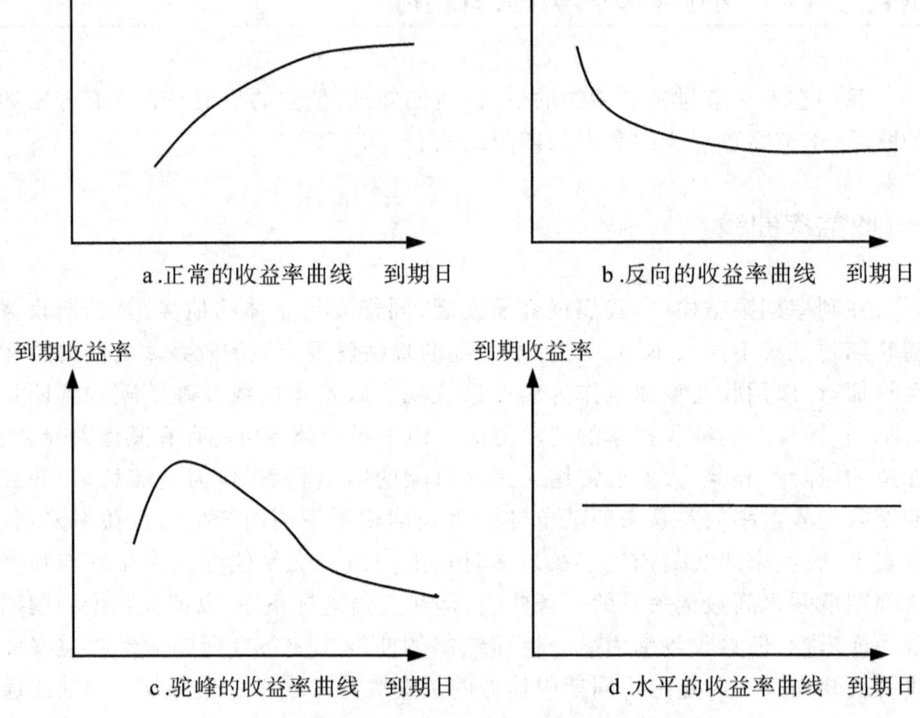

图 9-1　各种形态的国债收益率曲线

二、远期利率与未来利率的不确定性

(一)远期利率

所谓远期利率，是指隐含在给定的即期利率中从未来的某一时点到另一时点的利率水平。以储蓄利率为例：现行银行储蓄一年期利率为 4.14%，二年期利率为4.68%。假定我们现有10 000元，存一年本利和为10 000×(1+0.041 4)=10 414元，存两年为10 000×$(1+0.046\ 8)^2$=10 957.9元，如果储户先存一年，到期后立即将本利和再行存一年，则到期后，本利和为10 000×$(1+0.041\ 4)^2$=10 845.14元，较两年期存款少得10 957.9−10 845.14=112.76元。之所以少得112.76元，是因为取得了第二年期间对第一年本利和10 414元的自由处置权，这就是说，较大的效益是产生于第二年，如果说第一年应取4.14%的利率，那么第二年的利率则是：(10 957.9−10 414)/10 414×100%=5.22%，这个5.22%便是第二年的远期利率。

(二)未来利率的不确定性与远期利率

事实上，之所以存在远期利率，是由于未来利率不确定性的存在。如果不考虑未来利率的变化，我们可以认为，有相同到期日的不同投资策略一定会提供相同的收益率。例如，两个连续的1年零息票投资提供的总收益率，应与一个等额的2年零息投资的收益率一样。因此，在确定的情况下我们有$(1+r_1)\cdot(1+r_2)=(1+y_2)^2$。然而，事实上，远期利率大于预期短期利率的情况是很常见的。我们定义远期利率是在第二年使长短期投资在忽略风险的情况下，有相同吸引力的利率。当我们考虑风险时，显然，短期投资者不愿意投资长期债券，除非长期债券提供的期望收益高于1年期债券提供的收益率。也就是说，投资者持有长期债券时，要求获得一定风险溢价。如果预期短期利率的期望低于盈亏均衡时的远期利率，厌恶风险的投资者会愿意持有长期债券。因为预期短期利率越低，长期债券的期望收益率就越高。

三、利率的期限结构理论

通常人们会认为，如果市场是完全竞争、充分套利的，各种不同期限的金融产品是完全可替代的，那么人们无论投资期限多长，其收益率应该一致，在这种条件下，收益率曲线应该是水平的，可是现实中我们却发现收益率曲线有多种可能的形状。利率期限结构理论旨在解释是什么原因形成了不同到期日的利率水平之间的关系，主要包括预期假说、流动性升水理论，以及市场分割假说。

(一)预期假说

利率期限结构的预期假说是最早解释长短期利率关系的一种理论。根据这一理论，一种长期债券的现期利率是短期债券的预期利率的函数，长期利率与短期利率之间的关系取决于现期短期利率与预期未来短期利率之间的关系。

下面,我们从一个投资者的投资选择来分析这种假说的合理性。假设某一投资者打算作 n 年的长期投资,他可以有两种选择:一种选择是购买在 n 年底到期的长期债券,并把这种债券持有到期满为止;另一种选择是可以投资于某种短期债券,比如说 1 年期的债券,当债券到期后,再把收入投资于另一种 1 年期的债券,如此不断地进行,直至 n 年底为止。那么,在第一种选择的情况下,如果长期债券的年利率为 r_n,债券面值为 P,至 n 年底投资于债券的收益 Y 可用以下公式表示:

$$Y=P(1+r_n)^n \tag{9.8}$$

在第二种选择的情况下,如果 1 年期债券的利率在第一年为 r_1,第二年年初购买 1 年期债券的利率为 r_2,那么,至 n 年底时,其投资收益可表示为:

$$Y=P(1+r_1)\cdot(1+r_2)\cdots(1+r_n) \tag{9.9}$$

现在要注意的是,投资者并不知道 1 年期债券的利率在未来时期的情况,但他是可以作出预期的,这样,(9.9)式就可以改写为:

$$Y=P(1+r_1)\cdot(1+r_2{}^e)\cdots(1+r_n{}^e) \tag{9.10}$$

从以上分析中可以看出,如果第一种选择的收益大于第二种选择的收益,这一投资者就将投资于 n 年期的长期债券;如果第二种选择的收益大于第一种选择的收益,投资者就将投资于一系列的 1 年期债券。只有当这两种选择的最后收益相等时,投资者才不在乎选择哪一种。此时:

$$(1+r_n)^n=(1+r_1)\cdot(1+r_2{}^e)\cdots(1+r_n{}^e) \tag{9.11}$$

即:$$r_n=\sqrt[n]{(1+r_1)\cdot(1+r_2{}^e)\cdots(1+r_n{}^e)}-1 \tag{9.12}$$

从整个社会来看,每一个投资者都面临这一选择,如果投资的最后收益是相同的,那么,人们可以投资长期债券,并一直持有到期终,也可以投资短期债券,在每次到期后继续投资短期债券,直至期终。如果最后的收益并不相同,那么,人们就要进行选择,结果使长短期利率出现变动,并通过资金流动而使两者的最终收益趋于相同,这一过程并不复杂。假设投资长期债券的收益大于投资短期债券,那么,为了追求收益的最大化,所有的人都希望购买长期债券而不是短期债券,因此,对长期债券需求的增加和对短期债券需求的减少便使长期债券的利率下降、短期债券的利率上升,此时,资金也就从长期投资转向短期投资。显然,这种资金的流动会一直持续到对长短期投资的收益相等时为止。所以,长期债券的利率将等于这种债券在整个期限内各阶段短期利率的平均值。

(二)市场分割理论

最早提出市场分割理论的经济学家是科伯森(J. M. Culbertson)。他认为,债券市场可分为不同期限的互不相关的市场,这些市场的利率由各自的供求所决定。之后,莫迪格里安尼(F. Modigliani)等经济学家进一步阐述了这一理论。

根据市场分割理论,长期债券市场和短期债券市场各自分割,长、短期利率由各自的供求情况所决定,彼此之间并无影响。因此,不能简单地把长期利率看成是预期短期利率的函数,长期利率的高低应该取决于长期资金供求的状况。

市场分割理论是否存在合理性,我们也可以通过对一个投资者的投资选择进行分析。现在假设某一投资者打算作 n 年的长期投资,并将在 n 年底收回本金。假定他是一个风险回避者,不管资产的预期收益如何,他将以减少资产的风险来达到效用最大化。在对任何一种债券的未来利率无法确定的情况下,他可以通过购买 n 年到期的长期债券,以使风险最小而效用最大。这是因为,如果他购买 1 年期债券,他就不能确定在 n 年中每一年债券的利率是多少。在这种情况下,他就面临这样一种风险,即一系列的 1 年期债券的收入是不确定的。如果他购买期限大于 n 年的债券,并在 n 年底收回本金,此时他将面临资本风险,因为他现在所持有的债券并未到期,他必须在 n 年底将其出售,而 n 年底时短期债券利率无法确定,所以,也就无法确定债券价格的高低。据此,我们可以得出结论,投资者为了求得风险最小而效用最大,其唯一的方法是购买一种 n 年期的债券。即使一系列短期债券或者某种期限大于 n 年的债券具有相对较高的收益,这一投资者也将仅持有这种 n 年期的债券。

从以上分析中可以看出,投资者通常在使用资金的期限内进行投资,即买进同期债券,不会买进比这更长期限的债券;而筹资者通常根据所需资金的期限去寻找需要的资金,不会借入比这期限更长的资金。换言之,借贷双方都会根据自己对资金的实际运用而选择资金借贷的期限,这样就出现了相对独立的长短期资金市场,从而也就形成不同的利率水平。

(三)流动性升水理论

不论是预期假说还是市场分割理论,都存在对风险这一重要因素比较极端的假设。如预期假说假设不存在风险的情况下投资者的选择,所以,预期的收益就成为利率结构变动的主要原因。市场分割理论则强调未来收益的不确定性,作为完全的风险回避者,投资者更注重降低投资风险,所以,不同期限的债券也就不可能相互替代。

根据流动性升水理论，在不同期限的债券之间存在着一定的替代性，这意味着一种债券的预期收益变动可以影响不同期限债券的收益。但是，不同期限的债券并非是完全替代品，因为投资者对不同期限的债券具有一定的偏好。因此，只有当能够获得更高的预期收益时，投资者才会投资那些非偏好期限的债券。所以，一般来说，筹款人为了减少资本损失的风险，更愿意提供长期债券；而贷款人为了减少资本风险，更愿意购买短期债券。这样，在长短期债券市场上就会出现不同的利率水平，长期利率比短期利率高出的部分就是长期债券发行人对债权人的报酬，这是用于补偿债权人流动性偏好的更长时间的放弃所承担的风险。

根据流动性升水理论，就可以很好地解释为什么收益率曲线总是向上倾斜的。因为短期债券比长期债券的流动性大，资本损失的风险较小，对利率变动也较能够预期，所以，其流动性报酬就比较低。而随着债券期限的延长，流动性报酬将增加，因为长期债券的流动性差，资金变现的能力低，资本损失的风险也大，所以，长期债券应具有比较高的收益。并且，即使未来短期利率预期的平均值保持不变，长期利率也将高于短期利率。

同样地，这一理论也可以解释短期利率较低时收益率曲线为什么会急剧上升。因为当短期利率较低时，投资者往往预期利率将回至正常水平，与即期的短期利率相比，未来预期的短期利率的平均值就将上升，并且，由于存在流动性升水，长期利率就会比即期的短期利率高得多，收益率曲线就会急剧上升。

第四节　固定收益证券组合的管理

我们已经讨论了债券的估值以及重要的利率期限结构，本节中，我们将对固定收益证券的多种管理策略进行讨论，并说明两种主要的策略——消极策略和积极策略。消极策略把证券市场的价格当成公平价格，倾向于在既定市场条件下保持适度的风险收益平衡；积极的策略试图运用优越的信息或洞察力预测价格走势，力求寻找更大的利润。

一、债券管理的消极管理

在债券市场的管理中，常常用到的两种消极管理策略是指数化投资策略和免疫策略。前者的目的是让所管理的资产组合重复一个已有的债券指数的业绩;后者旨在设法保护债券投资组合免受利率波动的风险。根据指数化投资策略建立的指数投资组合只要能够与有关指数的风险—收益相当,该策略就取得成功。根据免疫策略建立的投资组合不管将来利率如何改变,都不会影响组合的价值时,该策略也将达到其目的。

(一)指数化投资策略

前面已经说过,指数化投资的最终目的是使投资组合的总收益率与某个指数的总收益率看齐,举例说,如果指数上涨了3%,投资组合的收益率理论上也应该上涨同样的幅度。在美国,投资者常常使用的三种综合类市场指数是莱曼兄弟综合指数、所罗门兄弟投资级债券综合指数、美林国内市场指数。以上每一种指数均包括5 000种以上的债券。由于指数包含的债券较多,在投资组合中完全按照指数的券种比例,购买债券就非常麻烦。所以,需要用一定的方法才能近似地"复制"它们。最常见的方法是层次性抽样法或单元式方法。该方法首先将指数分成一些单元,每一个单元代表着指数的不同特点。这些特点包括到期日、息票利率、期满日、发行者、信用级别等。

举例来说,某美国投资者选择了下列债券指数的特点:

特点一:剩余期限:(1)小于或等于5年,(2)大于5年;

特点二:期满日范围:(1)小于5年,(2)5～15年,(3)大于或等于15年;

特点三:发行者:(1)美国财政部,(2)其他政府机构,(3)公司;

特点四:信用级别:(1)AAA,(2)AA,(3)A,(4)BBB。

根据这些特点,运用排列组合的基本知识,我们可以算出的单元数$=2\times3\times3\times4=72$。

然后,从这些构成指数的单元中选取一只或几只能够代表该单元特征的债券作为购买的对象,应注意的是购买每一个单元债务的金额应根据该单元在整个指数中的权数确定。比如,假定一个指数成分债券的市值30%由国债组成,就要求投资组合的国债市值达到30%。单元量的选择取决于指数化组合的金额有多大,如果金额比较小而选择的单元量大,则由于需要购买大量的单元必然费时费力,提高购买成本;但如果单元数量过少,又会增加指数化组合与指数本身的差异,导致误差加大。

指数化投资的好处是投资业绩紧跟指数变化,容易测量和评价,管理费用比较低;缺点是指数的业绩不一定是最佳的投资业绩,有时会忽略一些投资机会。

(二)免疫策略

在证券市场上,利率风险是银行、养老基金等机构面临的共同问题,其资产净值和未来支付能力都将随着利率的变化而变化，因而它们都对控制利率风险的方法感兴趣。许多机构试图将它们持有的资产组合的价值与这些资产组合所面临的利率风险隔离开，这种构建免除利率风险的债券投资组合的过程，称为免疫。为了理解和掌握免疫策略，我们首先来介绍久期和修正久期的概念。

1. 久期和修正久期

(1)久期

久期指债券的现金流（即息票利息或本金）到达时间的加权平均，其权重是每一时点的现金流的现值在总现值中所占的比例，度量的是债券现金流的平均到期时间，其单位为年，是一个时间概念。其公式表达为：

$$D=\frac{PV(t_0)t_0+PV(t_1)t_1+\cdots+PV(t_n)t_n}{\sum PV} \tag{9.13}$$

式中 $PV(t_n)$ 为 t_n 时刻发生的现金流量的现值。由公式可知，特定债券的久期将是介于第一次支付和最后一次支付时间之间的某一个值。对于零息债券而言，由于最后一次本金支付之前没有其他现金流，因此其久期就等于其到期期限。

当前比较常见的久期是“麦考来久期”(McAulay duration)。假设某固定利率债券每年支付 m 次，第 k 期的支付额为 C_k，剩余支付期为 n，到期收益率为 λ，则麦考来久期定义为：

$$D=\frac{\sum_{k=1}^{n}(k/m)C_k/[1+(\lambda/m)]^k}{PV} \tag{9.14}$$

其中：

$$PV=\sum_{k=1}^{n}\frac{C_k}{[1+(\lambda/m)]^k}$$

对于固定息票的债券，如果一年支付一次，到期收益率为 y，息票利率为 c，则其麦考来久期公式为：

$$D=\frac{1+y}{y}-\frac{1+y+n(c-y)}{c[(1+y)^n-1]+y} \tag{9.15}$$

从公式可知，其他条件不变时，久期会随着到期期限的增加而增加，然而当债券到期期限趋于无穷时，久期并不同时趋于无穷，而是趋于一个独立于息票率的有限值;此外,久期也会随着到期收益率的增加而减少,因为给定总价格,到期收益率越高则各期的支付现金流贴现值越低从而久期就越低。此外,久期会随着票面利率的增加而下降,因为高的票面利率使得整个支付结构中贴现因子较大的部分集中于早期,从而使期限短的支付权重较大,使久期较低;另一方面,当到期收益率固定时,久期并不随着息票率的不同而发生显著变化,即固定的到期收益率会削弱息票率的影响。这些影响可以通过下图来说明。

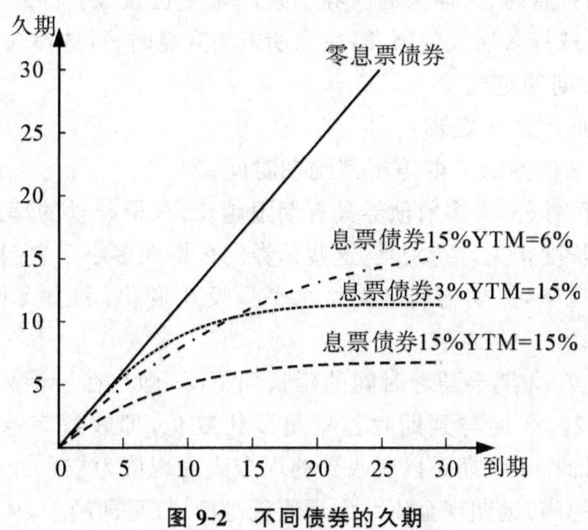

图 9-2 不同债券的久期

(2)修正久期

久期较准确地表达了债券的到期时间,但无法说明当利率发生变动时,债券价格的变动程度,为了反映债券价格对于到期收益率的敏感度,人们将久期的公式略微调整,引入了修正久期的概念,使其成为债券价格对利率变化的弹性指标。

由 $PV=\sum_{k=1}^{n}\frac{C_k}{[1+(\lambda/m)]^k}$,设 $y=\lambda/m$,价格可以表示为 $1+y$ 的表达式:

$$\frac{\mathrm{d}p}{\mathrm{d}(1+y)}=-\sum_{k=1}^{n}\frac{tC_k}{(1+y)^{k+1}}=-\frac{D}{1+y}p \tag{9.16}$$

对于 $1+y$ 的微小变化,有 $\frac{\Delta p}{p}=-D\frac{\Delta(1+y)}{1+y}$,即价格变动的幅度取决于收益率变动与久期。定义 $\frac{D}{1+y}$ 为修正后的久期,由于 $1+y$ 是个比较小的数,

$\frac{\Delta(1+y)}{1+y} \approx \Delta p$。那么，公式$\frac{\Delta p}{p} = -D\frac{\Delta(1+y)}{1+y}$表明，当收益率每变动一个百分点时，债券价格变动$-\frac{D}{1+y}\%$。

修正后的久期能够反映债券价格对利率变化的敏感性，修正久期越大，利率变化对该债券价格的影响也越大。当市场利息下降时，久期大的债券价格上升幅度较大；在升息时，久期大的债券下跌的幅度也较大。因此，投资者在预期未来降息时，可选择久期大的债券；在预期未来升息时，可选择久期小的债券。

(3)关于久期的定理

久期存在如下六大定理：

- 只有零息债券的久期等于其到期时间。
- 除零息债券外，大多数债券具有期限越长，久期越长的特点，即久期直接与期限长度相关。特别是，这些债券的久期大多小于它们的到期期限。
- 一般情况下，久期与利息支付水平呈反比变化，利息支付水平越高，久期越短。
- 一般而言，久期会随着时间的延长而下降，即存在所谓久期缩减规律。
- 一般来看，久期与到期收益率呈反比变化，即收益率越高，久期越短。其原因即在于久期是以所收到的现金流的现值为权重计算的加权平均，收益率越高，远期现金流贴为现值就越低，权重即越小，从而久期越短。
- 债券投资组合的久期等于单个债券久期的加权平均，其中的权重由债券市场价格决定。

久期的上述定理有助于投资者对债券投资组合的管理。比如如果投资者希望延长久期，根据定理 2 和定理 3，投资者就应选择票面利率较低而期限较长的债券；再比如如果投资者希望久期为某一确定的年限，根据定理 5，投资者即可把多种债券混合在一起，以达到控制组合利率风险的目的。

从久期的计算中可以看出，它对于所有现金流都只采用了一个折现率，也即意味着利率期限结构是平坦的。换言之，久期实际上只考虑了收益率曲线平缓的情况，而实际上，由于时间因素的影响，不同期限长度收益率对某一市场影响因素的反应是不同的，即不同期限长度收益率的变化幅度不一致，从而导致收益率曲线的变化可以呈现出很多形式。于是，久期近似值在收益率下降时低估债券价格的增长幅度，而在收益率上升时高估债券价格的下跌幅度。

如果投资时间与债券的久期不等，则收益率将发生变动，这将使投资组合的价值与债务流的现值发生相应变动，导致投资组合与债务的不匹配。为解决这一问题，即消除利率风险，有两种免疫策略可供选择。其一是所谓现金匹配策略(cash matching strategy)，即当需要现金清偿某一债务时，投资者可以出售资产组合中的一些债券；反之，当投资组合产生的现金多于需要的现金，则可购买更多的债券。上述过程中，如果收益率不变，则投资组合价值将与剩余债务相匹配。这就是现金匹配策略。其二是久期匹配策略(duration matching strategy)，即使得投资组合的久期与负债流的久期一致，则对于收益率的变动，投资组合的现值将与负债流的现值产生完全相同的变动。

【例 9.1】X公司的一项债务为10年后偿还100万元，该公司希望现在进行投资以便将来获得足够的收益清偿债务，市场上可选择的债券品种如表9-1：

表 9-1

	名义利率	到期期限(年)	价格(元)	收益率	久期(年)
1	6%	30	69.04	9%	11.4
2	11%	10	113.01	9%	6.54
3	9%	20	100	9%	9.61

债券2和3不可能构造出久期为10的组合，只能选择1和2或1和3，先考虑选择1和2的情况。

10年负债的现值为414 643元，则 $V_1+V_2=PV=414\ 643$，组合的总价值应该等于负债的总价值；

$(D_1V_1+D_2V_2)/PV=10$，投资组合的久期必须等于负债的久期。

于是得到：

$$V_1=\frac{(10-D_2)PV}{D_1-D_2},V_2=PV-V_1$$

代入表9-1中的数据，得：$V_1=295\ 198.5144$，$V_2=119\ 444.4850$

2.凸性

(1)久期的缺陷与凸性

作为度量利率敏感性的工具，久期显然是一个关键的工具，但是久期也存在着缺陷，关于利率对债券价格的久期法则仅是一种近似表达，尽管修正后久期能够说明债券价格对利率的敏感性，但仍是一种近似度量。图9-3对久期的应用给出了说明。该图是一个价格—收益率曲线图，久期度量的是债券价格和到期收益率的近似线性关系，由此计算得出的债券价格变动幅度存在误差，当价格收益率曲线弯曲程度越大时，这种近似度的误差就越大，而凸性则对这种误差进行了调整。

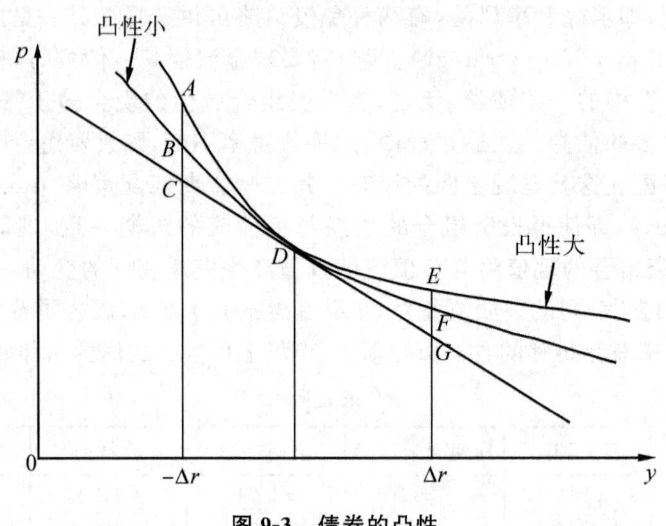

图 9-3　债券的凸性

凸性是对债券价格曲线弯曲程度的一种度量，是指在某一到期收益率下，到期收益率发生变动而引起的价格变动幅度的变动率，即价格对收益的二阶导数。凸性越大，债券价格曲线弯曲程度越大，用修正久期度量债券的价格变动所产生的误差越大。

$$凸性(C)=\frac{久期改变的百分比}{收益率改变的百分比}=\frac{1}{p}\times\frac{d^2 p}{dy^2}$$

当两个债券的久期相同时，它们的风险不一定相同，因为它们的凸性可能是不同的。如图 9-3 所示，在 D 点处两个债券的到期收益率和久期是一样的，较上方的价格—收益率曲线的凸性大，另一条则凸性小。当收益率增加相同的 Δr 单位时，凸性大的债券价格为 E，下跌幅度较小，凸性小的债券价格为 F，下跌幅度略大，但是，用久期进行的近似计算（价格在 G 点）均将低估债券价格，且凸性越大，低估程度越大；相反，如果收益率减少相同单位，久期进行近似计算的价格同样也会出现低估，而且凸性越大的债券，低估的程度越大。因此，需要对久期计算的近似价格，根据凸性大小进行调整，使其更接近债券的真实价格。

为了将不同债券价格收益曲线弯曲程度的差异对债券价格的影响考虑进来，经过凸性调整后的债券价格近似变动的公式为：

$$\frac{\Delta p}{p}=-D\times\Delta y+\frac{1}{2}\times C\times(\Delta y)^2$$

(2)凸性的原理

关于凸性存在以下三大基本原理：

原理一：凸性与到期收益率呈反方向变化。也就是说，收益率低的债券比收益率高的债券的价格—收益曲线的曲度更大。

原理二：凸性与利息呈反方向变化，即利息较高的债券其价格—收益曲线的曲度较平缓。

原理三：凸性与久期呈正向变化。一般来说，期限较长的债券其价格—收益曲线的曲度也较大，而由久期的原理我们知道，期限较长的债券其久期也较长。

我们来看下面的例子：

[例 9.2]某债券到期期限为 30 年，票面利率 8%，按面值出售，此时债券的修正久期为 11.26 年，凸性为 212.4，如果债券收益率从 8%上升到 10%，则债券的价格变动多少？

解：(1)用修正的久期计算：

$$\frac{\Delta p}{p}=-D\times\Delta R=-11.26\times2\%=-22.52\%$$

(2)加入凸性考虑：

$$\frac{\Delta p}{p}=-D\times\Delta R+\frac{1}{2}\times C\times(\Delta R)^2=-18.27\%$$

(3)实际的价格变动：

$$p=\sum_{t=1}^{n}\frac{80}{(1+0.1)^t}+\frac{1\,000}{(1+0.1)^{30}}=811.46$$

$$\frac{\Delta p}{p}=-18.85\%$$

由上例可见，加入凸性调整后的债券价格近似度大大提高了。

二、债券管理的积极管理

债券的积极管理策略主要有利率预期策略和收益率曲线策略两种，下面我们来介绍这两种策略。

(一)利率预期策略

利率预期策略是指通过预测未来利率的变动，及时采取措施改变买卖策略，调整投资组合，以实现收益最大化或损失最小化。利率预期的一个重要意义在于及时调整资产组合以保持对利率变动的敏感性，其关键是对于未来利率走向的预测能力。由于持续期是衡量利率敏感性的一个指标，这意味着如果预期利率上升，则应该缩短组合持续期；如果预期利率下降，则应该延长组合的持续期。在采取利率预期的策略下，一种组合的持续期可通过债券互换而得到更改，调换的是达到组合持续期的新债券，这种掉期就是“利率预期掉期”。有三种具体掉期方式：

(1)替代掉期，指一种债券与另一种相近替代债券的交换。相互替代的债券应该有基本相等的息票利率、期限、信用等级等债券特征。如果投资者认为市场中这两种债券的价格出现失衡，由此能够带来获利机会，这样的掉期就会出现。

(2)利率掉期，也称盯住利率掉期。如果投资者相信利率会下降，就把持续期较短的债券调换成持续期较长的债券；相反，预测利率将要上升，就把持续期较长的债券调换成持续期较短的债券。

(3)净收益增长掉期，指购买更高收益率债券以赚取预期的时间溢价的方式。比如，1 年期国债收益率是 5.6%，30 年期国债收益率是 6.1%。只要收益率曲线没有变化，投资者就把短期债券调换成长期债券获得较高收益。当然，如果收益率曲线发生变化，则另当别论。

(二)收益率曲线策略

收益率曲线策略是以对国债收益率曲线形状变动的预期为依据建立投资组合头寸的策略。

1.收益率曲线变动的类型以及对收益率的影响

收益率曲线变动是指每种国债到期收益率的相对变动，有三种基本的变动类型，分别如下图所示。

图 9-4 显示了收益率曲线平行移动的情况。平行移动是指所有债券的到期收益率变动幅度是相同的，短期、中期和长期债券收益率一起上升，或者一起下降相同的幅度。

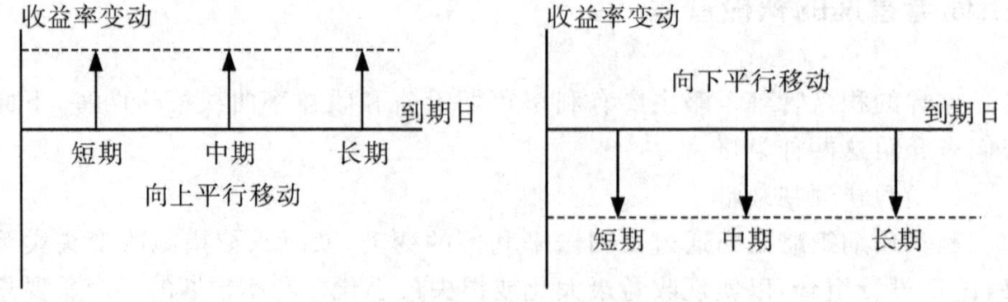

图 9-4　收益率曲线的平行移动

图 9-5 显示了收益率曲线非平行移动的情况之一：转折移动。转折移动是指收益率曲线的斜度发生了变化，其中平缓转折指收益率曲线变得平缓，意味着长期国债与短期国债收益率的差额变小；陡峭转折指收益率曲线变得陡峭，预示着长短期国债收益率差额变大。

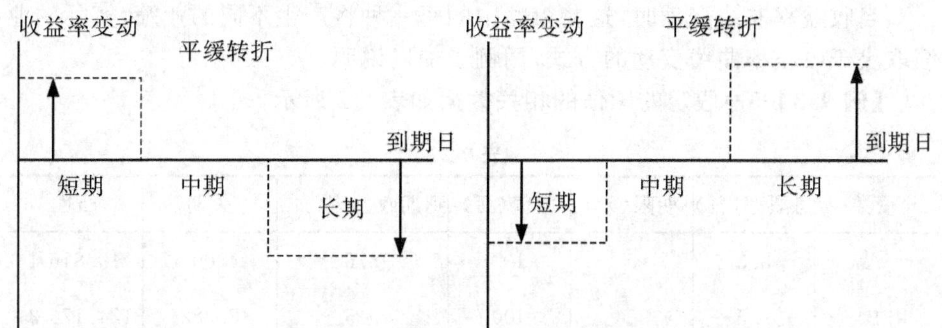

图 9-5 收益率曲线的转折移动

图 9-6 显示了收益率曲线非平行移动的情况之二：蝴蝶式移动。蝴蝶式移动是指收益率曲线的形状发生了变化。其中正蝴蝶式移动指收益率曲线中部“下陷”，两端上移。意味着长期国债与短期国债的收益率提高，中期国债的收益率下降；反蝴蝶式移动正好相反，意味着中期国债收益率上升，长期和短期国债收益率下降。

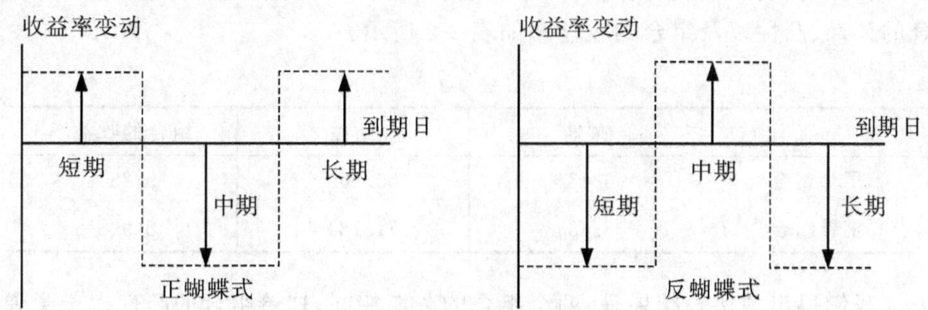

图 9-6 收益率曲线的蝴蝶式移动

2. 收益率曲线策略

收益率曲线策略需要对收益率曲线的变动方向与类型进行预测。由于投资组合的期限结构对组合的总收益有着重要影响，所以收益率曲线策略涉及建立一个什么结构的证券组合。可以有三种收益率曲线策略：一是子弹策略，二是杠铃策略,三是梯子策略。

在子弹策略中,构成组合的策略集中在一种债券上,即集中于收益率曲线的某一个点上;在杠铃策略中,包含在组合中的债券期限集中于两个极端期限上;在梯子策略下,组合内每种期限债券的数量基本相等。

当收益率曲线变动时,这些策略中的每一种将产生不同的业绩,实际的业绩取决于收益率曲线变动的方式,用例子加以说明。

【**例 9.3**】三种假定的国债的相关数据如表 9-2 所示:

表 9-2

债券	息票率(%)	期限(元)	面值(元)	到期收益率(%)	久期	凸性
A	8.5	5	100	8.5	4.005	19.816 4
B	9.5	20	100	9.5	8.882	124.170 2
C	9.25	10	100	9.25	6.434	55.450 6

针对表中的三种国债,我们考虑两种收益率策略:"子弹组合"、"杠铃组合"。它们的构成是:

子弹组合:完全由债券 C 组成;

杠铃组合:债券 A 占 50.2%,债券 B 占 49.8%。

在分析收益率曲线变动对两个组合价值的影响之前,我们先比较两种组合的久期、凸性以及组合的收益率如表 9-3 所示:

表 9-3

	久期	凸性	组合的收益率
子弹组合	6.434	55.450 6	9.25%
杠铃组合	6.434	71.784 6	8.998%

我们得出的比较结果是:两个组合的久期相同,杠铃组合的凸性大于子弹组合,但子弹组合的收益率大于杠铃组合。根据我们前面讨论的有关持续期、凸性的性质,当久期相同时,债券凸性大的债券是优先投资的对象。但问题是,子弹组合有较高的收益率。于是,这里较高的凸性与较高的收益率两者之间达成一种平衡,仅仅凭这一点,我们还判断不出应该投资于哪一种组合。在金融市场上,上述情况普遍存在,也就是说那些凸性大的债券(或组合)价格已经上升(即收益率下降)。这种凸性已经被市场所认可,换句话说,市场已经为

"凸性"付出代价(这一代价被称为"凸性成本",本例中凸性成本是两个组合收益率之差)。下面讨论收益率变动时两个组合的价值变动情况。为简单起见,假设投资期是6个月,定义两个组合的收益率的差额为:

收益率差额=子弹组合收益率—杠铃组合收益率

上述式子为正,说明子弹组合收益率高于杠铃组合,式子为负,说明杠铃组合收益率高于子弹组合。表9-4列明了收益率曲线变动时两种组合6个月的收益率差额情况。

表9-4 收益率曲线变动时两种组合6个月的收益率差额情况

单位:%

收益率变动	平行移动	非平行移动a	非平行移动b
−3.750	−3.38	6.13	−0.78
−3.500	−2.82	5.44	−0.35
−3.250	−2.32	−4.82	−0.03
−2.000	−0.59	−2.55	1.25
−1.750	−0.38	−2.24	1.37
−1.500	−0.20	−1.97	1.47
−1.250	0.05	1.74	1.53
−0.100	0.06	−1.54	1.57
−0.750	−0.15	−1.38	1.58
−0.500	0.21	−1.24	1.57
−0.250	0.24	−1.14	1.53
0.000	0.25	−1.06	1.48
0.250	0.24	−1.01	1.41
0.500	0.21	−0.98	1.32
0.750	0.16	−0.97	1.21
1.000	0.09	−0.98	1.09
1.250	0.01	−1.00	0.96
1.500	−0.08	−1.05	0.81
1.750	−0.19	−1.10	0.66
2.000	−0.31	−1.18	0.49
2.500	−0.58	−1.36	0.16
2.750	−0.73	−1.46	0.05
3.000	−0.88	−1.58	−0.24

我们分以下两种情况加以说明。

(1)收益率曲线平行移动的情况

收益率曲线平行移动意味着短期、中期和长期债券的收益率一起变动相同的幅度。表中第一栏表示的是收益率曲线变动的幅度,第二栏表示组合收益率的变动情况。从表中可以看出,当收益率变动少于100个基点时,子弹组合的业绩好于杠铃组合;反之,当收益率变动大于100个基点时,杠铃组合的业绩好于子弹组合。这一现象给我们的启示是:第一,收益率曲线的平行移动的幅度是决定组合收益率变化的重要因素之一。第二,由于凸性的不同,即便是其他各个方面均相同的投资组合,投资的业绩也有所不同。第三,当收益率曲线平行移动的幅度较小时(本例中低于100个基点),由于凸性大的组合的凸性"优势"没有发挥出来,但之前市场已经为其凸性付出了"成本"(表现为较高的价格或较低的收益率),其组合的收益必然小于凸性小的组合;反之,当收益率曲线平行移动幅度比较大时,凸性大的组合收益率要大于凸性小的组合收益率。

(2)收益率曲线非平行移动的情况

表中后面的两栏是当收益率曲线非平行移动时两个组合的收益率比较。其中又分为两种非平行移动。非平行移动a(第三栏)列示的是假定债券C的收益率变动幅度为第一栏所列的数量时,债券A的收益率变动为债券C的变动加上25个基点,同时债券B的收益率变动为第一栏数字减去25个基点的情况。显然,这样的非平行移动导致收益率曲线变得平缓,从表中数字看出,在这样的移动下杠铃组合的业绩好于子弹组合。第二种非平行移动b(第四栏)假定随着债券C的收益率变动,债券A的收益率变动幅度是债券C的变动减去25个基点,债券B的收益率变动是债券C的变动加上25个基点,显然,这使收益率曲线变得更加陡峭。本例中只要债券C的上涨幅度在250个基点以内,下跌幅度在325个基点以内,子弹组合的业绩好于杠铃组合;相反,如果债券C的变动大于该范围,则杠铃组合业绩好于子弹组合。因此得出的初步结论是:第一,当收益率曲线向平缓方向变动时,杠铃组合业绩一般好于子弹组合;第二,当收益率曲线向陡峭方向变动时,两种组合的业绩比较取决于收益率曲线变动的幅度。在一定幅度内,子弹组合业绩好于杠铃组合,但超过一定变动幅度,后者会超过前者。

练习题

一、名词解释

固定收益证券　收入资本化法　债券的到期收益率　债券的持有期收益率　债券的名义收益率　债券的当前收益率　债券的赎回收益率　债券的已实现收益率　收益率曲线　远期利率　利率的期限结构理论　指数化投资策略　免疫策略　久期　修正久期　凸性　利率预期策略　收益率曲线策略

二、简答题

1.简述债券信用评级的意义。

2.简述收入的资本化方法如何应用于债券估值。

3.简述可赎回选择权对债券定价和收益率的影响。

4.简述债券的定价定理。

5.比较预期假说、流动性升水理论以及市场分割假说的不同。

6.比较债券的消极管理策略与积极管理策略的不同。

三、计算题

1.假设有一种面值1 000元、票息80元的4年期债券，计算当此债券分别以如下价格出售时的当期收益率:(1)面值;(2)900元;(3)1 200元。

2.假设存在两种面值均为1 000元、票息为100元的债券，一种期限为5年，另一种为8年。分别计算当收益率为10%和12%时两种债券的价格，以及收益率变化带来的价格变化的百分比。

3.一个9年期收益率为10%的债券，假设其久期为7.694年，如果市场收益率变化了100个基点，它的价格如何变化?

第十章

权益证券投资分析

学习要求

1. 股票的估值受多重因素影响，有其复杂性和特殊性，通过本章的学习，了解股票交易价格的影响因素。

2. 学习了解股利贴现模型，并掌握如何使用股利贴现模型对股票进行估值。

3. 学习了解市盈率模型，并掌握如何使用市盈率模型对股票进行估值。

4. 学习了解股票技术分析的含义和理论基础，掌握如何使用技术指标分析法和股票价格走势的形态分析法对股票进行技术分析。

第一节　股票及其特性

一、股票估值的复杂性和特殊性

股票作为一种有价证券，其估值是以现值理论为基础的。现值理论认为：投资者之所以购买股票，是因为股票能够为持有人带来预期收入，因此，股票的价值大小取决于未来收益的多少。股票价格决定因素错综复杂，不仅股票实际价格受供求关系、投机及市场炒作等因素影响而变幻莫测，而且从理论价格角度评估，其模型需考虑的变量因素也较为复杂，这主要是由以下因素所致：

1. 股票的特性是不可退股，对投资者来说，不存在到期还本问题，只要公司经营正常，不解散不破产，可无限期存在下去。显然，时间序列的无限性使股票未来值及现值的测定十分困难。

2.普通股支付的股息事先不确定,分配与否、分配多少及变化趋势如何均未知,因此,事先将未来收入总额加总很困难,勉强作预测有很大盲目性。前提不可靠,推算出的现值也只能似是而非了。

3.未来现金收入折现率的确定是否合理是理论价格评估的关键。众所周知,折现率是指投资者对某类证券的投资收益与风险进行评估后所愿接受的必要收益率,它随着经济形势的变化及金融市场投资品种的价格波动而不断变化。如果时间较短,折现率的预期可能较为准确,如果期限较长,就很难正确评估。

4.股票代表了一种权利,投资者不仅可以获取收益,还可以对公司决策产生影响,大股东还可以对公司运作形成控制权,显然这种价值也是很难用一般方法评估出来的。

正是股票具有上述的复杂性与特殊性,使得针对不同情况的股票估值方法较多也较复杂,我们将在下面的章节中对股票估值的方法进行介绍。

二、股票交易价格的影响因素

(一)股票的价格

股票的价格是指货币与股票之间的对比关系,是与股票等值的一定货币量。它有广义与狭义之分,广义的股票价格是股票的票面价格、发行价格、账面价格、清算价格、内在价格和市场价格的统称;狭义的股票价格则主要是指股票的市场价格。

1.股票的票面价格

股票的票面价格又称面值,是股份公司在发行股票时所标明的每股股票的票面金额。它表明每股面值占公司总资本的比例,以及该股票持有者在股利分配时所应占有的份额。

股票面值是根据上市公司发行股票的资本总额与发行股票的数量来确定的。其公式是:

$$股票面值=\frac{上市的资本总额}{上市的股数}$$

2.股票的发行价格

股票的发行价格是指股份公司在发行股票时的出售价格。根据不同公司和发行市场的不同情况,股票的发行价格也各不相同,一般主要有面额发行、设定价格发行、折价发行和溢价发行四种情况。股票的面额发行是按照股票票面上注明的每股金额发行。采用面额发行，通常要委托证券承销商销售。设定价格发行主要是对无面值股票而言，发行时不标明股票的面值，而是根据公司章程或董事会决议规定发行价格，对外发行。折价发行是按照股票面额打一定折扣作为股票发行的价格。溢价发行是按照超过股票面额一定数量的价格对外发行。

股票虽然有许多种发行价格，但在一般情况下，同一种股票只能有一种发行价格。股票发行过程中究竟采用哪一种价格，主要取决于股票的票面形式、公司法的有关规定、公司状况及其他有关因素。

3.股票的账面价格

股票的账面价格也称为股票的净值，是证券分析家和其他专业人员所使用的一个概念。它的含义是指股东持有的每一股份在理论上所代表的公司财产价值。它等于公司总资产与全部负债之差同总股数的比值。股票的账面价格与市场价格并不一致，对于成长股股票其市场价格往往要高于其账面价格，而对于一些非成长股股票其市场价格往往要低于其账面价格。对于收益率取决于公司资产净值总额的股票，其账面价格和市场价格的变动就具有一致性。股票账面价格的变动主要取决于资产总额的数量、负债总额的数量以及股票股数等因素。

计算普通股的账面价值或价格，只要将上市公司的资产净值减去流通在外的优先股的总面额，再用余额除以流通在外的普通股的股数即可。其公式为：

$$\text{普通股每股账面价值}=\frac{\text{资产净值}-\text{优先股总面额}}{\text{普通股股数}}$$

4.股票的内在价格

股票的内在价格即理论价值或内在价值，是股票未来收益的现值，取决于股票收入和市场收益率。股票的内在价格决定股票的市场价格，但市场价格又不完全等于股票的内在价格。由供求关系产生并受多种因素影响的市场价格围绕着股票内在价格波动。股票理论价值公式为：

$$\text{股票理论价值}=\frac{\text{股息红利收益}}{\text{利息率}}$$

5.股票的清算价格

股票的清算价格是指公司清算资产时，每股股票所代表的真实价格。从理论上讲，股票的清算价格是公司清算时的资产净值与公司股票股数的比值。

但事实上由于清算费用、资产出售价格等原因，股票的清算价格不等于这一比值。通常情况下股票的清算价格主要取决于股票的账面价格、资产出售损益、清算费用的高低等因素。

6.股票的市场价格

股票的市场价格也称作股票行市，是指在证券市场上买卖股票的价格。股票的市场价格与票面价格不同，票面价格是固定的，而市场价格则是经常波动的，这是由于在证券市场上，股票是一种特殊商品，当供不应求时，就会引起价格上涨；当供过于求时，则引起价格下降。但是在证券市场上股票供求和价格的变化不是偶然的，而是由各种决定股票供求和价格变化的因素共同作用的结果。从理论上讲，股票的市场价格也是一种理论价格，其公式为：

$$股票的市场价格=\frac{预期股票收益}{市场利率}$$

（二）股票内在价格的决定因素

在所有投资工具中，普通股股票是一种最有挑战性和最难把握的证券，其价格变幻莫测，难以预料。究其原因，一方面是影响普通股股价涨跌的因素太多、太广；另一方面，这诸多因素的发展变化，彼此之间相互产生的影响和后果都是很难预测的。因此，正确地评估普通股股票的价值及其变动情况，是一项极为复杂而艰巨的工作，需要系统、细致地深入分析。下面先研究决定普通股股票应有的价值，即其内在价值的基本因素。

一般而言，影响股票的内在价格的因素主要有以下几个方面。

1.预期公司盈利

投资股票就是购买公司的未来。因此，公司盈利能力和盈利水平的高低是影响公司股票价值和价格的基本因素。一般而言，公司盈利能力越强，经营利润越多，股东能够从公司获得的红利也越多，从而该公司投资价值也就越大。反映到二级市场，该公司股票的价格也就趋于上升，投资者获取资本收益的报酬率也相应增加。当然，公司每年算出的盈利，已是各种因素相互影响的结果。投资者在以当前的盈利为出发点，预测其未来盈利的发展趋势时，必须根据情况的变化对计算结果随时进行调整，并相应调整自己的投资策略。

2.预期的股息支付

在每次发放股息时，投资者所能得到的股息金额与其增长率理所当然地是决定价格的重要因素。在其他条件相同时，股息发放金额越大，则股票价值越大。但对以股票形式发放的股息红利而言，投资者必须分析其未来的发展前景和盈利能力，若盈利能力不能提高，就意味着每股获利能力下降。

3. 预期增长率

与多数有生命的东西一样，公司和产业也有其生命周期，从而普通股股票的价值不会是固定不变的，必将随着企业的发展有所增长。因此，预测股票价值必须考察未来各年增长率的高低。一个企业的增长率可以用许多因素的增长率来衡量，如销售量、盈利额、股息等。增长率是一个变量，各年会有差异，所以尚需分别确定以后每一年各自的增长率。确定增长率对计算股票的投资价值尤为重要，因为其股息与增长快慢关系更为密切。

4. 贴现率

贴现率，也叫资本还原率，其目的就是把所预计的未来收入，利用这个比率把它折算成为现在的价值。对普通股而言，如其他因素不变，则贴现率越高，股票的现值越低；反之，贴现率越低，股票的现值越高。一般来说，风险越高、时间越长的证券，所选定的贴现率越要高一些，相反则可以低一些。

第二节　股利贴现模型

一、股利贴现模型

任何资产的内在价值(intrinsic value)都来源于投资者未来预期得到的现金流。股票的当期内在价值用 V_0 表示，是指投资者预期将来从持有的股票上所能得到的全部现金回报用正确反映该股票风险程度的利率 k 贴现得到的现值。在市场均衡条件下，股票的现价应该与其内在价值相等，即 $P_0=V_0$。如果股票的市场价格高于其内在价值，表示该股票被高估，应该抛出；相反，如果股票的市场价格低于其内在价值，则说明该股票被低估，值得投资，应该买入。这种计算股票未来预期现金流的现值，并将其作为股票价格的模型称作股利贴现模型(DDM，dividend discount model)。假定一年派息一次，对于一位购买了股票并计划在一年后卖出的投资者来讲，股票的内在价值等于第一年末收到的股利 D_1 与预期出售价格 P_1 的和的现值，即

$$P_0=V_0=\frac{D_1+P_1}{1+k} \tag{10.1}$$

式中的 k 是市场资本化率，它是指为了吸引投资者投资，股票在具有一定风险的情况下应该达到的预期收益率。很容易理解，在市场均衡时股票任意

一期的预期收益率都应该与市场资本化率相等。

【**例 10.1**】某公司的股票预期 1 年后派息 1 元，除权后的价格为 10 元，市场资本化率为 16％，根据股利贴现模型，该公司股票的当前价格等于其现时的内在价值，为

$$P_0=V_0=\frac{1+10}{1+0.16}=9.48(\text{元})$$

同样可以算出股票在第二年年初的价格 P_1：

$$P_1=\frac{D_2+P_2}{1+k}$$

代入(10.1)式可得

$$P_0=V_0=\frac{D_1+P_1}{1+k}=\frac{D_1+\frac{D_2+P_2}{1+k}}{1+k}=\frac{D_1}{1+k}+\frac{D_2+P_2}{(1+k)^2}$$

如此反复迭代就可以得到股利贴现模型的公式：

$$P_0=V_0=\frac{D_1}{1+k}+\frac{D_2}{(1+k)^2}+\cdots=\sum_{t=1}^{\infty}\frac{D_t}{(1+k)^t} \tag{10.2}$$

(10.2)式表明股票现时的均衡价格等于未来所有预期股利经市场资本化率 k 贴现后的现值之和。尽管(10.2)式中只包含股利这一个要素，但这与投资者评估股票时同时考虑股利和未来股价变动两个要素的事实并不矛盾，因为在推导这一公式的过程中用到的预期价格(P_1，P_2，…)中就包含了股价变动这一要素。

按照(10.2)式，采用股利贴现模型为股票定价需要预测未来所有的股利，这在实际投资过程中几乎是不可能的。为了简化计算过程，我们针对不同的实际情况对股利的形式作一些简化处理。

二、优先股的股利贴现模型

优先股的种类很多，我们在这里只讨论最一般的情况，即股息率固定不变、不参与分红、不提前兑付本金的优先股。这种优先股在将来每一期的预期现金流都是一个固定的值，因此它的内在价值计算起来比较简单。

根据股利贴现模型，优先股的内在价值是在一定的市场资本化率下由未来所有的固定股利现金流的现值相加得到的。假设优先股的面值为 F，每年

固定的股息率为 R，则每年固定的股利为 $D_0 = F \times R$，优先股的内在价值为

$$V_0 = \sum_{t=1}^{\infty} \frac{D_0}{(1+k)^t} = \frac{F \times R}{k} \tag{10.3}$$

(10.3)式表明，优先股的理论价格应该是面值乘以股息率与市场资本化率的比，而股息率与市场资本化率的比$\frac{R}{k}$构成了一个乘数，只要 $R > k$，就意味着优先股的内在价值大于其面值，对于那些以面值投资于优先股的投资者来讲，他们所得到的优先股的真实价值要大于面值。

对于那些不是每年派息一次，而是每年派息 m 次，每次的股息率固定为$\frac{R}{m}$的优先股，上述公式仍然成立：

$$V_0 = \sum_{t=1}^{\infty} \frac{F \times \frac{R}{m}}{\left(1+\frac{k}{m}\right)^t} = \frac{F \times R}{k} \tag{10.4}$$

三、普通股的股利贴现模型

(一)零增长模型

假设普通股的股息保持固定金额不变，每年支付的股息都等于现在已经支付的股息 D_0，即 $D_0 = D_1 = D_2 = \cdots$。这时的普通股就等同于优先股，代入股利贴现模型公式

$$V_0 = \sum_{t=1}^{\infty} \frac{D_0}{(1+k)^t} = \frac{D_0}{k} \tag{10.5}$$

因为 $D_0 = D_1$，所以零增长模型有时也写作

$$V_0 = \frac{D_1}{k} \tag{10.6}$$

【例 10.2】某公司预期将来每年为其每股股票固定不变地支付 1.5 元股息，并且该公司股票的市场资本化率为 15%，代入(10.5)式：

$$V_0 = \frac{D_0}{k} = \frac{1.5}{0.15} = 10(\text{元})$$

该公司股票的内在价值为每股 10 元。如果现在的股票价格是每股 11

元，则说明这种股票的价值被高估，应该考虑卖出或做空这只股票。

（二）不变增长模型

不变增长模型假设现时支付的股利为 D_0，以后股利每年以相同的增长率 g 增长，即

$$D_1=(1+g)D_0$$
$$D_2=(1+g)D_1=(1+g)^2D_0$$
$$\vdots$$
$$D_t=(1+g)D_{t-1}=(1+g)^tD_0$$

代入股利贴现模型公式

$$V_0=\sum_{t=1}^{\infty}\frac{D_0(1+g)^t}{(1+k)^t} \tag{10.7}$$

当 $k>g$ 时，上式可以化为

$$V_0=D_0\frac{1+g}{k-g}=\frac{D_1}{k-g} \tag{10.8}$$

【例 10.3】某公司现在每股股票支付股息 1.2 元，投资者预期股息每年以 7%的速度增长，该股票的市场资本化率为 15%，那么根据(10.8)式有

$$V_0=\frac{D_1}{k-g}=\frac{1.2\times(1+0.07)}{0.15-0.07}=16.05(\text{元})$$

该公司股票的内在价值为每股 16.05 元。如果现在的股票价格是每股 15.5 元，则说明这种股票的价值被低估，可以考虑买入这只股票。

（三）多重增长模型

事实上，在不变增长模型中，只有股利的预期增长率小于投资者的预期收益率，即 $k>g$ 的情况是有意义的，当 $k\leqslant g$ 时，(10.7)式中的级数发散，使得计算出的股票的内在价值为无穷大，这显然是不可能的。虽然在实际的投资过程中确实有些经营情况良好的公司，股利的增长率高过购买其股票的投资者的预期收益率，但是这种情况只是暂时的。在这种情况下，我们可以把公司的盈利分成不同的阶段，股利在每个阶段有不同的增长速度，开始时比较高，后来逐渐下降，在最后一个阶段，股利的增长率满足 $k>g$ 的条件。这样最后一阶段的无限项和就变成一个收敛的级数之和。

假设我们把公司的盈利分成 $m+1$ 个不同的阶段，前 m 个阶段的长度分别是 $N_1,N_2,\cdots,N_m$ 年。在每个阶段中投资者对股利增长率的预期分别是

$g_1, g_2, \cdots, g_m, g_{m+1}$，又设 $SN_1 = N_1, SN_2 = N_1 + N_2, \cdots, SN_m = N_1 + N_2 + \cdots + N_m$。将上述参数代入股利贴现模型公式，得到多重增长模型：

$$V_0 = \sum_{t=1}^{\infty} \frac{D_t}{(1+k)^t} = \sum_{t=1}^{SN_1} \frac{D_0 (1+g_1)^t}{(1+k)^t} + \sum_{t=SN_1+1}^{SN_2} \frac{D_{SN_1} (1+g_2)^{t-SN_1}}{(1+k)^t} + \cdots + \sum_{t=SN_{m-1}+1}^{SN_m} \frac{D_{SN_{m-1}} (1+g_m)^{t-SN_{m-1}}}{(1+k)^t} + \sum_{t=SN_m+1}^{\infty} \frac{D_{SN_m} (1+g_{m+1})^{t-SN_m}}{(1+k)^t} \quad (10.9)$$

著名的多重增长模型是两阶段模型。这个模型假设在开始的第一阶段（n年）股利以较高的增长率 g_1 增长，随后在第二阶段（理论上为无穷年）以一个长期稳定的增长率 g_2 增长。在这种情况下股票现在的内在价值为：

$$\begin{aligned} V_0 &= \sum_{t=1}^{n} \frac{D_0 (1+g_1)^t}{(1+k)^t} + \sum_{t=n+1}^{\infty} \frac{D_n (1+g_2)^{t-n}}{(1+k)^t} \\ &= \sum_{t=1}^{n} \frac{D_0 (1+g_1)^t}{(1+k)^t} + \frac{D_n(1+g_2)}{k-g_2} \cdot \frac{1}{(1+k)^n} \end{aligned} \quad (10.10)$$

式中 D_n 是第一阶段的最后一年所派发的股利。

【例 10.4】某公司现时股利为每股 1.2 元，投资者预期前 6 年股利将以每年 20%的增长率增长，第 6 年以后增长率固定为每年 8%，市场资本化率为 15%。根据两阶段模型计算该股票现在的内在价值为：

$$\begin{aligned} V_0 &= \sum_{t=1}^{6} \frac{1.2 \times (1+0.2)^t}{(1+0.15)^t} + \frac{1.2 \times (1+0.2)^6 \times (1+0.08)}{0.15-0.08} \times \frac{1}{(1+0.15)^6} \\ &= 8.38 + 23.90 \\ &= 32.28(\text{元}) \end{aligned}$$

第三节　再投资条件下的股利贴现模型

运用股利贴现模型来评估股票的内在价值，关键是对未来将会产生的股利现金流的预期。一个公司的投资政策决定了它未来的盈利能力，并直接影响到它的股利政策。从这个角度讲，投资政策和投资机会是决定一个公司的内在价值的核心内容。

假定 E_t 为公司第 t 年的盈利，I_t 为第 t 年的净投资，在不发行新股的情况下，公司在这一年派发的股利为：

$$D_t = E_t - I_t$$

于是股利贴现模型变为

$$V_0=\sum_{t=1}^{\infty}\frac{D_t}{(1+k)^t}=\sum_{t=1}^{\infty}\frac{E_t}{(1+k)^t}-\sum_{t=1}^{\infty}\frac{I_t}{(1+k)^t} \qquad (10.11)$$

(10.11)式将股利贴现模型转化为再投资的条件下的盈利—投资贴现模型，表明一个公司的内在价值等于从未来盈利中减去净投资之后的剩余部分的现值。

对于处在衰退期的行业，净投资额一般为负，总投资额通常不会大于现有资本的规模，生产能力随着时间的推移而降低。对于处在成熟期的行业，总投资额通常与现有的资本规模相等，净投资额为零，生产能力保持不变。而对处在成长期的行业来说，总投资额往往大于现有的资本规模，净投资额为正，生产能力不断地提高。

(10.11)式的本质仍然是预期将来的股利现金流，然后将其贴现。在存在再投资的条件下，一个公司未来产生的股利现金流可以认为由两个部分组成：①不进行再投资时产生的现金流，②进行再投资后现金流的净增量(即再投资的未来盈利减去为获得此盈利所需要的投资额)。

下面我们看一个例子。A、B两公司预期将来每年的每股盈利都是2元，市场资本化率都是16%。A公司不进行新的再投资，把盈利全都分给股东作为股利，根据零增长模型，A公司股票现在的价格应该是：

$$P_0=V_0=\frac{2}{0.16}=12.5(\text{元})$$

而B公司每年把盈利的50%进行再投资，其余的50%作为股利。再投资的预期收益率为每年20%。这样B公司股票的股利在开始几年会低于A公司，其中在第一年的股利只有1元，但是由于新的投资项目会带来更多的盈利，所以其股利会随着时间的推移不断地增加，每年的增长率为：

$$\begin{aligned}g&=\text{盈利中用于再投资的比例}\times\text{再投资的预期收益率}\\&=50\%\times20\%\\&=10\%\end{aligned}$$

根据不变增长模型可以计算出B公司股票的价格应该是：

$$P_0=\frac{1}{0.16-0.1}=16.67(\text{元})$$

A、B两公司股票的价差就是B公司进行再投资所带来的现金流净增量的现值。B公司股票价格高于A公司的原因是B公司的新投资项目的预期收益率高于市场资本化率，如果二者相等，说明再投资不能带来正的现金流净增量，那么两种股票的价格应该相等。下面的计算也证明了这一点。

假设C公司预期将来每年的每股盈利和市场资本化率与B公司完全相同，并且每年也把盈利的50%进行再投资，只是再投资的预期收益率为每年16%，这时C公司股利的年增长率为：

$$g=50\%\times16\%=8\%$$

C公司的股票价格应该是：

$$P_0=\frac{1}{0.16-0.08}=12.5(\text{元})$$

即C公司股票的价格与A公司相同。这是因为与A公司相比，C公司后来增长的股利与开始减少的股利恰好互相抵消。表10-1和图10-1详细列出了A公司和C公司未来的盈利和股利情况。

表10-1 A公司和C公司未来的盈利和股利情况

	年份	年初的股票价格（元）	预期盈利（元）	预期股利（元）	股票价格的年增长率（%）
A公司	1	12.50	2.00	2.00	—
	2	12.50	2.00	2.00	0
	3	12.50	2.00	2.00	0
	4	12.50	2.00	2.00	0
	5	12.50	2.00	2.00	0
	⋮	⋮	⋮	⋮	⋮
	年份	年初的股票价格（元）	预期盈利（元）	预期股利（元）	股票价格的年增长率（%）
C公司	1	12.50	2.00	1.00	—
	2	13.50	2.16	1.08	8
	3	14.58	2.33	1.17	8
	4	15.75	2.52	1.26	8
	5	17.01	2.72	1.36	8
	⋮	⋮	⋮	⋮	⋮

在这个例子中，C公司用于再投资部分的盈利所获得的增长率只能维持

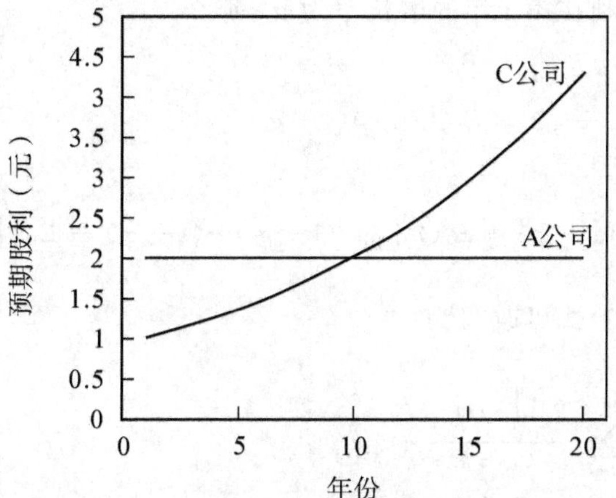

图 10-1 A公司和C公司股票股利的增长情况

股票目前的价格水平。然而，如果再投资项目的预期收益率仅仅与投资者自己挣的一样，那么这种再投资就不会为股东带来任何额外的好处。只有再投资项目的预期收益率比股东自己投资的更高时，公司的再投资策略才是正确的。

第四节 市盈率模型

一只股票的市盈率是指股票的价格与每股盈利的比$\left(\frac{P}{E}\right)$。在投资过程中，如果能预测下一年的盈利和市盈率，将二者相乘就可以得出下一年股票的价格。

$$P_1 = E_1 \times \frac{P_1}{E_1}$$

市盈率$\frac{P}{E}$表示投资者对每 1 元的预期盈利愿意支付的价格。

由于公司有再投资的可能，所以盈利不一定全部以股利的形式支付给股东。以 p_t 代表支付比（payout ratio），为第 t 年支付的股利占该年盈利的比例，即 $D_t = p_t E_t$，代入股利贴现模型：

$$V_0 = \sum_{t=1}^{\infty} \frac{D_t}{(1+k)^t} = \sum_{t=1}^{\infty} \frac{p_t E_t}{(1+k)^t} \tag{10.12}$$

假设每股盈利在第 t 年的增长率为 g_t，那么

$$E_1 = E_0(1+g_1)$$

$$E_2 = E_1(1+g_2) = E_0(1+g_1)(1+g_2)$$

$$\vdots$$

$$E_t = E_{t-1}(1+g_t) = E_0(1+g_1)(1+g_2)\cdots(1+g_t) = E_0\prod_{i=1}^{t}(1+g_i)$$

于是，(10.12)式可改写为

$$V_0 = E_0\sum_{t=1}^{\infty}\frac{p_t\prod_{i=1}^{t}(1+g_i)}{(1+k)^t} \tag{10.13}$$

和

$$\frac{V_0}{E_0} = \sum_{t=1}^{\infty}\frac{p_t\prod_{i=1}^{t}(1+g_i)}{(1+k)^t} \tag{10.14}$$

$\frac{V_0}{E_0}$是股票的内在价值与现时盈利的比，可以用作比较判别的标准。如果 $\frac{V_0}{E_0}>\frac{P_0}{E_0}$，表明股票的内在价值高于价格，股票被低估；反之，如果$\frac{V_0}{E_0}<\frac{P_0}{E_0}$，说明股票的内在价值低于价格，股票被高估。与股利贴现模型一样，预测股票在未来每一年盈利的增长率和支付比几乎是不可能的。可仿照股利贴现模型，针对不同的实际情况对股利的形式作一些简化处理。

1. 零增长模型

假设股票在未来每一年的盈利都相同，并且全部被当作股利支付给股东，即 $g_t=0$，$p_t=1$，$(t=1,2,\cdots)$，代入市盈率模型公式(10.14)式：

$$\frac{V_0}{E_0} = \sum_{t=1}^{\infty}\frac{p_t\prod_{i=1}^{t}(1+g_i)}{(1+k)^t} = \sum_{t=1}^{\infty}\frac{1}{(1+k)^t} = \frac{1}{k} \tag{10.15}$$

【例 10.5】某公司预期将来每年每股股票固定不变地盈利 1.2 元，盈利都当作股利支付，并且该公司股票的市场资本化率为 12%，现在股票的价格是 11 元，根据(10.15)式：

$$\frac{V_0}{E_0}=\frac{1}{k}=\frac{1}{0.12}=8.33$$

$$\frac{P_0}{E_0}=\frac{11}{1.2}=9.17>\frac{V_0}{E_0}$$

所以这只股票的价值被高估，应该考虑卖出或做空这只股票。

2. 不变增长模型

假设股票的当期盈利为 E_0，以后每年以相同的增长率 $g(g<k)$ 增长，并且支付比保持不变，为常数 p，此时市盈率模型公式(10.14)式化为：

$$\frac{V_0}{E_0}=\sum_{t=1}^{\infty}\frac{p_t\prod_{i=1}^{t}(1+g_i)}{(1+k)^t}=\sum_{t=1}^{\infty}\frac{p(1+g)^t}{(1+k)^t}=p\frac{1+g}{k-g} \tag{10.16}$$

【例 10.6】某公司上年每股股票盈利 1.2 元，支付 0.8 元股利。投资者预期该股票的每股盈利每年将以 5% 的速度增长，并且支付比保持不变。该股票的市场资本化率为 17%，那么根据(10.16)式有：

$$\frac{V_0}{E_0}=p\frac{1+g}{k-g}=\frac{0.8}{1.2}\times\frac{1+0.05}{0.17-0.05}=5.83$$

该公司股票现在的价格为每股 6.5 元，所以

$$\frac{P_0}{E_0}=\frac{6.5}{1.2}=5.42<\frac{V_0}{E_0}$$

这只股票的价值被低估，可以考虑买入这只股票。

3. 多重增长模型

根据假设，公司的盈利可以分成 $m+1$ 个不同的阶段，其中前 m 个阶段的长度分别是 $N_1,N_2,\cdots,N_m$ 年。在这些阶段中投资者预期每股盈利增长率分别是 $g_1,g_2,\cdots,g_m,g_{m+1}$，支付比分别是 $p_1,p_2,\cdots,p_m,p_{m+1}$，又设 $SN_1=N_1$，$SN_2=N_1+N_2,\cdots,SN_m=N_1+N_2+\cdots+N_m$。将上述参数代入(10.14)式，得到市盈率模型的多重增长模型：

$$\begin{aligned}\frac{V_0}{E_0}=&\sum_{t=1}^{\infty}\frac{p_t\prod_{i=1}^{t}(1+g_i)}{(1+k)^t}=\sum_{t=1}^{SN_1}\frac{p_1(1+g_1)^t}{(1+k)^t}+\sum_{t=SN_1+1}^{SN_2}\frac{p_2(1+g_1)^{N_1}(1+g_2)^{t-SN_1}}{(1+k)^t}+\\&\cdots+\sum_{t=SN_{m-1}+1}^{SN_m}\frac{p_m(1+g_1)^{N_1}(1+g_2)^{N_2}\cdots(1+g_m)^{t-SN_{m-1}}}{(1+k)^t}+\\&\sum_{t=SN_m+1}^{\infty}\frac{p_{m+1}(1+g_1)^{N_1}(1+g_2)^{N_2}\cdots(1+g_m)^{N_m}(1+g_{m+1})^{t-SN_m}}{(1+k)^t}\end{aligned} \tag{10.17}$$

如果公司的盈利可以分成两个阶段，假设在开始的 n 年中每股盈利的年增长率为 g_1，从第 $n+1$ 年开始以一个长期稳定的增长率 g_2 增长。在这种情况下将(10.17)式简化得到市盈率模型的两阶段模型：

$$\frac{V_0}{E_0}=\sum_{t=1}^{n}\frac{p_1(1+g_1)^t}{(1+k)^t}+\sum_{t=n+1}^{\infty}\frac{p_2(1+g_1)^n(1+g_2)^{t-n}}{(1+k)^t}$$

$$=p_1\sum_{t=1}^{n}\left(\frac{1+g_1}{1+k}\right)^t+p_2\frac{(1+g_1)^n}{k-g_2}\cdot\frac{(1+g_2)}{(1+k)^n} \tag{10.18}$$

【例 10.7】某公司上年每股盈利 1.6 元，预期未来 8 年每股盈利将以 20%的年增长率增长，每年拿出盈利的 20%用来支付股利；从第 9 年开始每年的增长率将固定为 6%，支付比增加为每年 60%。市场资本化率为 15%。根据(10.18)式计算如下：

$$\frac{V_0}{E_0}=0.2\times\sum_{t=1}^{8}\left(\frac{1+0.2}{1+0.15}\right)^t+0.6\times\frac{(1+0.2)^8}{0.15-0.06}\cdot\frac{(1+0.06)}{(1+0.15)^8}$$

$$=1.95+9.93$$

$$=11.88$$

该股票现时的内在价值为

$$V_0=E_0\times\frac{V_0}{E_0}=1.6\times11.88=19(\text{元})$$

上述几种简化计算法只代表极特殊的情况，而现实中的股票市场要比这些模型中所假设的复杂得多。在实际的投资过程中，由于一个公司未来的盈利情况和支付比几乎不可能预测，所以经常采用相互比较的方法来确定一只股票的市盈率。例如，我们要评估 A 公司股票的价值，已知 A 公司股票上年的每股盈利是 1.5 元，经过研究发现与 A 公司同行业的其他可比较的公司股票的市盈率平均为 15，于是我们可以测算出 A 公司股票的内在价值大约是 1.5×15=22.5(元)(假设其他可比较公司的股价与内在价值相同)。

需要指出的是，作为评估股票价值的方法，这种互相对比的方法(也称比价法)是比较粗略的。投资者会发现某一行业中的大多数股票的市盈率与该行业的平均市盈率相差甚远，这是因为不同的公司所采取的再投资策略不尽相同，导致投资项目将来的收益率有高有低。因此，即使在同一行业内也很难找到两家完全同质的公司。

通过第三节的讨论，我们知道如果未来投资项目的收益率与市场资本化率相同，那么这种再投资并不会给股东带来额外的利益。而对于那些投资项目未来的收益率高于市场资本化率的公司，它们的股票的市盈率一定会高于该行业的平均水平，因为投资者预期将来会得到更大的股利现金流。这种因投资项目未来的收益率高于市场资本化率而导致其市盈率较高的股票称为成长性股票。

同样，市场资本化率也是影响市盈率的重要因素。由(10.14)式可知，由于市场资本化率 k 处在分母的位置上，所以，当新的信息使投资者对公司盈利能力的预期发生改变时，k 值的微小变化会导致市盈率的剧烈变动。这不仅适用于单个股票，也适用于整个股票市场。

根据我们以前学过的资本资产定价模型，我们就可以计算每一种风险资产的市场资本化率 k。市场资本化率 k 是一个表示预期收益的指标，它是指为了吸引投资者投资，股票在具有一定风险的情况下应该达到的预期收益率，也就是与其自身风险相适应的均衡收益率。在市场均衡时，股票任意一期的预期收益率都应该与市场资本化率相等。

如果要计算 A 股票的市场资本化率 k_A，我们首先估算 A 股票的 β 值，然后根据证券市场线计算出它的风险溢价，就可以得到 k_A：

$$k_A = r_f + \beta_A[E(r_M) - r_f]$$

假设无风险利率是 5%，资产组合的风险溢价是 7%，$\beta_A = 1.1$，则 $k_A = 12.7\%$。

第五节　股票投资的技术分析

一、股票投资技术分析概述

(一)股票投资技术分析的含义和理论基础

所谓技术分析，是指直接对证券市场的市场行为所作的分析，是通过对市场过去和现在的行为，应用数学和逻辑的方法，归纳一些典型的行为，从而预测证券市场的未来变化趋势的研究活动。技术分析主要建立在如下三个假设条件的基础上：

1. 市场为无效市场，现行股票价格尚没有反映影响股票价格的所有信息。
2. 价格沿趋势波动，并保持趋势。即认为股价的运行具有惯性。

3. 历史会重复。这是股票市场上的一个重要现象，如相同的宏观现象或相同的市场背景会产生相同的走势。

(二)股票投资技术分析的基本要素

市场行为最基本的表现就是成交价和成交量。过去和现在的成交价、成交量涵盖了过去和现在的市场行为。技术分析就是利用过去和现在的成交量、成交价资料，以图形分析和指标分析工具来解释、预测未来的市场走势。因此，成交价、成交量就成为技术分析的要素。如果把时间也考虑进去，技术分析其实就可简单地归结为：对时间、价、量三者关系的分析，在某一时点上的价和量反映的是买卖双方在这一时点上共同的市场行为，是双方的暂时均衡点，随着时间的变化，均势会不断发生变化，这就是价量关系的变化。一般说来，买卖双方对价格的认同程度通过成交量的大小得到确认，认同程度大，成交量大；认同程度小，成交量小。双方的这种市场行为反映在价、量上就往往呈现出这种一种趋势规律：价增量增，价跌量减。根据这一趋势规律，当价格上升时，成交量不再增加，意味着价格得不到买方确认，价格的上升趋势就将会改变；反之，当价格下跌时，成交量萎缩到一定程度就不再萎缩，意味着卖方不再认同价格继续往下降了，价格下跌趋势就将会改变。成交价、成交量的这种规律关系是技术分析的合理性所在，因此，价、量是技术分析的基本要素，一切技术分析方法都是以价、量关系为研究对象的，目的就是分析、预测未来价格趋势，为投资决策提供服务。

二、股票投资技术分析的理论基础

(一)道氏理论

道氏理论以市场平均价格指数解释和反映市场的大部分行为，认为市场运行可划分为三种趋势：长期趋势、中期趋势和短期趋势。同时，该理论认为成交量在市场趋势中起重要作用，而在成交价格中，收盘价最为重要。道氏理论最为核心的内容是提出了股市运行的任何时候都可以用长期趋势、中期趋势和短期趋势三种趋势来概括。

1. 长期趋势

长期趋势，又称主要趋势，即市场股价广泛、全面的上升或下降的变动状况，这种波动持续的时间通常为一年或一年以上，股价波动的幅度超过20%。长期趋势持续上升形成多头市场，即牛市；持续下跌形成空头市场，即熊市。道氏理论侧重分析长期趋势，并认为无论是多头市场还是空头市场，基本趋势都由三个阶段组成。

(1)多头市场的三个阶段

①第一阶段。出现在空头市场第三阶段的末端,在股市长期低迷之中,敏感的投资者感到市场将有变化,开始逐步进货,但大多数投资者仍在观望。因此,股价渐有回升,交易并不活跃。

②第二阶段。经济景气开始回升,公司经营状况与财务状况开始好转,投资者信心增强,交易量大增,股价持续上升并可维持较长时间。

③第三阶段。利好消息广为传播,社会公众大量入市,交易量骤增,股价陡升,投机泛滥。

(2)空头市场的三个阶段

①第一阶段。多头市场的尾声,敏感的投资者意识到股价已到顶点,开始逐步出货,股价下跌,但大多数投资者仍处于亢奋之中,不断抢入,促使股价反弹。因此,交易量仍维持较高水平。

②第二阶段。多数投资者认识到熊市的到来,竞相出售股票,卖多买少,交易量大幅度减少,股价急剧下跌,随之股市进入牛皮市。

③第三阶段。股价过低,已无暴跌现象,市场利空消息弥漫,绩优股也因投资者信心丧失而纷纷下跌,投机股的跌幅则更深,由于购买者极少,交易量不大,此时空头市场即将结束。

2.中期趋势

中期趋势,又称次要趋势,它发生在长期趋势的过程中,并与长期趋势运动方向相反,对长期趋势产生一定的牵制作用,即在上涨的长期趋势中会出现中期回落下跌,在下跌的长期趋势中会出现中期反弹回升。但是,中期趋势并不会改变长期趋势的发展方向。当中期趋势上升时,其波峰一波比一波低,表示长期趋势仍在下跌;当中期趋势下跌时,其谷底一波比一波高,表示长期趋势仍在上升。中期趋势持续的时间从三周至数月不等,股价的变动幅度一般为股价长期趋势的50%左右。通常一个长期趋势过程中会出现若干个中期趋势。因此,当股市出现回落下跌或反弹回升时,如何及时正确区分是中期趋势变动还是长期趋势的根本转向尤为重要。

3.短期趋势

短期趋势,又称日常波动,它反映了股价在数日内的变动趋势,中期趋势通常由三个或三个以上的短期趋势所组成,一个短期趋势一般长则数天,短则数小时。短期趋势因持续时间太短,所以它除了对一些短期投资者从事买卖活动有意义外,对中长期投资者意义不大。

道氏理论开创了技术分析之先河，为后来技术分析的发展奠定了基础。首先，道氏理论具有合理的内核和严密的逻辑，指出了股市循环与经济周期的变动联系，在一定程度上能对股市的未来变动趋势作出预测与判断。其次，根据道氏理论编制的股价平均数与股价指数是反映经济周期变动的灵敏的“晴雨表”，被认为是判断经济周期变动最可靠的领先指标。同时，实践也表明，道氏理论对预测经济与金融行情，指导证券投资活动等具有重要意义。这是因为，道氏理论创立以来曾经多次在股市长期趋势的转折关头及时发出准确的信号，最为典型的是正确而成功地预测了 1929 年 10 月以后，美国及世界股市多头市场即将结束，空头市场即将来临。

但是，道氏理论本身也具有很大的局限性，主要表现在以下方面：(1)道氏理论侧重于长期分析，而不能用于短期分析，更不能指明最佳的买卖时机；(2)道氏理论对基本趋势反转的判断，通常要在反转行情已经进行一段时期以后才能确定，因此它的预告具有滞后性；(3)道氏理论过于偏重股价平均数，而没有给投资者指出具体的投资对象。

（二）波浪理论

波浪理论认为，不管是股票还是商品的价格波动，都与大自然的潮汐和波浪一样，一浪跟着一浪，周而复始，具有相当程度的规律性，展现出周期循环的特点。因此，投资者可以根据这些规律性的波动预测价格未来的走势，并据此进行投资决策。

波浪理论的主要内容是：(1)认为股价指数的上升和下跌将会交替进行。(2)提出推动浪和调整浪是价格波动两个最基本形态，而推动浪，即与大势走向一致的波浪，可以再分为五个小浪，一般用第 1 浪、第 2 浪、第 3 浪、第 4 浪和第 5 浪来表示；调整浪，即与大势走势不一致的波浪，也分为三个小浪，通常用 A 浪、B 浪和 C 浪来表示。(3)在上述八个波浪完毕之后，一个循环即告完成，将进入下一个八浪循环。(4)时间的长短不会改变波浪的形态，因为市场会依照其基本形态发展。波浪理论的上述内容如图 10-2 所示。

波浪理论还对各浪的升降程度给出了具体标准。

对推动浪来说，浪 2 通常会调整到浪 1 的 0.5 到 0.809 倍之间；浪 3 的涨幅一般相当于浪 1 的 1.618 倍或 2.618 倍；浪 4 的跌幅一般相当于浪 3 涨幅的 0.382 倍，有时可达到 0.5 倍，但一般不会超过 0.618 倍；浪 5 的涨幅通常可达到浪 1 和浪 3 总涨幅的0.382到 0.618 倍。

对调整浪来说，A 浪的跌幅通常不会超过浪 1 和浪 5 总涨幅的 0.5 倍；B 浪的反弹过程一般是 A 浪的 0.382 倍；C 浪的最终目标值可根据 A 浪的幅度

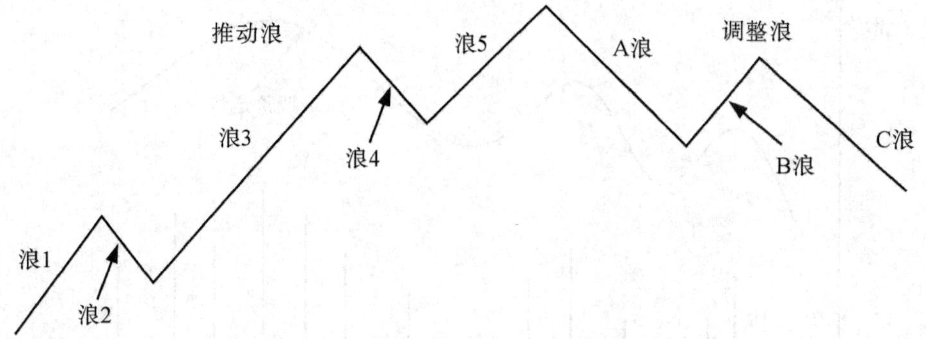

图 10-2 波浪理论描述的一个完整的循环

来估计，在实际走势中，通常会是 A 浪的 1.618 倍，但 C 浪的下跌幅度一般不会超过浪 1 至浪 5 总涨幅的 0.667 倍。

此外，一般来说，各个波浪持续的时间与其他波浪持续的时间也具有0.382或 0.618 的黄金比率关系。

从波浪的构成及其数据基础来看，波浪理论似乎颇为简单和容易运用。但是实际上，由于每一个上升和下跌的完整过程都包含一个八浪循环，而且大浪中有小浪，小浪中有细浪，因此，使“数浪”变得繁杂和难以把握，再加上其推动浪和调整浪经常出现延伸浪等变化形态，使得对浪的准确划分更难。这两点构成了波浪理论实际应用中的最大难点。

（三）量价理论

量价理论认为，成交量是股市的动力，成交量的变动，直接表现了股市交易是否活跃，而且它还体现了市场运作过程中的供给与需求间的动态实况。没有成交量的发生，市场价格就不可能发生变动，也就无股价趋势可言。量价理论主要包括以下主要观点：

1. 认为成交量和股价的关系是，股价上升时，成交量增加；股价回落时，成交量减少。

2. 认为成交量因后继不足，不能显示出正进行的趋势时，股价趋势即将反转。

3. 认为成交量与股价涨跌背离时，股价趋势也将反转。

4. 提出了“量比价先”的标准，即无论在空头市场还是多头市场，成交量的变动都先于股价的变动，成为股价的先行指标。

典型的成交量与股价趋势的关系图如图 10-3 所示。

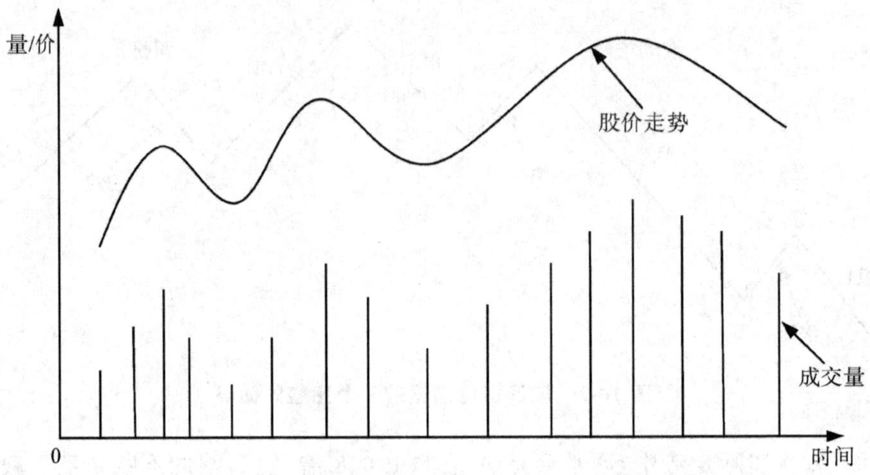

图 10-3　典型的成交量与股价趋势的关系图

三、技术指标分析法

技术指标是股票投资中常用的分析手段。所谓技术指标,就是市场分析人士根据某种投资理论或投资经验,以价格、成交量、涨跌家数等市场参数为基础,建立一个数学模型,给出数学上的计算公式,得到一个体现股票市场的某个方面内在实质的数字,这个数字叫指标值,指标值还可以连接成线。投资者根据指标的具体数值或不同指标值之间的相互关系,来推测股市所处的状态,为投资行为提供指导。

历史上曾经出现的技术指标数不胜数,常用的也有几十种之多。我们选几种最常见的技术指标来介绍。

(一)移动平均线

移动平均线(MA)是指连续 n 天股票价格的算术平均数,即 $MA=\frac{n\text{天的收盘价之和}}{n}$。它具有趋势性、平稳性、持续性和时间性四大特点。

移动平均线的趋势性表现在它能显示价格的运行方向;平稳性体现在它能将某一天较大的价格波动平均到 n 天中,从而不受局部价格波动的影响;持续性体现在当价格突破 MA 后,无论是向上突破还是向下突破,价格都会继续向上或向下;时间性则体现在它的有效性会随时间的延长而加强,即随着 n 的延长,MA 的有效性随之加强。

在下述三种情况下,移动平均线给出了比较明显的买入信号:

(1)当 MA 从下降开始走平,而价格从下向上穿过 MA 线时。如图 10-4 中图 A 所示。

(2)当价格连续上升远离 MA,突然下跌,但到 MA 附近再度上升时。如图 10-4 中图 B 所示。

(3)当价格跌破 MA 平均线并持续暴跌,远离平均线时。如图 10-4 中图 C 所示。

相反的,在下述三种情况下,移动平均线给出了明显的卖出信号:

(1)当 MA 从上升开始走平,而价格从上向下穿过 MA 线时。如图 10-4 中图 D 所示。

(2)当价格连续下降远离 MA,突然上升,但到 MA 附近再度下降时。如图 10-4 中图 E 所示。

(3)当价格上穿 MA 平均线并持续暴涨,远离平均线时。如图 F 所示。

(二)相对强弱指标法

相对强弱指标(RSI)反映了股价变动的四个因素:上涨的天数、下跌的天数、上涨的幅度以及下跌的幅度。它对股价的四个构成要素都加以考虑,所以在股价预测方面的准确度较高。其计算方法是:

$$\mathrm{RSI}=100-\frac{100}{1+\mathrm{RS}}$$

其中,RS 又称相对强弱值,它等于 n 日内收市价上涨幅度总和除以 n 日内收市价下跌幅度总和。

由上式可知,强弱程度被限定在 0 到 100 之间。在股市的长期发展过程中,绝大部分时间里相对强弱指数的变化范围介于 30 到 70 之间,其中又以 40 到 60 之间的机会最多,超过 80 或低于 20 的机会较少,而出现机会最少的是高于 90 或低于 10。

RSI 给出的买入信号有:当 RSI 低于 15 时,市场处于超卖状态,即股价随时有可能反弹;当 RSI 在 50 以上时,为强势市场,可考虑参与市场的上升势头。

RSI 给出的卖出信号有:当 RSI 高于 85 时,市场处于超买状态,即股价随时有可能反转下跌;当 RSI 在 50 以下时,为弱势市场,投资者可考虑卖出。

需要注意的是,当 RSI 在 50 以上,即强势市场时,其给出的买卖信号的准确性较高。此外,当 RSI 与股价走势出现背离时,一般为反转信号,此时投资者应选择正确的买卖时机。

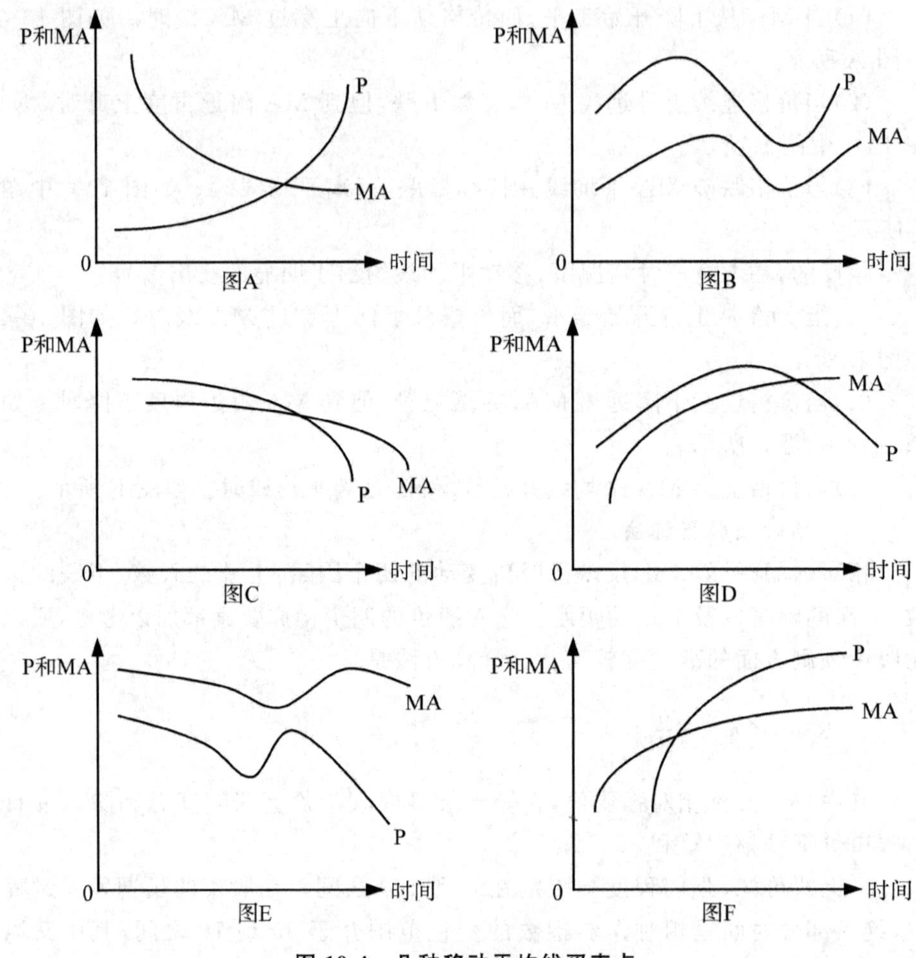

图 10-4　几种移动平均线买卖点

(三)腾落线

腾落线(ADL),即升降线。该指标计算每天股票上涨家数与下降家数的累积结果,并与价格指数相对比,以预测大盘的未来趋势。其计算方法是:

今日 ADL＝前日 ADL－NA－ND

式中,NA 为今日市场中的上涨家数,ND 为今日市场中的下降家数。

ADL 指标的应用原则是:ADL 与价格指数同步上升或下降,则大盘的上升或下降趋势将可能延续,即它会降低其他指标所预示的反转走势的可能性。

ADL 连续上升三天，而价格指数却连续下降三天或以上，这种背离现象是一种买入信号；反之，ADL 连续下降三天，而价格指数却连续上升三天或以上，这种背离现象是一种卖出信号。价格指数进入高位，而 ADL 却走平或下降，这种背离预示市场将反转下跌；反之，价格指数进入低位，而 ADL 却开始上升，预示市场将反转上升。

应用 ADL 指标的注意事项是：一方面，ADL 只看相对趋势，不看取值大小；另一方面，ADL 只适于分析大盘趋势，不适于分析个股。此外，ADL 要与指数线联合使用，而不能单独使用。

(四)涨跌比率

涨跌比率(PROC)，即价格变化率。它通过计算股价某一段时间内收盘价变动的比例，并结合价格的移动比较来测量价位动量，以达到事先探测股价买卖供需力量强弱的目的；是测量价位动量的一种方法。其计算方法为：

$$\text{PROC}=\frac{\text{当日收盘价}-n\,\text{日前收盘价}}{n\,\text{日前的收盘价}}\times 100$$

该指标的含义是：若 PROC 在零之上且继续上升，表示上涨动量继续增加；若 PROC 在零之上，但目前正处于下降情形，表示上涨动量已降低，卖点出现。若 PROC 在零以下且继续下降，表示下跌动量仍在增加；若 PROC 在零以下，但已反转上升，表示下跌动量已减弱，买点出现。PROC 指标在应用中应注意与移动平均线相配合。

四、股票价格走势的形态分析法

股票价格走势的形态主要包括整理形态与反转形态两种，前者是股价在维持原有运行方向基础上趋势暂时停止的形态，后者则是股价走势逆转前的形态。

(一)整理形态

整理形态不改变股价运动的基本走势，市场仅仅在股价某一水平作出必要调整，调整完成后股价仍沿着原来的趋势继续运动而不是趋势反转。整理形态主要有三角形、矩形、旗形、楔形等。

1. 对称三角形

对称三角形形成的特点是：如果在形态形成之前是上升趋势，则形态完成后一般继续上升；反之则会延续下降趋势。另外，一般该形态出现于一个大的趋势过程中的短期整理，即趋势本身不受影响。对称三角形可以分为上升三角形和下降三角形两种，如图 10-5 所示。

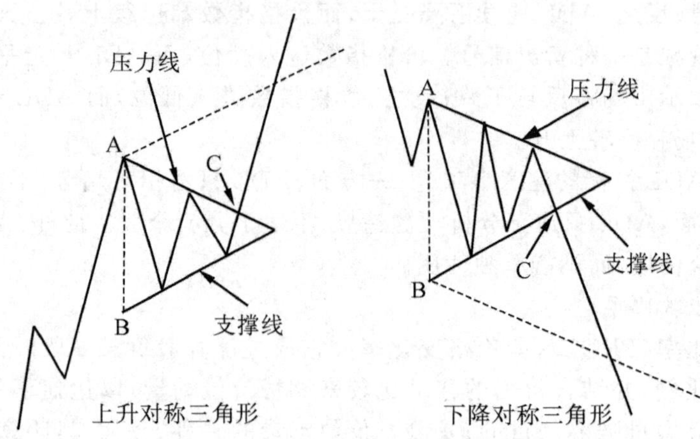

图 10-5　股票价格的对称三角形形态

一旦股价走势形成对称三角形，极可能是一个较好的进出时机：当延续前期走势上升时，可在突破整理，即突破压力线后买入；当延续前期走势下降时，可在突破整理，即跌破支撑线后卖出，等待抄底。

2. 旗形

旗形可以分为上升旗形和下降旗形两种形态。以上升旗形为例，其基本特征是：旗形形成前，一般有一旗杆；旗形从左至右成交量逐渐减少，但在形成之前和突破之后，成交量较大；一般旗面向右下方倾斜。旗形形态下，一旦其突破压力线，由于旗形一般会延续形成前的上升趋势，因此可以作出买入决策。上升旗形形态图如图 10-6 所示。

(二)反转形态

反转形态的出现表示股价运动将出现方向性转折，即由原来的上升行情转变为下跌行情或由原来的下跌行情转变为上升行情。反转形态出现的前提条件是原来确实存在着股价上升或下降的趋势，而当股价运动打破了一条重要趋势线时，可认为大势将发生反转。反转形态主要有头肩顶、头肩底、双重顶、双重底、三重底、三重顶、圆形顶、圆形底等。

1. 双重顶形

双重顶（又叫 M 头）的基本特征是：在上升趋势中，股价创出新高后回落整理，之后继续上行，但达到前期高点后回落，并跌破前次回落形成的支撑线，形成双重顶。它一般意味着上升趋势遭到破坏，形成反转下跌走势。

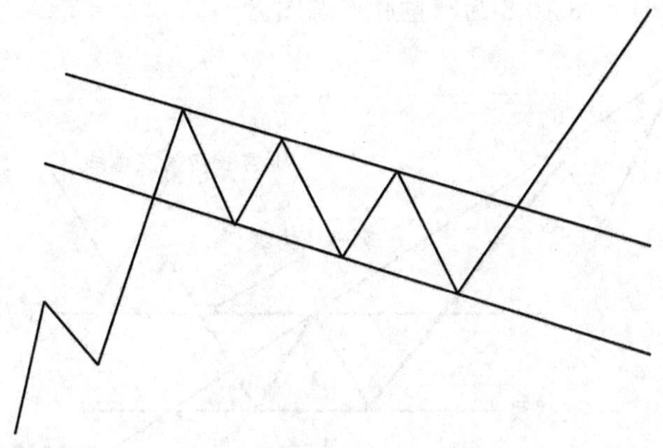

图 10-6 股票价格的上升旗形形态

由双重顶形态所得到的操作含义是：持仓者抛出，空仓者观望。此外该形态有两次出货机会：一是反弹没有突破前期高点，出货；二是下跌跌破支撑线，坚决出货。图 10-7 为双重顶形态图。

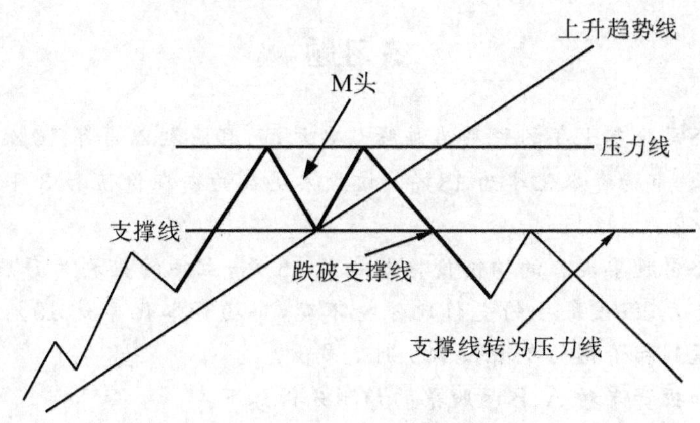

图 10-7 股票价格的双重顶形态

2. 双重底形态

双重底（又叫 W 底）的基本特征是：在下降趋势中，股价创出新低后反弹，之后再次下挫，但达到前期低点之前大幅反弹，并突破前次反弹形成的压力线，形成双重底。

由双重底形态所得到的操作含义是：为反转上升形态，可买入或持有。该形态有三次买入时机：一是突破下降趋势线后，二是突破压力线后，三是回调到压力线支撑时。图 10-8 为双重底形态图。

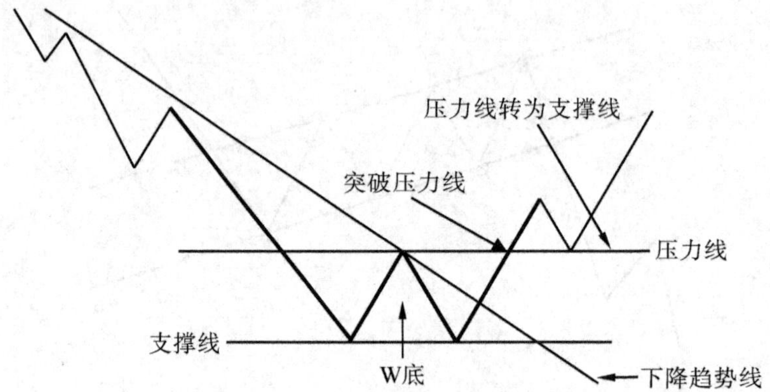

图 10-8　股票价格的双重底形态

除了双重顶、双重底形态外，还有头肩顶、头肩底、矩形等形态，这里不再一一赘述。

练习题

1. 某公司股票上年的股利为每股 0.8 元，而且股利以每年 10% 的增长率稳定地增长，市场资本化率为 13%。该股票现在的内在价值和 3 年后的期望价格是多少？

2. 某公司股票现在的均衡价格是每股 15 元，上年的盈利为每股 2 元，股利为每股 1 元，假设每年的支付比保持不变，市场资本化率是 15%。则该股票的预期盈利和价格的年增长率分别是多少？

3. 已知投资者对 A、B 两股票的预测分析如下：

	A 股票	B 股票
市场资本化率(%)	12	13
第一年的每股盈利(元)	1	1.2
第一年的每股股利(元)	0.6	0.8
再投资的预期收益率(%)	20	18
现在的价格(元)	23	18

假设两公司每年的支付比恒定不变，问：①两只股票股利的年增长率分别

是多少？②两只股票现在的内在价值是多少？③现在投资者会投资于哪只股票？

4.某公司上年的每股盈利为1.5元，每年从盈利中拿出60%进行再投资，再投资项目的预期收益率在前5年是每年25%，从第6年开始是每年6%，投资者认为该公司的市场资本化率是15%，问：①该股票的内在价值是多少？②该股票一年后的价格应该是多少？③如果该股票的现价等于其内在价值，它一年后的预期股利收益率是多少？现在投资于该股票，一年后的资本利得是否与其市场资本化率相等？

第十一章

远期与期货投资分析

学习要求

1. 了解远期合约的含义及其产生过程，掌握远期合约的定价方法，以及远期合约的价值。

2. 初步学习了解期货合约的相关知识，包括期货合约的定义、主要功能、期货合约要素以及期货合约的交易制度。

3. 进一步学习了解期货合约的定价方法，重点掌握几种主要的期货合约，包括外汇期货、股指期货以及利率期货的定价方法。

过去的两章我们针对固定收益证券和权益证券进行了投资分析，介绍了债券和股票的特点与定价，在接下来的两章中，我们将介绍三种主要的金融衍生工具：远期、期货和期权。

第一节　远期合约及其定价

一、远期合约的产生与内容

远期合约是 20 世纪 80 年代初兴起的一种保值工具，它是一种交易双方约定在未来的某一确定时间，以确定的价格买卖一定数量的某种商品的合约。合约中要规定交易的标的物、有效期和交割时的执行价格等项内容。它是为了规避现货交易风险而产生的。

随着商品经济的出现，市场上的交易双方可以通过交易实现自己利益的最大化。但商品市场上的现货交易的最大缺点在于无法规避价格风险。例如，一个农场主收益的多少完全取决于农作物收割时市场上农作物的价格，如果农作物收割时价格低于成本，农场主不但无法获得收益，而且有亏本的风险。远期合约的出现在一定程度上降低了这种风险，使买卖双方能够消除未来资产交易的不确定性。

远期合约所涉及的资产可以是大豆、石油等商品，也可以是外汇和利率等金融工具。在合约中规定在将来买入标的物的一方称为多方，而在未来卖出标的物的一方称为空方。合约中规定的未来买卖标的物的价格称为交割价格。如果信息是对称的，而且合约双方对未来的预期相同，那么合约双方所选择的交割价格应该等于远期价格，即使合约的价值为零。

远期合约的优点以及不足都非常明显。远期合约与下一节中要介绍的期货合约相比，灵活性较大，这也正是远期合约的主要优点。远期合约是非标准化的合约，即它不在交易所交易，而是在金融机构之间或金融机构与客户之间通过谈判后签署的。已有的远期合约也可以在场外市场交易。在签署远期合约之前，双方可以就交割地点、交割时间、交割价格、合约规模和标的物的质量等细节进行谈判，以尽量满足双方的需要。

但远期合约的缺点同样明显。首先，由于远期合约没有固定的、集中的交易场所，不利于信息交流和传播，不利于形成统一的市场价格，市场效率较低；其次，由于每份远期合约千差万别，这就给远期合约的流通造成较大不便，因此远期合约的流动性较差；最后，远期合约的履行没有保证，当价格变动对一方有利时，另一方有可能无力或无诚意履行合约，因此远期合约的违约风险较高。

二、远期合约的定价

通过上一部分的介绍，我们知道，在远期合约的签订中，交易双方就某项资产到期时的执行价格达成一致，即交割价格。那么这个价格是如何确定的？它与现货价格的关系是什么？为解决这一问题，我们首先来研究现货—远期平价定理。

(一)现货—远期平价定理

为分析简便起见，我们首先做如下假设：

(1)没有交易费用和税收。

(2)市场参与者能以相同的无风险利率借入和贷出资金。

(3)远期合约没有违约风险。

(4)允许现货卖空。

(5)当套利机会出现时,市场参与者将参与套利活动,从而使套利机会消失,我们得到的理论价格就是在没有套利机会下的均衡价格。

(6)期货合约的保证金账户支付同样的无风险利率。这意味着任何人均可不花成本地取得远期和期货的多头和空头地位。

下面我们可以通过无套利定价法来说明现货—远期平价定理。其基本思路为:构建两种投资组合,令其终值相等,则其现值一定相等。这样,我们就可根据两种组合现值相等的关系求出远期价格。

首先,我们构建如下两个组合:组合 A:一份远期合约多头加上一笔数额为 $Ke^{-r(T-t)}$ 的现金;组合 B:一单位标的资产。

其中,T 为远期和期货合约的到期时间,单位为年;t 为现在的时间,单位为年。变量 T 和 t 是从合约生效之前的某个日期开始计算的,$(T-t)$ 代表远期和期货合约中以年为单位的距离到期的剩余时间。K 为远期合约中的交割价格。r 为 T 时刻到期的以连续复利计算的 t 时刻的无风险利率。

另外,我们设 S 为期货标的资产在时间 t 时的价格;S_T 为远期标的资产在时间 T 时的价格;f 为远期合约多头在 t 时刻的价值,即 t 时刻的远期价值;F 为 t 时刻的远期合约和期货合约中的理论远期价格和理论期货价格。

在组合 A 中,$Ke^{-r(T-t)}$ 的现金以无风险利率投资,投资期为$(T-t)$。到 T 时刻,其金额为:

$$Ke^{-r(T-t)}e^{r(T-t)}=K$$

在远期合约到期时,这笔现金刚好可用来交割换来一单位标的资产。这样,在 T 时刻,两种组合都等于一单位标的资产。根据无套利原则:终值相等,则现值一定相等,这两种组合在 t 时刻的价值必须相等。即:

$$f+Ke^{-r(T-t)}=S$$

因此有:

$$f=S-Ke^{-r(T-t)}$$

这个公式表明,无收益资产远期合约多头的价值等于标的资产现货价格与交割价格现值的差额。我们也可以这样理解,一单位无收益资产远期合约多头等价于一单位标的资产多头 $Ke^{-r(T-t)}$ 和单位无风险负债的资产组合。

由于远期价格就是使远期合约价值为零的交割价格 K,即当 $f=0$ 时,K

$=F$。据此可令上式中的 $f=0$，则 $F=Se^{r(T-t)}$。这就是无收益资产的现货—远期平价定理。

为了证明无收益资产的现货—远期平价定理，我们用反证法证明等式不成立时的情形是不均衡的。

若 $K>Se^{r(T-t)}$，即交割价格大于现货价格的终值。在这种情况下，套利者可以按无风险利率 r 借入 S 现金，期限为 $T-t$。然后用 S 购买一单位标的资产，同时卖出一份该资产的远期合约，交割价格为 K。在 T 时刻，该套利者就可将一单位标的资产用于交割换来现金 K，并归还借款本息 $Se^{r(T-t)}$，这就实现了 $K-Se^{r(T-t)}$ 的无风险利润。

若 $K<Se^{r(T-t)}$，即交割价值小于现货价格的终值。套利者就可进行反向操作，即卖空标的资产，将所得收入以无风险利率进行投资，期限为 $T-t$，同时买进一份该标的资产的远期合约，交割价格为 K。在 T 时刻，套利者收到投资本息 $Se^{r(T-t)}$，并以 K 现金购买一单位标的资产，用于归还卖空时借入的标的资产，从而实现 $Se^{r(T-t)}-K$ 的利润。

从上面的分析我们可以得出，在一个有效市场中，即不存在套利机会的情况下，使远期合约价值为零的交割价格 K 一定等于 $Se^{r(T-t)}$。

（二）远期合约的价值

区分远期价格和远期合约的价值是很重要的。我们知道，远期价格是市场为今天交易的一个远期合约而制定的价格，它使得远期合约的当前价值为零；而远期合约的价值是合约本身的价值，它等于标的资产现货价格与交割价格现值的差额。显然，在零时刻，远期合约的价值为零，即 $K=F_0=S_0e^{rT}$。随着时间推移，远期理论价格有可能改变，而原有的交割价格则不可能改变，因此原有合约的价值就不再为零。比如在 t 时刻，远期价格为 $F_t=S_0e^{r(T-t)}$，即远期合约的价值为：

$$f=S_T-Ke^{-r(T-t)}$$

第二节　期货投资概述

一、期货合约的定义

（一）期货合约的定义

期货合约是关于买卖双方在未来某个约定的日期以签约时约定的价格交

换某一数量的某种物品的标准化协议，是标准化的远期交易合约，其标准是由推出期货合约的期货交易所制定的。合约的标准化主要包括以下5个方面：(1)数量和数量单位的标准化。期货合约的标准化首先是每一合约交易标的数量及数量单位的标准化。(2)商品质量等级的标准化。期货交易所对上市的期货商品规定了统一的质量等级，一般交易所在制定质量等级标准时，多采用国际贸易最通用和交易量较大的商品的质量等级。(3)交收地点的标准化。由于商品期货多用于大宗货物买卖，因此，期货交易所为交易规定了统一的实物商品交收的仓库，这就规定了商品交割的标准地点。(4)交割期的标准化。金融期货合约的交割期和停止交易日都是事先由交易所安排好的。(5)交割方式的标准化。期货交易所会对各种期货合约的交割方式作出规定。通常交割月份的第一个交易日被指定为第一通知日，自第一通知日起，买方随时都可能收到卖方在第一通知日通过经纪公司，再通过清算所及买方的经纪公司传来的交收通知或交割通知。买方在收到交收通知或交割通知之后，即应着手进行实货收受和货款交付。

与远期合约相比，期货合约具有明显的优势，由于期货合约把交易的数量、质量、交割的地点、交割期及交割方式都标准化了。合约的买卖双方要关注的只是合约的价格，这就降低了交易的成本、加快了交易的速度，从而大大增加了期货合约的交易数量。当然，期货合约也并非尽善尽美，期货合约的标准化也带来了问题，它难以满足对交易的数量、质量、交割的地点或交割期有特殊需求的客户的需要，因此，尽管与期货合约相比较，远期合约的成本较高，但是，远期合约还是存在大量的需求者。因为远期合约可以提供量身定做的服务。

(二)期货合约与远期合约的区别

下面，我们对期货合约和远期合约进行详细的比较，以帮助大家理解期货合约和远期合约的异同。

首先，期货合约和远期合约的交易对象不同。期货交易的对象是交易所统一制定的标准化期货合约，可以说期货不是“货”，而是一种合同，是一种可以反复交易的标准化合约，在期货交易中并不涉及具体的实物商品，实物交割只是极少的一部分。远期交易的对象是交易双方私下协商达成的非标准化合同，所涉及的商品没有任何限制。远期合同代表两个交易主体的意愿，交易双方通过一对一的谈判，就交易条件达成一致意见而签订远期合同。

其次，期货合约和远期合约的功能不同。期货交易的主要功能是规避风险和发现价格。期货交易是众多的买主和卖主根据期货市场的规则，通过公开、公平、公正、集中竞价的方式进行的期货合约的买卖，容易形成一种真实而权威的期货价格，指导企业的生产经营活动，同时又为套期保值者提供了规避、转移价格波动风险的机会。远期交易尽管在一定程度上也能起到调节供求关系、减少价格波动的作用，但由于远期合同缺乏流动性，所以其价格的权威性、分散风险的作用自然也就大打折扣。

再次，期货合约和远期合约的履约方式不同。期货交易有实物交割与对冲平仓两种履约方式，其中绝大多数期货合约都是通过对冲平仓的方式了结。远期交易履约方式主要采用实物交收方式，虽然也可采用背书转让方式，但最终的履约方式是实物交收。

最后，期货合约和远期合约的信用风险不同。在期货交易中，以保证金制度为基础，每日进行结算，信用风险较小。远期交易从交易达成到最终完成实物交割有相当长的一段时间，此间市场会发生各种变化，各种不利于履约的因素都有可能出现。如买方资金不足、不能如期付款；卖方生产不足，不能保证供应；市场价格趋涨，卖方不愿按原定价格交货；市场价格趋跌，买方不愿按原定价格付款等等。这些都会使远期交易不能最终完成，加之远期合同不易转让，所以远期交易具有较高的信用风险。

二、期货合约的基本功能

根据我们上文所介绍的期货合约的内容不难发现，期货合约具有风险管理和价格发现的功能，另外，期货合约也能满足市场上的投机者的需求，下面，我们来详细介绍期货合约的这些功能是如何实现的。

(一)风险管理功能

与远期合约一样，期货合约产生的目的是避免可能的价格波动给生产者或需求者带来的损失，因此，套期保值是期货发展的最初目的。所谓套期保值就是利用期货合约为现货市场上的商品买卖交易进行保值。具体的方式是：现货的实际供给者在期货市场上卖出期货合约，卖出的合约规模恰好等于他准备将来在现货市场上出售商品的数量；现货的实际需求者在期货市场上买进期货合约，买进的合约规模恰好等于它准备将来在现货市场上买入商品的数量。套期保值的实质是放弃未来价格可能发生对己有利变动所带来的利益，以避免未来价格可能发生对己不利变动所带来的损失。它的实际效果是现在就把未来的价格锁定。

从严格的意义上来说，套期保值交易只能转移价格风险，而不能真正回避风险，也就是说，它只是将风险转移到其他交易者身上，而市场的总风险是不变的。风险转移者要转移自身的风险，必然要让渡一部分利润给风险承担者，才能吸引更多的人来参与交易。因此，从这个角度讲，期货不仅是一个风险规避工具，同时也是一种风险投资工具，风险利润诱惑更多的投资资本流入到期货市场，从而扩大了期货市场的规模，从经济学上讲，资本注入会提高市场的运行效率，扩大市场的总效用。

（二）价格发现功能

期货合约的另一个重要功能是价格发现功能。在市场经济条件下，价格是根据市场供求状况形成的。在期货市场上，集聚着众多的商品生产者、销售者、使用者和投机者，他们对商品未来价格抱着不同的预期汇集在一起，按一定的期货交易法规，通过有秩序的公开竞争和讨价还价，形成一个“权威价格”，由于这种价格不是个别交易的结果，而是在某种商品的大量供给者和需求者之间通过公开、公平、公正竞争形成的价格，因而比较真实地反映了社会供求状况，克服了分散交易形成价格的时空局限性和信息的不完全性，从而使产生的期货价格具有真实性、预期性、权威性、公开性等特点，也因此形成了期货市场的价格发现功能。价格发现功能对于市场经济、国民经济的运行具有重要的意义。一方面，期货市场形成的价格可以指导生产、流通和消费，提高经济运行效率。另一方面，期货市场的价格发现功能使期货市场具有平抑物价波动的作用。

（三）投机功能

在提供了规避风险和价格发现两种功能的同时，期货合约也给市场上投机者提供了机会。期货市场中的投机是指在期货交易中进行买入、卖出的活动，投机者进行交易的基础是对市场变化前景的判断。如果认为哪种期货合约的价格会上涨，就会买入合约，如果判断准确，通过对冲手中的合约就可以获得利润；反之，就卖出合约，如果判断准确，也可以在对冲后获得利润。当然，如果判断失误，就会亏损。投机者是期货市场的重要组成部分，是期货市场必不可少的润滑剂。投机交易增强了市场的流动性，承担了套期保值交易转移的风险，是期货市场正常运营的保证。市场中如果只有套期保值者参与期货交易，那么只有在买入套期保值者和卖出套期保值者的交易数量完全相符时，交易才能成立，风险才能得以转移。但从实际交易中看，买入套期保值者和卖出套期保值者之间的不平衡是经常发生的。如果没有大量的投机者存在，整个市场的流动性、灵敏性都将大大降低，搜寻成本将大大提高。因此可以说，没有投机，就没有期货市场。当然，期货市场的过度投机会损害期货市场正常功能的发挥。

三、期货合约要素

(一)期货品种

期货品种是指具有期货商品性能,并经过批准允许进入交易所进行期货买卖的品种,通常分为商品期货和金融期货两种。

(二)交易单位

交易单位,是指在期货交易所交易的每一份期货合约所规定的交易数量。在交易时,只能以交易单位的整数倍进行买卖。确定期货合约交易单位的大小,主要应当考虑合约商品的市场规模、交易者的资金规模、期货交易所会员结构以及该商品现货交易习惯等因素。期货合约交易单位的标准化,极大地简化了期货交易过程,提高了市场效率,使期货交易成为一种只记录期货合约买卖数量的交易。

(三)最小变动单位

期货合约的最小变动单位是指在期货交易所的公开竞价过程中,商品或金融工具期货价格的最小变动数值,有了最小变动单位的规定,竞价双方就都有了标准,在相同的价位上就可以成交。最小变动价位乘以合约交易单位,就是这种商品或金融工具期货合约的最小变动值。期货合约最小变动单位的确定,取决于该合约商品的种类、性质、市场价格波动情况和商业规范等。

(四)每日价格最大波动幅度限制

每日价格最大波动幅度限制是指由期货交易所规定的,某种商品或金融工具期货价格在每个交易日的最大允许涨跌幅度。该条款的规定的目的在于防止价格波动幅度过大而造成交易者的重大损失,但同时阻碍了价格迅速移向新的均衡水平。从经济效率上讲,它由于阻止了市场及时恢复均衡,限制了价格发现功能的实现。涨跌停板的确定,主要取决于该种商品现货市场价格波动的频繁程度和波幅的大小。一般来说,商品的价格波动越频繁、越剧烈,该商品合约的每日涨跌停板就应设置大一些,反之则小一些。

(五)合约月份

指期货合约到期交割的月份。一般来说,对于某种商品或者金融工具的期货合约,期货交易所均规定若干个标准化的合约月份。在金融期货中,除少数合约有特殊规定外,绝大多数合约的交割月份都定为每年的 3 月、6 月、9 月和 12 月。商品期货合约月份的确定,一般由其生产、使用和消费等特点决定。此外,合约月份的确定还受该合约商品的储藏、保管、流通、运输方式和特点等的影响。

(六)交易时间

期货合约的交易时间是固定的。每个交易所对交易时间都有严格的规定,不同的交易所可以规定不同的交易时间。一般每周营业日5天,周六、周日及国家法定节假日休息。一般每个交易日分为两盘,即上午盘和下午盘。各交易品种的交易时间也可以不同,由交易所安排。

(七)最后交易日

最后交易日是指期货合约进行交易的最后期限,过了这个期限未通过对冲清仓的期货合约,必须进行实物交割或现金结算。根据不同期货合约商品的生产、消费和交易特点,期货交易所确定其不同的最后交易日。

(八)交割等级

交割等级是指由交易所统一规定的、准许上市交易的合约商品的质量等级。在进行期货交易时,交易双方无须对商品的质量等级进行协商,发生实物交割时按期货合约规定的标准质量等级进行交割。交易所在制定合约商品的等级时,常常采用国内或国际贸易中最通用和交易量较大的标准品的质量等级作为标准交割等级。

(九)其他交割条款

其他交割条款是指出交易所规定的各种期货合约中到期未做对冲平仓而进行实际交割的各项条款,包括交割日、交割方式和交割地点等。

四、期货合约的交易制度

从本质上来说,期货合约是为了克服远期合约的信用风险而设计出来的,因此,期货交易设定了特定的交易制度以达到降低信用风险的目的,下面我们来逐一介绍期货合约的交易制度。

(一)保证金制度

远期合约是交易双方直接签约,每一方都面对着相对较大的违约风险。与远期合约相比,期货合约虽然是在买卖双方之间达成的,但买卖双方都是与期货交易所或交易所的清算部门签订合约,交易所承担了客户可能的违约风险。为了防止客户违约给交易所带来的损害,交易所采取了向客户收取保证金的措施。保证金的比率通常很低,常常是5%或者更低。这一比率通常是根据该标的资产在一个交易日的价格变化幅度的概率计算出来的,或者是根据期货合约的涨跌停板制度规定的。保证金制度一方面确保了期货交易的安全性，另一方面，保证金制度使期货投资具有很强的杠杆作用，用较少的资金就可以买卖较大金额的合约。在利用期货合约进行套期保值和套利时，它可以降低运作的成本；在进行投机交易时，若判断正确，它可以使投资带来较高的回报，但判断错误，会使投资造成更大的损失。也就是说，保证金是一把双刃剑，使期货投资者相对于标的资产的直接投资，可能获取更高的收益，也可能遭受更大的损失。

（二）盯市

盯市是期货交易的最大特征，又称为“逐日结算”，即在每个营业日的交易停止以后，成交的经纪人之间不直接进行现金结算，而是将所有清算事务都交由清算机构办理。清算机构依据清算价进行清算，在每个交易日为其会员公司的账户计算出盈亏。假如经盯市后某会员的账户余额降至维持保证金水平以下，就必须立即追加保证金；反之，在盈利的情况下会员公司则可随时提取超额部分。实际上，除了交易所清算机构与会员经纪人之间在每个营业日末作上述结算之外，一般客户在期货佣金商或期货经纪人开立的保证金账户也按此办理盯市。

盯市的作用在于使期货合约每天得到结算，而不像远期交易那样一直要等到到期日才对整个合约存续期间发生的盈亏进行一次性收付。这项制度性安排使得期货合约的价格在每个营业日末回到零。所以，从逐日实现损益的角度讲，期货合约类似于由一系列的期限为1天的远期合约所构成，即头寸每天被平仓，对盈亏进行支付结算后，在新的价位上重新开仓。

实行盯市制度是为了避免因发生违约而导致另一方当事人蒙受巨大损失而设计的，它对于保证期货合约的履行是至关重要的。从实践情况来看，这个制度运行得非常成功，即在期货交易中违约的现象极为少见。

（三）平仓

合约一方对合约的清偿除了实物交割外，还可以采用两种方式，第一种方式是在交割日，按照清算的结果，由期货合约交易中受损失的一方把合约价格与当时市场的现货价格之差补给对方。第二种方式是对冲平仓，这是期货合约买卖的主要清算方式，绝大多数期货合约是通过对冲平仓方式清算的。简单地说，对冲平仓就是在期货合约到期前，合约一方再签订一个相同日期、相同数额、相反内容的合约，以消除因原持有合约而承担的交割义务。对期货合约的买方来说，就是再卖一个相同数额、有相同到期月的期货合约；而对期货合约的卖方来说，就是再买一个相同数额、有相同到期月的期货合约。在实际操作中，入市者并不一定是全额对冲，他们往往希望再看看市场变化，希望有进一步交易的机会，所以，他们常常会一次只平掉一部分，分几次完成对冲的任务。当然，如果进行超额对冲，其效果就是平掉原有的合约，再作一次反向的投机。

（四）交割

在期货交易中真正的实物交割所占的比重极低，但只有确实可以进行实物交割，市场上可交付的现货足够多且流动性强，才能阻止一些人操纵市场的企图。期货合约的实物交割采取的是转让仓储栈单的形式，根据期货合约的标准化的要求，客户只接受交易所指定仓库的栈单。一般情况下，期货交易所把具体交割日期的选择权留给了卖者，因为他们认为，卖者更可能发现什么时候、什么地方的市场最便宜、最活跃。因此，由卖者决定会使交易更公平、成本更低。期货合约的卖方在交割期一般会通过期货经纪公司向交易所递交一份"交货计划通知书"，在通知书中应说明要交割的数量和卖者所确定的交割的各项选择，譬如准备交货的货物等级、交货的地点和时间。如果期货合约的多头持有人在通知接受交货的第一天之前并未将他的接受交割计划通知他的期货经纪公司，则公司一般拥有停止该客户交易或代客户在其账户接受交货的权利，因为经纪公司要担保其客户的交易行为。他们一般会要求在最后交易日的前一天还处于空头的交易者报告自己的计划：是实物交割还是对冲平仓。交易所收到的每一份交货通知书都要再发送到代理多头期货的经纪公司手中，公司决定通知书按什么次序发送给期货的多头客户，一般是规模优先，即先送给大的多头客户，也可以是按比率分配。收到通知书的多头期货的持有人必须无条件接受。

第三节　期货合约的定价

上一节，我们介绍了期货合约的概念、功能以及期货合约的交易制度，本节中，我们将向大家介绍期货合约的定价。首先，我们将阐述期货价格和现货价格的关系，然后，我们将介绍几种重要的金融期货的定价。

一、期货价格与现货价格之间的关系

（一）期货—现货平价定理

我们知道，期货价格能够较为准确地反映出现货市场上真实的供求状况及其变动趋势。因此期货和现货的价格之间必然存在着一定的联系。这种联系可以用持有成本理论来解释。

假定某企业在未来3个月后需要某种商品，它面临两种选择：一是立即买入3个月后交割的该商品的期货合约，将其持有到期，接受现货交割；二是它即买入该商品的现货，将其储存3个月后使用。购买期货合约，除了交付少量保证金外，不需要更多的投资。买入现货不仅需要一次性地交足货款，还必须支付从购买商品到使用商品期间的仓储费、保险费，并承担因将资金购买现货而不能进行其他投资所造成的机会成本。所以，在市场供求较正常的情况下，期货合约价格须高于现货的价格，以补偿持有现货的成本。

下面我们运用持有成本模型来推导期货—现货平价定理，首先，我们假设：

(1)期货市场是完全的，既没有税收和交易成本，也没有对期货合约自由买卖的限制。既没有套利存在，也没有市场摩擦。

(2)假定相关标的资产既可以卖空，又可以储存。

(3)市场是有效的，即卖空行为易于进行，相关标的资产有足够的供给，没有季节性调整与季节性消费等。

一方面，若交易者购买现货，并持有至期货合约到期日进行交易，就有确定的成本。为了避免套利的出现，期货价格应不大于标的资产的现货价格与至交割时产生的持有成本的和，即：

$$F_T \leqslant S_0(1+r_f)$$

这里，F_T 为 T 时刻交割的期货合约的现时价格，S_0 为相关资产的即期价格，r_f 为相对于 S_0 的从现时持有至期货交割的持有成本。

另一方面，当现货价格相对期货价格而言较高时，交易者则会通过卖空现货，并买进期货合约以获得套利利润。为了防止套利，金融期货价格不应小于相关资产现货价格与持有成本之和，即：

$$F_T \geqslant S_0(1+r_f)$$

由以上分析我们可以得到：

$$F_T = S_0(1+r_f)$$

这就是现货—期货平价定理。

(二)期货价格与现货价格走势一致

期货价格与现货价格走势一致是指期货价格与现货价格的变动方向相

同，变动的幅度也大致相同。这是因为同一品种的商品，其期货价格与现货价格受相同经济因素的影响和制约，因而其价格变动的趋势和方向有一致性。换句话说，对于同种商品而言，期货合约的标的物正是现货市场上交易的商品，因此，期货市场和现货市场受到同样的因素影响，这也导致了现货市场的价格和期货市场的价格变动方向相同。

（三）期货价格与现货价格到期聚合

期货价格与现货价格到期聚合是指随着期货合约交割月份的逼近，期货价格收敛于现货价格。当到达交割期限时，期货价格等于或接近于现货价格。期货价格收敛于现货价格是由套利行为决定的。假定交割期间期货价格高于现货价格，套利者就可以通过买入现货、卖出期货合约并进行交割来获利，从而促使现货价格上升，期货价格下跌。反之，如果在此期间现货价格高于期货价格，那么打算买入现货的人就会发现，买入期货合约等待空头交割比直接买入现货更合算，从而促使期货价格上升。这样，导致期货价格与现货价格在交割时趋于一致。

二、期货合约的定价

上一部分我们介绍了期货合约定价的基本原理，下面我们来介绍几种主要的金融期货的定价方法。

（一）外汇期货定价

外汇期货市场和外汇远期市场的存在使那些短期参与外币交易的个别交易者得以转移其汇率风险。如一个美国出口商将在3个月后收到100万欧元，那么，他就可以通过在外汇远期市场上出售3个月的远期欧元或在外汇期货市场上购买3个月期的美元期货合约来消除他所面临的汇率风险。

下面我们来研究外汇期货定价。

为研究外汇期货的定价，假设我们以美元为本币，定义S为当前1单位外币的美元价格，K为远期合约中约定的交割价格。外币持有者可以获得该种货币的无风险收益，定义 r_f 为外币的无风险利率，现构造如下两个投资组合：

A：一份多头远期合约加上金额为 $Ke^{-r(T-t)}$ 的现金（本币）；

B：数量为 $Ke^{-r_f(T-t)}$ 的外国货币。

这两个投资组合在时间 T 时都变成价格相等的一单位外国货币，因此它们在时间 t 的价值也相等，即：

$$f+Ke^{-r(T-t)}=SKe^{-r_f(T-t)}$$

$$f = SKe^{-r_f(T-t)} - Ke^{-r(T-t)}$$

远期价格，即远期汇率 F，就是使得 $f=0$ 的 K 值，故有：

$$F = Se^{(r-r_f)(T-t)}$$

这就是著名的利率平价关系，F 就是外币的期货价格。

当外币利率大于本国利率即 $r_f > r$ 时，F 总是小于 S，并且随着合约到期时间 T 的增加而减小；同样，当 $r > r_f$ 时，F 总是大于 S，并且随着时间 T 的增加而增加。

（二）股票指数期货定价

与其他金融期货相比，股指期货有四个明显的特征：第一，股指期货的基础资产并非实际存在的金融资产，而是一种假想的资产组合，其价值以指数点的若干倍来计量。第二，正因为不存在实际资产，股指期货交易并非实物交割，而是采取现金交割方式。若指数上升，则卖方须付给买方指数差所代表的现金，若指数下跌，则买方须付给卖方现金。一般以最后一个交易日的收盘指数为结算指数。第三，股指期货价格波动要大于股指本身的波动。1980 年美国学者对 S&P500 实证研究表明，S&P500 的期货价格每日变化的标准差要大于指数本身。第四，股指期货的基差风险无疑要大于利率期货的基差风险。而就不同股指期货而言，其风险也不同，因为不同股指代表了不同的股票组合。总之，买卖股指期货可视为买卖股指中包含的所有股票的期货，也就是买卖整个“市场”的期货。

我们已经讲过，大部分股指可以看作是支付股利的证券，该证券是指数基础资产的投资组合，该证券所支付的股利是该投资组合持有者收到的股息，该股息可被定为连续支付，如 q 为股息收益率，则股指期货价格为：

$$F = Se^{(r-q)(T-t)}$$

由上式可知，若以 r_f 取代 q，则上式与外汇期货定价公式是一致的。这是因为已知收益率的证券与外汇是相似的，其“收益率”相当于外币的无风险利率。

例如，设 3 个月期 S&P 500 的期货，该指数基础资产股票的股息收益率为年率 3%，当前指数值为 6 500，无风险利率为年率 8%，这里 $r=8\%$，$S=500$，$T-t=0.25$（年），$q=3\%$，则该指数期货价格为：

$$F = 500e^{0.05\times0.25} = 506.3$$

实际中，指数投资组合的收益率年内每周都在变化，q 应当代表合约期内的平均收益率，因而用来估计 q 的股息应是那些除息日在期货合约有效期内的股票的股息。

对于 $F\neq Se^{(r-q)(T-t)}$ 的情形，若 $F>Se^{(r-q)(T-t)}$，通过购买构成指数的股票，同时卖出指数期货，便可获得无风险利润；若 $F<Se^{(r-q)(T-t)}$，则做相反交易，卖空或交出股票，买进多头指数期货。以上两种做法均称为指数套利。对于包含许多股票的指数，指数套利通常由其中少数有代表性的样本进行交易。

(三)利率期货定价

利率期货实际就是以收入随利率变化而变化的债券为基础资产的期货，我们知道，利率具有波动性，因此借款者常常希望通过利率期货的套期保值来锁定借款利率。在世界各国的期货交易所，利率期货几乎都是最重要的衍生产品之一。

下面我们以美国政府中长期国债为例，介绍利率期货的特征及定价。

最普遍的长期利率期货合约是在 CBOT 交易的美国政府长期国债利率期货合约。在这个合约中，任何一种超过 15 年到期并且 15 年内不会被早赎的政府债券均可用于交割。中期国债和 5 年期国债期货合约也是较活跃的交易品种。在中期国债期货合约中，任何期限在 6.5～10 年间的政府债券都可用于交割。

1.报价

政府债券的报价是以 100 美元面值进行的，以 $\frac{1}{32}$ 美元为变动单位，如 90—05 意味着面值 100 000 美元的债券的价格为 90 156.25 美元。报价并非购买者支付的现金价格，其关系如下：

现金价格＝报价＋自上次付息日的应计利息

如现在是 2009 年 3 月 5 日，有一利率为 11％的息票债券在 2019 年 7 月 10 日到期，其报价为 95—16(即 95.50 美元)。因为利息每半年发放一次，而最近的付息日为 2010 年 1 月 10 日，下一付息日为 2010 年 7 月 10 日。在 2010 年 1 月 10 日—2009 年 3 月 5 日之间共有 54 天，而 2010 年 1 月 10 日—2010 年 7 月 10 日为 181 天，对于 100 美元面值的债券在 1 月 10 日和 7 月 10 日可收到利息 5.5 美元，则 2009 年 3 月 5 日所应计利息为：

$$5.5\times\frac{54}{181}=1.64(\text{美元})$$

则现金价格＝95.5＋1.64＝97.14(美元)

故对面值为 100 000 美元的债券,其现金价格为 97 140 美元。

而政府债券期货的报价与政府债券的报价是一致的。一份面值 100 000 美元债券的合约,其期货报价每变动 1 美元,则该期货合约价值就变化 1 000 美元。

2. 转换因子

中长期国债期货合约中,规定空方可选择任何期限不短于 15 年且在 15 年内不早赎的国债品种进行交割。当某一特定债券被交割时,一种被称为转换因子的参数就规定了空方所收到的交割价格,债券的转换因子等于交割月份第一天该债券的价值。有如下关系式:

空方收到的现金=期货报价×交割债券的转换因子+交割债券的应计利息

如期货报价为 90－00,交割债券转换因子为 1.38,该债券应计利息为每 100 元面值 3 美元,则空方每 100 美元面值收到的现金(即多方支付额)为:

$$(1.38\times 90.00)+3.00=127.20\text{(美元)}$$

因而合约中的空方应交付面值为 100 000 美元的债券,收到现金 127 200 美元。

3. 交割最便宜的债券

在任何时候,大约有 30 种债券可用于 CBOT 长期国债期货的交割,空方可选择“最便宜”的一种进行交割。因为空头收到:

期货报价×转换因子＋应计利息

而购买一债券的成本为:

债券报价＋应计利息

那时最便宜的债券就是:债券报价－(期货报价×转换因子)最低的一只。这可以通过依次检查每只债券而发现。

4. 期货价格的决定

对于中长期国债期货合约的准确的理论期货价格是很难确定的,因为空方有选择交割时间和交割债券品种的权利,这很难估值。然而,如果我们假设用于交割的最便宜的债券和交割日期是已知的,这样中长期国债期货即相当于一个提供已知收入的证券的期货,所以期货价格 F 为:

$$F=(S-I)e^{r(T-t)}$$

其中,I 为合约期间票息的现值,F 是期货的现金价格,S 是债券的现金价格。由此可见，正确的程序应是这样的：

①通过报价计算可用于交割的最便宜债券的现金价格；

②运用公式 $F=(S-I)e^{r(T-t)}$ 从债券的现金价格计算出期货的现金价格；

③用期货的现金价格计算出期货报价；

④用期货报价除以转换因子。

练习题

一、名词解释

远期合约　远期合约的价值　期货合约　盯市　平仓

二、简答题

1. 简述现货—远期平价定理的内容。

2. 比较期货合约与远期合约的区别。

3. 简述期货合约的基本功能。

4. 简述为什么盯市制度可以降低违约风险。

5. 简述期货价格与现货价格之间的关系。

三、计算题

1. 假设某一红利支付股票的目前市场价格为 30 元，无风险连续复利年利率为 11%，试求该股票 5 个月远期价格。

2. 假设恒生指数目前为 10 000 点，香港无风险连续复利年利率为 10%。恒生指数股息收益率为每年 6%，求该指数 4 个月期的期货价格。

第十二章 期权投资分析

学习要求

期权是一种有价证券，又是实施投资策略时的一种重要工具。学习本章内容应该达到以下学习目标：

1. 理解期权的概念，能够了解期权与上一章中的远期、期货的区别。
2. 掌握期权的分类，熟悉每类期权的特性。
3. 掌握构建期权投资策略的方法，了解新型期权。
4. 理解并掌握期权的二叉树定价方法。
5. 熟悉 B-S-M 期权定价公式。

第一节 期权的种类、特性及交易

一、期权的特性

(一)期权的基本特点

期权是一份金融合约，它赋予其持有者有权在未来一段时间内、以一固定价格购买或者出售某项资产的权利。针对一份期权，买入期权的称为期权的买方，卖出期权的称为期权的卖方，期权的最后执行日期称为期权的到期日，约定的固定价格称为执行价格或者敲定价格，约定的目标资产称为标的资产。除了一些高级形式的期权以外，一份给定的期权合约要么是看涨期权，要么是看跌期权。看涨期权赋予期权购买者购买标的资产的权利，而看跌期权赋予期权购买者出售标的资产的权利。例如：一份执行价格是115美元，6月份到期的IBM的欧式看涨期权，就意味着其持有者有权利在6月份的清算日以115美元的价格买入一份IBM的股票，而不管到6月份时IBM股票的市价是多少。事实上，如果6月份的清算日IBM的股票价格超过115美元时，期权的买方就会选择行使买入股票的权利(执行期权)；如果到时候IBM的股票价格低于或者等于115美元，期权的买方将会放弃这份买入股票的权利(放弃期权)，显然他可以从股票市场上以低于115美元的价格买到一份IBM股票。

从上面的分析中，可以看出期权实质上是一份权利，为了获得这项权利，期权的买方需要支付给卖方一定的金额，即期权价格。

按照期权的执行方式，一般将期权分成两类：欧式期权和美式期权。欧式期权是指只能在到期日当天行权的期权；而美式期权可以在到期日以前的有效期内的任何时间行权。

按照期权的交易场所，期权又可以分为交易所交易期权和场外交易期权两类。交易所交易期权指在交易所交易的、标准化的期权。交易所期权有交易所规定的标准条款，包括：标的资产类型、标的资产的单位数量、执行价格和到期日。交易所撮合期权的买方和卖方，并为任何一方的违约行为提供担保。场外交易期权是指在除交易所以外的地方交易的、一般为非标准化的期权。而期权的价格由交易双方商议决定。场外交易期权没有特定的形式和标准，包括期权价格在内的所有期权的条约由交易双方商议而定。交易双方各自承担对方违约的损失。

(二)期权实例

考虑关于太阳公司的看涨和看跌期权，太阳公司6月13日的股价为16.25美元。表12-1给出了4份期权的收盘价格，它们的到期日分别为7月和10月，执行价格分别为15美元和17.5美元。7月期权于7月20号到期，10月期权于10月18号到期，这些期权都是美式期权。

表12-1　6月13日太阳公司期权的收盘价格

执行价格	7月看涨	10月看涨	7月看跌	10月看跌
15.00	2.35	3.30	0.90	1.85
17.50	1.00	2.15	2.15	3.20

考虑7月份的看涨期权。这份期权的持有者可以在7月20日以前的任何时间以15美元一股的价格购买太阳公司股票。为了获得期权，买方必须支

付 2.35 美元。因此,期权卖方在 6 月 13 日收到 2.35 美元,并且准备在到 7 月 20 号这段时间内按 15 美元一股的价格向期权的买方卖出太阳公司的股票。太阳公司股票的现价是 16.26 美元,高于 15 美元,如果期权买方现在行权将获得 1.26 美元的收益,但如同以后我们将看到的,期权的持有人没有理由现在行权。期权买方预测未来太阳股票价格将会上涨,所以他买入该公司股票的看涨期权。期权卖方的预测与之相反,他认为在到期日以前太阳公司的股价不会出现足够的上涨,所以他选择出售看涨期权,以期获得当前的、固定的期权价格收益。

同时注意到,期权买方也可以选择执行价格为 17.5 美元,同样是 7 月份到期的太阳公司股票的看涨期权。这份期权的执行价格高于前面的 15 美元,相应的期权的价格为 1 美元,却显著地低于 2.35 美元。因为太阳公司的股票在到期日前上升到 17.5 美元的可能性要低于上升到 15 美元的可能性,相应地期权的买方行权获得收益的可能性变小了,所以期权价格就显著地降低了。

期权的买方也可以选择购买 10 月份到期的看涨期权。因为期权的期限更长,太阳公司的股价有更多机会变动,期权买方行权的可能性更大,所以在各种执行价格下 10 月份到期期权的价格都比 7 月份到期期权的价格要高,期权买方也愿意支付这更高的价格。

如果期权的买方预测太阳公司的股价会下降,他可能会选择购买看跌期权。考虑期权价格为 3.2 美元,执行价格为 17.5 美元的、10 月到期的看跌期权。这份期权允许买方在 10 月 18 号之前的任何时间以 17.5 美元的价格向期权卖方卖出一份太阳公司的股票。持有者绝对不会现在就执行该期权,因为即便凭借一份期权他可以以现价为 16.25 美元的一份太阳股票换取 17.5 美元,但考虑到购买期权的成本为 3.2 美元,他还亏损 1.95 美元(17.5－16.25－3.2＝－1.95)。

如果买方希望购买一份更便宜的期权,他可以选择执行价格为 15 美元的 10 月到期的看跌期权。这份期权的期权价格为 1.85 美元,但只允许期权买方以更低的 15 美元价格卖出股票,只有太阳公司的股票价格下降到 13.15 (15－1.85)美元以下时,期权的买方才可能通过行使期权获利。因为这份期权获利的可能性更小,所以也更为便宜。

(三)期权的价值状态

期权的价值状态,是期权的一个重要概念,它是指标的资产价格和执行价格之间的关系。一般期权的价值状态分为:实值状态、平值状态和虚值状态三类。期权处于实值状态是指如果立即执行期权将会给期权的买者带来正的净现金流入；期权处于虚值状态是指如果立即执行期权将会给买者带来净现金流出；期权处于平价状态是指立即执行期权不会带来净现金流，即标的资产的现价等于期权的执行价格。因此，当标的资产的价格高于执行价格时，看涨期权处于实值状态；当执行价格高于标的资产时，看跌期权处于实值状态；当标的资产的价格等于执行价格时，看跌期权和看涨期权都处于平值状态。事实上，平值状态应该视为虚值状态的一种特殊形式，因为扣除期权成本，执行平值期权会带来净现金流出。

仍然以标的资产为太阳公司股票的期权为例，表 12-2 列出了上面讨论过的四种期权的价值状态。

表 12-2　期权的价值状态

实值状态		虚值状态	
期　　权	价格关系	期　　权	价格关系
执行价格为 15 美元的 7 月看涨期权	16.25＞15.00	执行价格为 17.50 美元的 7 月看涨期权	16.25＜17.50
执行价格为 15 美元的 10 月看涨期权	16.25＞15.00	执行价格为 17.50 美元的 10 月看涨期权	16.25＜17.50
执行价格为 17.50 美元的 7 月看跌期权	17.50＞16.25	执行价格为 15 美元的 7 月看跌期权	15.00＜16.25
执行价格为 17.50 美元的 10 月看跌期权	17.50＞16.25	执行价格为 15 美元的 10 月看跌期权	15.00＜16.25

二、期权的种类

几乎所有拥有随机结果的事件都可以作为期权的标的资产。这里提到的"事件"使得标的物不只是局限于"资产"。根据期权的标的资产的类别将期权分为金融期权、远期期权、商品期权和其他期权。

（一）金融期权

金融期权指以金融资产、指数、利率或货币为标的资产的期权。

1. 股票期权

股票期权是指以单个股票为标的资产的期权，是目前最流行的期权。市场上普遍交易的股票都有相应的交易所交易期权，而在柜台交易市场上则可能创造以任何股票为标的资产的期权。前面我们已经讨论一个股票期权的实例，在此不再赘述。

2. 股票指数期权

股票指数期权是以股票指数为标的资产的期权。股票指数反映了一个假想的股票组合的价值变化，每种股票在股票指数中的权重等于该股票的市场价值与该股票指数的总市场价值的比，股票指数随时间的变化定义为假想的股票组合的价值变化。因为股票指数只是虚构的股票组合，那么以其作为标的资产来创造指数期权也是合理的。事实上股指期货和远期已经普遍交易，股指期权在结构上也不会更复杂。

以一份在芝加哥期权交易所交易的标准普尔 500 指数(S&P 500)期权为例，它内在的合约乘数为 250。6 月 13 日标普 500 指数收于 1 241.60 点，执行价格为 1 250 点，7 月 20 日到期的欧式指数看涨期权的价格为 28 美元。标普 500 指数可以看作为一份价格为 1 241.60 美元的股票，在 7 月 20 日的到期日，看涨期权买方可以以 1 250 美元的价格购买一份标普 500 指数。如果期权处于实值状态，持有人会行权，期权出售人必须支付期权持有人指数与执行价格差额的 250 倍。

3. 债券期权

债券期权是以债券为标的资产的期权。债券期权主要在场外市场交易。对于公司债券，投资者一般选择购入并持有其到期，所以公司债券不是交易所的活跃交易品种，也就很难创造交易频繁的公司债券期权；对于交易活跃的政府债券，由于不确定性较小，以此为标的资产的债券期权几乎很少得到市场的认可。因此，债券期权交易几乎限于柜台交易的政府债券期权。

4. 利率期权

利率期权不同于前面介绍的期权，它的标的资产不是某一种金融工具，而是利率，相对的期权的执行价格也变为执行利率。在到期日，利率期权的支付基于执行利率与市场利率之间的差额。不同于固定利率债券，承诺于未来某个时刻支付与获得利息支付，利率期权赋予买方支付和获得利息支付的权利，但并没有义务。同样的，利率期权也分为看涨利率期权和看跌利率期权。

5. 货币期权

货币期权是指以某种货币为标的资产的期权。货币期权赋予买方在未来时刻买入或者卖出标的货币的权利，而执行价格则是以汇率表示。在企业得知在未来时刻需要将 X 货币转化为 Y 货币时，它将买入以 X 货币标价的 Y 货币的看涨期权。例如，一个美国公司 3 个月后需要一笔 5 000 万欧元的资金来扩展业务。那么在将来它需要购买欧元并暴露在欧元对美元币值上涨的风险下。该公司会购入欧元看涨期权。假定该欧元期权的执行价格为 0.9 美元兑 1 欧元，如果期权到期时汇率在 0.9 美元兑 1 欧元以上，公司会以 0.9 美元兑 1 欧元价格买入欧元，避免任何高于 0.9 美元的成本；如果到期汇率低于 0.9 美元兑 1 欧元，公司不会执行期权，而会在现货市场上买入欧元。多数的外币期权是在定制化的 OTC 市场上交易，而那些在交易所交易的货币期权所涉及的币种很少，交易量也很小。

（二）远期期权

远期期权是远期市场上的重要创新。这种期权产生于美国监管当局要分离交易所期权和远期市场的行为。交易所期权由证券交易委员会（SEC）监管，而远期市场由远期商品交易委员会（CFTC）管理。SEC 不允许期权和标的资产的并行交易，即如果股票期权在交易所交易，那么标的股票要在另一个交易所或者纳斯达克交易。

远期期权是以远期合约为标的资产的期权。CFTC 规则下没有禁止并行交易的规定，所以远期市场可以为它们的产品线增加一个吸引人的交易工具。远期和远期期权的并行交易为套利提供了更多的机会。另外，很多远期期权的到期日设计成与远期合约的到期日相同，这样远期期权实际上是一个以远期合约标的现货资产为标的物的期权。

（三）商品期权

以石油、黄金、小麦、大豆等商品作为标的资产的期权是商品期权。商品期权还可以分为投资商品期权和消费商品期权，以黄金、白银等投资性资产为标的物的期权为投资商品期权，以铜、棉花、石油等消费商品为标的物的期权为消费商品期权。商品期权在交易所和 OTC 市场同时交易。最流行的商品期权是 OTC 市场上的石油期权。

（四）其他期权

随着衍生品市场的发展，以电力、各种形式的能源甚至天气为标的资产的期权应运而生。这些标的资产几乎都是特别定制的 OTC 市场工具，最大的特点是这些资产基本都是不能实际持有的。例如，电力因为其生产和消费的连续性，是不能被储存的，但它依然是一种有价格波动的资产，所以它是一种合适的期权标的资产。考虑到天气，很难将它作为资产，它只是一个对经济活动有重大影响的随机因素。如何消除天气因素影响的需求创造了计量天气的市场指标，如风暴造成的经济损失、平均温度、平均降水量等等。以这些指标为标的物的期权已经被广泛交易和应用。例如，一家公司的主要收入来源于夏季的户外活动。显然在夏季会发生一定量的降雨，从而影响公司收入，雨量越大，损失越大。这时公司可以买入以降雨量为标的物的看涨期权，当降雨量超过执行价格，公司会行权从而收到与过多降雨量相关的金额，以补偿受到的损失。

另一类期权虽然不是很新的交易品种，但是在交易中却越来越被重视。这种期权是实物期权。实物期权的背景是将对金融期权估值的方法运用于项目投资中对投资策略和投资时机的选择权估值。这种方法由金融期权的定价思路衍生而来，实物期权的概念最初是由麻省理工学院的 Stewart Myers 于 1977 年提出。实物期权是相对于金融期权来说的，如果今天的一项投资赋予投资者在未来进单阶段选择的权利而不是义务，那么这项投资就含有实物期权。Myers 指出，一个具有未来机会的投资方案的价值，来自目前所拥有资产的使用所产生的现金流，再加上一个对未来投资机会的选择权价值，即考虑了实物期权价值后的项目总价值 OANPV 等于项目本身的净现值 NPV 加上项目的期权价值，其决策准则是 OANPV>0。实际上这种选择权具有美式期权的特征，实物期权的执行价格就是未来项目的投资成本，标的资产的市场价格对应于投资项目未来所能产生的现金流，到期时间为距最后决策点的时间。

三、期权交易特点

期权交易不仅有正规的交易所，还有一个规模庞大的场外交易市场。交易所交易的是标准化的期权合约，场外交易的则是非标准化的期权合约。

对于场内交易的期权来说，其合约有效期一般不超过 9 个月，以 3 个月和 6 个月最为常见。与期货交易一样，由于有效期不同，同一种标的资产可以有好几个期权品种。此外，同一标的资产还可以规定不同协议价格而使期权有更多的品种。

为了保证期权交易的顺畅、有序，交易所对期权合约的规模、期权价格的最小变动单位、期权价格的每日最高波动幅度、最后交易日、交割方式、标的资产的品质等都做出了明确的规定。同时，期权清算公司也作为期权所有买者的卖者和所有卖者的买者，即作为交易对方，以保证每份期权都没有违约风险。当期权持有者执行期权合约时，清算公司就会通知出售此期权并有履约义务的客户所在的会员公司，会员公司则找到客户让其履约。

由于清算公司要保证合约履约，所以要求期权卖方交纳保证金来确保他们履行合约。所需要的保证金数额主要取决于两个部分：一是跟期权的实值状态有关，二是跟期权卖方手中持有的标的资产的价值有关。就前者而言，期权的实值状态代表了期权执行时卖方的潜在义务，就后者来说，期权卖方手中的标的资产可以作为履行义务的对象。比如，股票看涨期权的卖方持有标的股票，只要把这些股票存入经纪人账户，就可以满足保证金要求，保证看涨期权执行时用来交割。如果期权卖方没有这些标的股票，保证金的数量就要取决于刚才所说的期权的实值或虚值状态。

四、影响期权价格的因素

一般情况下，有六种因素影响期权的价格，它们分别是：

1. 标的资产的价格
2. 执行价格
3. 距离到期日的时间
4. 标的资产的波动率
5. 无风险利率
6. 期权有效期内预计发放的红利

在表 12-3 中列出了当这六种因素之一发生变化而其他因素保持不变时，期权价格的变化情况。

表 12-3　期权价格随影响因素的变化

影响因素	欧式看涨期权	欧式看跌期权	美式看涨期权	美式看跌期权
标的资产的价格	+	－	+	－
执行价格	－	+	－	+
距离到期日的时间	?	?	+	+
标的资产的波动率	+	+	+	+
无风险利率	+	－	+	－
有效期内预计发放红利	－	+	－	+

第二节　期权组合与新型期权

一、期权组合

市场交易者和投资者经常使用基于期权的交易组合或交易策略来创造特

殊的支付结构。这样就使得投资者可以在期权的存续期内基于对标的资产的任何可能期望值来持有任何头寸。下面讨论常见的几种期权交易策略组合以及它们的支付结构。

(一)期权与标的资产组合

多头的一份平值看跌期权和一份标的资产的组合即可以组成一份保护性卖权。图 12-1 显示了在到期日这种期权组合的支付结构。注意到图中这种期权组合的成本,即多头看跌期权的价格,以及这个组合非常像是一份看涨期权。

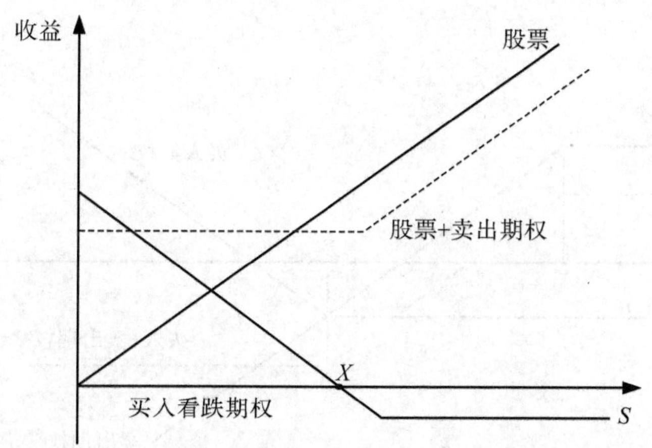

图 12-1 保护性卖权的到期日支付图

另一种常见的期权组合是卖出一份看涨期权的同时买入一份标的资产,这被称为保护性买权。通过卖出虚值的看涨期权,这个策略将组合价值的上限固定在了看涨期权的执行价格。期权的卖方放弃了标的资产价格进单阶段上涨的可能收益而获得了看涨期权的价格。当市场期望标的资产价格上行可能性有限的时候,投资者通常使用这种组合来获得现金。

1. 差价期权

有多种差价期权存在,它们都是由多份期权组合而成,而组合中的期权可能有不同的执行价格和到期日。

(1)牛市差价和熊市差价

牛市差价组合由一份较低执行价格的看涨期权多头和一份较高执行价格的看涨期权空头组成。牛市差价组合的买方期望标的资产价格会上涨,使得执行价值较低的看涨期权多头在到期日处于实值状态,而价格又不会上涨得太多以致超过空头看涨期权的较高执行价格。

熊市差价组合由一份较高执行价格的看涨期权多头和一份较低执行价格的看涨期权空头组成。这里因为不同的执行价格，起初组合的收入是正值，因为较低执行价格的看涨期权价格高于较高执行价格的看涨期权。这种组合被设计在标的资产价格下降时获取收益。而标的资产价格快速上升时，组合中的多头看涨期权可以起到保护性作用。图 12-2 显示了熊市差价组合的支付结构，可以看出它与牛市差价的支付结构正好相反。

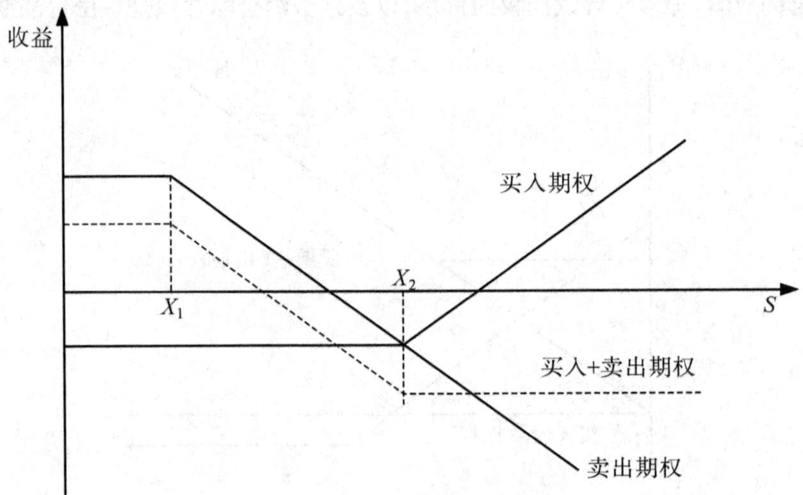

图 12-2　熊市差价组合的支付图

(2)蝴蝶差价组合

一份蝴蝶差价组合包括多份不同的看涨期权的多头和空头。以三份期权的蝴蝶差价组合为例，投资者买入较低执行价格的看涨期权和较高执行价格的看涨期权各一份，并卖出一份执行价格处于中间的看涨期权。蝴蝶差价组合的买方同样是赌注标的资产的价格变化，这里标的资产的价格如果在空头看涨期权的执行价格附近波动，则投资者获得收益；若标的资产价格远离这个执行价格，则投资者出现损失，但这个损失是被限定在一定范围之内的。图 12-3 显示了该蝴蝶差价组合的合成和支付结构。

2. 组合期权

组合期权是由看涨期权和看跌期权组成的。

(1)多头跨式组合是由具有相同执行价格的一份看涨期权多头和一份看跌期权多头组成的，也被称为底部跨式组合。图 12-4 显示了多头跨式组合的支付结构，可以看到当标的资产价格远离执行价格时，组合获利，从而这种组

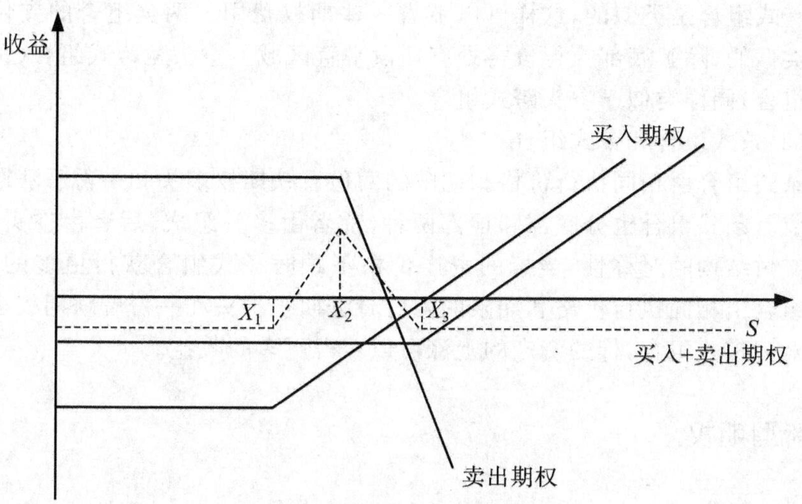

图 12-3 蝴蝶价差组合支付图

合策略期望从大波动率资产的价格变化中获取利益。空头跨式组合则是卖出两种期权，同时期望标的资产的价格在很小的范围内波动，这和蝴蝶差价组合、差期组合的交易策略是一样的，只是这里损失是无限的。跨式组合的支付结构相对于执行价格是对称的。

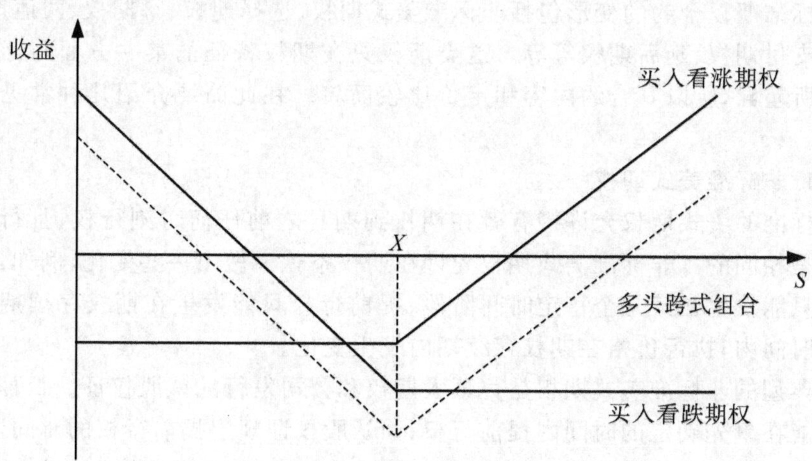

图 12-4 多头跨式组合的支付结构图

除了买入的期权处于虚值状态外，多头宽跨式组合（底部宽跨式组合）同多头跨式组合是类似的，这样可以节省一些期权费用。两类组合的支付结构也是类似的，除了底部执行价格处有一段平直区域。空头宽跨式组合（顶部宽跨式组合）同样类似于空头跨式组合。

(2)条式组合和带式组合

条式组合由相同执行价格和期限的两份看跌期权多头和一份看涨期权多头组成。条式组合也分底部和顶部两种，前者由多头组成，后者由空头组成。由于支付结构的对称性，当标的资产价格下跌时条式组合获得更多的收益。带式组合由相同执行价格和期限的两份看涨期权多头和一份看跌期权多头组成。对于带式组合，标的资产的上涨可以获得更多的收益。

二、新型期权

新型期权又被称为奇异期权，是相对于标准欧式、美式期权而言更为复杂的衍生证券，通常是根据客户需求而设计的非标准化期权。大多数新型期权在场外交易；有时候则被嵌入结构债券中，以提高债券的市场吸引力。

新型期权的制定非常灵活，但总体上可以分为标准期权合约的变形、路径依赖型期权和多因素期权三大类。

(一)标准期权合约的变形

标准期权合约的变形包括非标准美式期权、选择期权、幂期权、两值期权、随后支付期权、延后期权等等。这类期权只在期权特征的某一方面与标准期权有所差异，所以其合约内容和定价比较简单。在此简要介绍几种常见变形期权。

1. 非标准美式期权

标准的美式期权允许持有者在期权到期日之前任何时刻行权，且行权价格总是相同的。非标准美式期权允许在期权条款上做出一些变化，例如：提前行权只能发生在某几个特定时间阶段；提前行权只能发生在期权存续期的某一段时间内；执行价格在期权存续期内发生变化。

典型的非标准美式期权是百慕大期权和公司发行的认股权证。百慕大期权只能在事先确定的时间内提前行权；而认股权证规定提前行权的时间段，而且执行价格也会有所不同。例如某公司 2008 年底发行了存续期 5 年的认股权证，执行价格在 2009 至 2010 年是 30 元，而 2011 至 2012 年是 32 元，最后一年是 33 元。

2. 远期开始期权

远期开始期权是现在支付期权费但在未来某时刻才开始的期权。通过选择合适的期权条款可使该期权在启动时刻处于平价状态。

3. 选择期权

选择期权合约规定经过一段时期之后，其持有者有权选择其最后是持有看涨还是看跌期权。

选择期权与本节第一部分介绍的跨式期权非常相似，但价格却比跨式期权便宜得多。这是由于持有者一旦做出选择后，事实上即仅持有一种期权：看涨或是看跌期权。同时由于选择期权多在场外交易，流动性较低，价格也比较低。

4. 两值期权

两值期权是具有不连续收益的期权。对于看涨两值期权，多头收益为 $\max(0, p|S_T > X)$，即到期日标的资产价格高于执行价格，买方行权就可以得到一笔固定的金额，这样的期权被称为全部或无价值看涨期权。根据到期日实值行权时获得现金还是资产，将两值期权分为现金和无价值看涨期权以及资产和无价值看涨期权。

(二)路径依赖型期权

路径依赖型期权在到期日的支付不仅仅取决于到期日当天的资产价格，还依赖于到期日之前一段时间内标的资产的价格变化情况。这类期权主要有：亚式期权、回望期权、障碍期权、呼叫期权、阶梯期权、球拍期权等。

1. 亚式期权

亚式期权的收益依赖于标的资产在到期日之前一段时间的平均价格，可以分为平均价格期权和平均执行价格期权两种。平均价格期权多头收益（空头亏损）取决于合约约定期限内的资产的平均值。看涨期权多头收益定义为：$\max(0, S_{ave} - X)$，其中 S_{ave} 是约定期限内资产均值。平均执行价格期权多头收益（空头亏损）为：$\max(0, S - S_{ave})$。执行价格为约定期限内资产均值，而非固定数值；支付取决于二者之差。

2. 回望期权

回望期权赋予期权持有者以标的资产在合约存续期内所能达到的最佳价格购买或出售标的资产的权利。对于欧式回望看涨期权而言，多头收益等于到期日标的资产价格减去期权存续期内标的资产达到的最低价格：$\max(0, S_T - S_{min})$，S_{min} 是存续期内标的资产最小值。对于欧式回望看跌期权而言，多头收益等于存续期内资产的最高价格减去到期日标的资产价格：$\max(0, S_{max} - S_T)$，S_{max} 是存续期内标的资产最大值。

3. 障碍期权

障碍期权的收益依赖于标的资产价格是否在一段时间内达到了某个事前约定的特定水平，该水平被称为障碍水平。资产价格达到障碍水平后，根据期权合约的存与废而分为敲出期权和敲入期权两种。敲出期权是指标的资产价格达到障碍水平后，期权作废；敲入期权则是指资产价格达到障碍水平后，期权得以存在。

(三)多因素期权

多因素期权的到期日支付取决于两种或两种以上标的资产的价格，标的资产之间的相关性和它们的波动率将影响期权的价格。这类期权主要包括：彩虹期权、篮子期权等等。

彩虹期权持有者得到的最终支付由到期日标的资产组合中各资产达到的最高价格决定；篮子期权是彩虹期权的一种变形，其主要区别在于最终支付所采用的价格是整个资产组合的价格，而非组合中的最高价格。

第三节 期权的二项式定价模型

一、符号说明及期权定价分析

(一)符号说明

定义一些符号，以便于使后面的叙述变得更加方便。时间 0 指的是当前时间，而时间 T 指的是到期日。

S_0, S_T＝标的资产在 0 时刻和 T 时刻的价格

X＝执行价格

r＝无风险利率

T＝距离到期日的时间，等于距离到期日天数除以 365

c_0, c_T 欧式看涨期权在 0 时刻和 T 时刻的价格

C_0, C_T 美式看涨期权在 0 时刻和 T 时刻的价格

p_0, p_T 欧式看跌期权在 0 时刻和 T 时刻的价格

P_0, P_T 美式看跌期权在 0 时刻和 T 时刻的价格

(二)期权定价分析

在为期权定价前，我们假设市场参与者是理性的，他们会利用一切无风险套利的机会，因而可以认为市场是充分竞争的，不存在无风险套利的机会。

最初决定期权的价格是在期权的到期日，在这个时点时没有对未来的不确定性。到期日的期权价格称为期权的支付额。

在到期日，期权买方选择行权或者放弃该期权。如果选择放弃，期权的到期价值为0；如果选择行权，则意味着看涨期权标的资产的当时价格高于期权的执行价格，从而买方获得正的净现金流入(S_T-X)。所以T时刻欧式和美式看涨期权的价值可以用下式表示：

$$c_T=\max(0,S_T-X)$$
$$C_T=\max(0,S_T-X)$$

在到期日，欧式期权和美式期权有相同的支付结构。当到期日标的资产的价格超过执行价格，即$S_T>X$时，此看涨期权处于实值状态，其价值为S_T-X。假设在到期的一瞬间可以以少于S_T-X的价格购买期权，则投资者可以买入期权并立即执行它，然后马上卖出标的资产。当期权价格c_T或C_T低于S_T-X，则这种交易可以获得无风险的净收益。如果所有市场参与者都进行这种交易，就会迫使期权价格趋向于S_T-X。相反，期权的价格也不会高于S_T-X。所以此时看涨期权的价值等于S_T-X。当到期日期权的标的资产的价格低于期权执行价格，即$S_T<X$时，此看涨期权处于虚值状态，买方不会行权，所以期权价值为0。

类似地，在到期日，一份看跌期权的价值等于0与执行价格减去标的资产现价的差中的较大的那个值：

$$p_T=\max(0,X-S_T)$$
$$P_T=\max(0,X-S_T)$$

当到期日时标的资产的价格低于期权执行价格，即$S_T<X$时，此看跌期权处于实值状态其价值为$X-S_T$。假设在到期日看跌期权以低于$X-S_T$的价格售卖，则投资者会以市场价格买入看跌期权P_T和标的资产S_T，然后执行期权，获得X的收入。如果$P_T<X-S_T$，则这项交易可以立刻获得无风险的收益。大量投资者相同的买卖行为会使得看跌期权价格迅速逼近$X-S_T$。同时，看跌期权的价格也不能高于$X-S_T$，因为反向的交易会迫使期权市场价格降低到$X-S_T$。

$\max(0,S_T-X)$和$\max(0,X-S_T)$也被称为期权的内在价值或执行价值。内在价值指的是在现在条件下执行期权可以获得的收益。前面只是讨论了在到期日的内在价值，而在到期日以前的时段，期权价格一般会大于其内在价值。到期日前期权市场价格与内在价值的差被称为时间价值或投机价值。

在到期日，期权的内在价值大于现期内在价格的可能性可以被时间价值的概念充分反映。同时，要明确在到期日，期权的时间价值为零。期权的内在价值的计算是基于当前标的资产价格和执行价格，而时间价值就比较难以估算。

二、单阶段二项式模型

首先考虑只有一个阶段的二项式模型，也就是说标的资产从初始 0 开始，经过一个阶段(一个二项过程)后到达一个终止阶段 T。这里我们需要简单地改变一下前面的符号。以 S 代表当前的标的资产价格，一个阶段后，价格上升到 S^+ 或者下降到 S^-。注意到这里我们省略了表示时间的下标，因为在这里我们只有一个时间段。同时我们以 X 表示欧式期权的执行价格，r 表示无风险利率。

(一)模型

对于欧式看涨期权，如果标的资产价格上涨到 S^+，则看涨期权的价值为 c^+，如果标的资产的价格下降到 S^-，则看涨期权的价值为 c^-。我们知道当期权到期时，它的价值等于它的内在价值，即：

$$c^+ = \max(0, S^+ - X), c^- = \max(0, S^- - X)$$

图 12-5 表示了单阶段资产价格变化的二叉树过程，其中期权的当前价格 c 正是我们要求的。

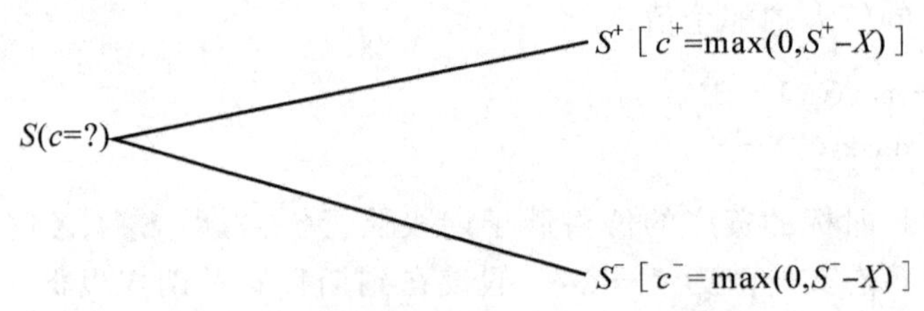

图 12-5　单阶段期权定价的二叉树模型

现在我们来明确标的资产价格是怎么变化的，我们引入 u 和 d 作为标的资产价格变动系数：$u=\frac{S^+}{S}$ 和 $d=\frac{S^-}{S}$。所以 u 和 d 代表 1 加上标的资产的收益率。

除了期权的价格和标的资产价格的涨跌，我们有了所有需要的信息。现在我们购买 n 份标的资产和卖出一份看涨期权，这就组成了一个对冲的资产组合，其中 n 有时也被称为对冲比率。资产组合现在的价值 H 为：$H = nS - c$。经过一个时间段后，资产组合的价值为 $H^+ = nS^+ - c^+$ 或者 $H^- = nS^- -$

c^-。这时我们选定一个 n 值使得 $H^+=H^-$，即不管标的资产的价格上升还是下降 $nS^+-c^+=nS^--c^-$，资产组合的价值保持不变，则：

$$n=\frac{c^+-c^-}{S^+-S^-}$$

同时该对冲资产组合应在无风险利率下增值，即 $H^+=H(1+r)$ 或 $H^-=H(1+r)$，以及 $H=nS-c$。在已知 n, S^+, S^-, c^+, c^- 值的情况下，可以求得：

$$c=\frac{\pi c^+ +(1-\pi)c^-}{1+r}$$

其中：

$$\pi=\frac{1+r-d}{u-d}$$

可以看到当前看涨期权的价格是下一期可能期权价格（c^+ 和 c^-）的加权平均值。权重分别为 π 和 $(1-\pi)$，同时以无风险利率贴现到当前时刻。

表面上看 π 和 $(1-\pi)$ 是标的资产价格上涨或下跌的概率，但实际上它们是投资者在风险偏好中性的情况下资产价格上涨或下跌的概率。风险偏好中性的投资者以无风险利率贴现资产的未来期望价格，以求得当期的资产价格。我们在风险中性状态下求得期权价格的过程称为风险中性定价法。

（二）单阶段二项式模型的实例

假设标的资产为现价为 50 美元的不付红利的股票，在时刻 T 它的价格可能上涨 25%或者下跌 20%，即 $u=1.25$ 和 $d=0.8$。这时：$S^+=Su=50\times1.25=62.5$；$S^-=Sd=50\times0.8=40$。如果看涨期权的执行价格为 50 美元，无风险利率为 7%，则 T 时刻期权价值为：

$$c^+=\max(0, S^+-X)=\max(0, 62.5-50)=12.5\text{（美元）}$$
$$c^-=\max(0, S^--X)=\max(0, 40-50)=0\text{（美元）}$$

按照二项式模型的计算过程：

(1)首先计算 π：

$$\pi=\frac{1+r-d}{u-d}=\frac{1.07-0.8}{1.25-0.8}=0.6$$

(2)将所得各值带入期权计算公式中得：

$$c=\frac{0.6\times12.5+0.4\times0}{1.07}=7.01\text{（美元）}$$

即看涨期权的当期价格应为 7.01 美元。

(三)单阶段二项式定价的套利机会

下面我们讨论如果上述实例中期权的定价不是 7.01 美元的情况。首先假设看涨期权的定价为 8 美元,则相对于 7.01 美元,期权定价过高。这时投资者可以通过购买标的资产,然后卖出期权的方法获得无风险的利润。每卖出一份看涨期权所要购入的标的资产的数量为:

$$n=\frac{c^{+}-c^{-}}{S^{+}-S^{-}}=\frac{12.5-0}{62.5-40}=0.556$$

假设我们卖出 1 000 份看涨期权,买入 556 单位标的资产,这要花费:

$$H=nS-c=556\times50-1\ 000\times8=19\ 800(\text{美元})$$

T时刻资产组合的价值为:

$$H^{+}=nS^{+}-c^{+}=556\times62.5-1\ 000\times12.5=22\ 250(\text{美元})$$

或 $$H^{-}=nS^{-}-c^{-}=556\times40-1\ 000\times0=22\ 240(\text{美元})$$

因为计算对冲比率 n 时的四舍五入,这两个值不是完全相等。如果我们期初投入 19 800 美元,一期后所得为 22 250 美元,则我们收益率为:$\frac{22\ 250}{19\ 800}-1=0.123\ 7$,这个无风险收益率大于真实的无风险利率 7%。这样我们可以以 7%的利率在期初借入 19 800 美元来完成整个套利过程,则在没有期初的净投入的情况下,我们可以无风险地获得(0.123 7－0.07)×19 800＝1 063 美元的收益。其他的投资者也会注意到这一无风险套利机会,同时卖出看涨期权,使得市场上看涨期权价格下跌。当期权价格降至 7.01 美元时,期初的投入变为 $H=556\times50-1\ 000\times7.01=20\ 790$ 美元,而期末的收入依旧是 22 250美元,这时的收益率为:$\frac{22\ 250}{20\ 790}-1\approx0.07$。所以当看涨期权以二项式模型算出的价格卖出时,这个无风险的对冲资产组合的收益率是无风险利率。

如果看涨期权的价格低于 7.01 美元,投资者会买入期权,卖出标的资产,并最终获得高于 7%的无风险收益。当所有投资者进行这项交易时就会增加对期权的需求,推高期权的价格,直至到达 7.01 美元。

三、两阶段二项式模型

(一)模型

在上面的单阶段二项式模型中,标的资产的价格变动只是经历了一个时间段，有两个最终的可能结果。我们可以扩展这个模型，得到更多更真实的标的资产可能值。图 12-6 表示了两阶段二项式模型的标的资产变动过程。

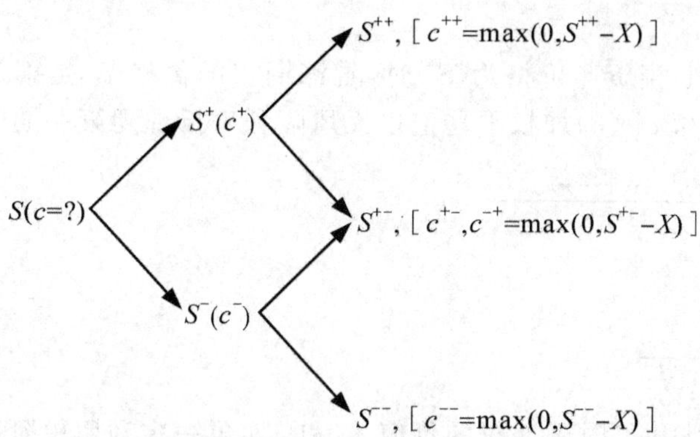

图 12-6　两阶段期权定价的二叉树模型

在第一个阶段，标的资产价格的变动和单阶段二项式模型一样，从 S 移动到 S^{+} 或者 S^{-}，即 u 和 d 依旧满足：$S^{+}=Su$ 和 $S^{-}=Sd$。若第一阶段末 T 时刻，标的资产价格为 S^{+}，则在第二阶段末 $2T$ 时刻标的资产的价格由 S^{+} 上涨为 S^{++} 或下降为 S^{+-}，即 $S^{++}=S^{+}u$ 以及 $S^{+-}=S^{+}d$；若第一阶段末 T 时刻，标的资产价格为 S^{-}，则在第二阶段末 $2T$ 时刻标的资产的价格由 S^{-} 上涨为 S^{-+} 或下降为 S^{--}，即 $S^{-+}=S^{-}u$ 或 $S^{--}=S^{-}d$。由于 S^{+-} 等于 S^{-+}，所以两阶段末 $2T$ 时刻标的资产的价格共有三种可能值：

$$\begin{cases} S^{++}=S^{+}u=Suu=Su^{2}=50\times1.118\times1.118=62.5 \\ S^{+-}=S^{-+}=S^{+}d=S^{-}u=Sud=Sdu=50\times1.118\times0.8944=50 \\ S^{--}=S^{-}d=Sdd=Sd^{2}=50\times0.8944\times0.8944=40 \end{cases}$$

两阶段的二项式定价模型可以看成是多个单阶段二项式模型的累加。由于第二阶段末 $2T$ 时刻标的资产的价格信息都已知，根据单阶段二项式定价公式，我们可以先计算出第一阶段末 T 时刻该期权的价值。当计算出第一阶段末 T 时刻的期权价值后，再重复利用二项式定价模型计算 0 时刻该期权的价值。

(1) T 时刻，标的资产价格为 S^{+} 时，此时看涨期权的价格为 c^{+}，则 $2T$ 时刻的期权价格可能值为 c^{++} 和 c^{+-}。由单阶段二项式可得：

$$c^{+}=\frac{\pi c^{++}+(1-\pi)c^{+-}}{1+r}$$

其中：

$$\pi=\frac{1+r-d}{u-d}$$

(2) T 时刻，当资产价格为 S^- 时，看涨期权的价格 c^- 是第二期末期权价格可能值 c^{-+} 和 c^{--} 的加权平均值以无风险利率折现到第一期的值，即：

$$c^-=\frac{\pi c^{-+}+(1-\pi)c^{--}}{1+r}$$

其中：

$$\pi=\frac{1+r-d}{u-d}$$

(3)最后利用 T 时刻期权的价值 c^+ 和 c^-，再一次利用单阶段二项式定价公式计算 0 时刻期权的价值 c，即

$$c=\frac{\pi c^{+}+(1-\pi)c^{-}}{1+r}$$

除了要求得 π 值以外，期权的两阶段二项式模型的计算过程也是简单明了的，只要求出期权的可能值的加权平均值，并以无风险利率向前一期折现，重复做两次就可以求得当前期权价格。同时我们也要注意到对冲比率 n 在这里依然是期权价格可能值的差与标的资产可能值差的比率，即：

$$\begin{cases} n^+=\dfrac{c^{++}-c^{+-}}{S^{++}-S^{+-}} \\ n^-=\dfrac{c^{-+}-c^{--}}{S^{-+}-S^{--}} \\ n=\dfrac{c^{+}-c^{-}}{S^{+}-S^{-}} \end{cases}$$

(二)两阶段二项式模型的例子

可以继续扩展在单阶段二项式模型中的例子。在那个例子里在每单阶段标的资产的价格有两种可能的变动，上涨 25%和下跌 20%。在这里我们做少许变化：假设标的资产上涨的幅度为 11.8%，下跌幅度为 10.56%，同时把时间段扩展为两阶段，这样上涨系数 $u=1.118$，下跌系数 $d=1-0.105\ 6=0.894\ 4$。如果标的资产连续两期价格上涨，则总的上涨系数为 $u^2=1.118\times 1.118=1.25$，连续两期下跌的总系数为 $d^2=0.894\ 4\times 0.894\ 4=0.80$。这样的安排使得实际的最高最低价格和单阶段二项式模型里的情况相同。同时设定无风险利率为 3.44%，则：

$$\pi=\frac{1+r-d}{u-d}=\frac{1.0344-0.8944}{1.118-0.8944}=0.6261$$

$2T$ 时刻标的资产价格的可能值为：

$$\begin{cases} S^{++}=S^{+}u=Suu=Su^2=50\times1.25=62.5(\text{美元}) \\ S^{+-}=S^{-+}=S^{+}d=S^{-}u=Sud=Sdu=50\times1.118\times0.8944=50(\text{美元}) \\ S^{--}=S^{-}d=Sdd=Sd^2=50\times0.8=40(\text{美元}) \end{cases}$$

(1)当第二期末期权到期时，它的价值为：

$$\begin{cases} c^{++}=\max(0,S^{++}-X)=\max(0,62.50-50)=12.50(\text{美元}) \\ c^{+-}=\max(0,S^{+-}-X)=\max(0,50-50)=0(\text{美元}) \\ c^{--}=\max(0,S^{--}-X)=\max(0,40-50)=0(\text{美元}) \end{cases}$$

(2)相应地在第一期末期权的价值为：

$$\begin{cases} c^{+}=\dfrac{\pi c^{++}+(1-\pi)c^{+-}}{1+r}=\dfrac{0.6261\times12.50+0.3739\times0}{1.0344}=7.57(\text{美元}) \\ c^{-}=\dfrac{\pi c^{-+}+(1-\pi)c^{--}}{1+r}=\dfrac{0.6261\times0+0.3739\times0}{1.0344}=0(\text{美元}) \end{cases}$$

(3)所以当前的期权价格为：

$$c=\frac{\pi c^{+}+(1-\pi)c^{-}}{1+r}=\frac{0.6261\times7.57+0.3739\times0}{1.0344}=4.58(\text{美元})$$

同单阶段二项式定价模型一样，如果期权没有正确定价，投资者将会获得套利机会，并最终迫使期权得到正确定价。

四、看跌期权的二项式定价模型

同样的定价策略也可以应用于看跌期权。将看涨期权的价值 $c=\max(0,S-X)$ 换成看跌期权的 $p=\max(0,X-S)$，同时在计算对冲组合价值 H 时，去掉看涨期权 c 前的负号，即 $H=nS+p$，这是因为看跌期权 p 的价值与标的资产的价格反向变动，则对冲组合要么同时持有看跌期权和标的资产，要么同时卖空两种金融工具。

下面引入一个例子来说明看跌期权的二项式定价模型。这里设定期权期限为单阶段，标的资产起始价格为 65 美元，T 时刻的标的资产的价格上涨 30%或者下跌 22%，无风险利率为 8%，计算执行价格为 70 美元的欧式看跌期权的价格。

求解过程用图 12-7 表示。

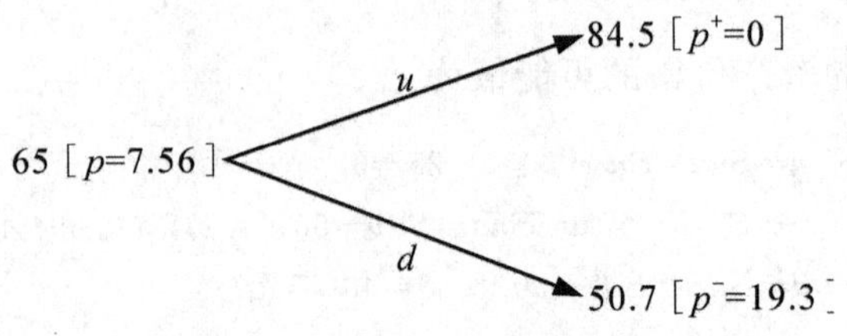

图 12-7 看跌期权二项式模型

(1)由题意知 $u=1.3, d=1-0.22=0.78$,所以

$$S^{+}=Su=65\times 1.30=84.50\text{(美元)}$$
$$S^{-}=Sd=65\times 0.78=50.7\text{(美元)}$$

(2)到期日看跌期权的价格为:

$$\begin{cases} p^{+}=\max(0, X-S^{+})=\max(0, 70-84.50)=0\text{(美元)} \\ p^{-}=\max(0, X-S^{-})=\max(0, 70-50.70)=19.30\text{(美元)} \end{cases}$$

(3)无风险变动概率为:

$$\pi=\frac{1+r-d}{u-d}=\frac{1.08-0.78}{1.30-0.78}=0.576\ 9, 1-\pi=1-0.576\ 9=0.423\ 1$$

(4)则当期的看跌期权的价格为:

$$p=\frac{\pi p^{+}+(1-\pi)p^{-}}{1+r}=\frac{0.576\ 9\times 0+0.423\ 1\times 19.30}{1.08}=7.56\text{(美元)}$$

五、美式期权二项式定价

二项式模型同时也适用于美式期权的定价。对于美式期权的定价要考虑到期权持有者提前行权的能力。在两阶段二项式模型中,这意味着在第一期末提前行权是否是有利的,如果提前行权获得的收益大于第二期末折现回第一期末的期权价值,则持有者会提前行权以获得更大收益。下面以一份美式看跌期权的例子来说明定价过程。

这里设定期权期限为两期,标的资产的起始价格为 10 美元,每期价格可能上涨 20%或者下跌 16.7%,无风险利率为 4%,求解执行价格为 12 美元的美式看跌期权的价格。

(1)计算基本信息：

$$u=1.2, d=1-0.167=0.833$$
$$S^{+}=Su=10\times1.20=12(\text{美元})$$
$$S^{-}=Sd=10\times0.833=8.33(\text{美元})$$
$$S^{++}=S^{+}u=Suu=Su^{2}=10\times1.2\times1.2=14.40(\text{美元})$$
$$S^{+-}=S^{-+}=S^{+}d=S^{-}u=Sud=Sdu=10\times1.2\times0.833=10(\text{美元})$$
$$S^{--}=S^{-}d=Sdd=Sd^{2}=10\times0.833\times0.833=6.94(\text{美元})$$

(2)计算 T 时刻期权的价值：

$$p^{++}=\max(0,X-S^{++})=\max(0,12-14.40)=0(\text{美元})$$
$$p^{+-}=\max(0,X-S^{+-})=\max(0,12-10)=2.00(\text{美元})$$
$$p^{--}=\max(0,X-S^{--})=\max(0,12-6.94)=5.06(\text{美元})$$

(3)计算无风险变动概率：

$$\pi=\frac{1+r-d}{u-d}=\frac{1.04-0.833}{1.20-0.833}=0.564\,0, 1-\pi=1-0.564\,0=0.436\,0$$

(4)计算当期期权价值：

$$p^{+}=\frac{\pi p^{++}+(1-\pi)p^{+-}}{1+r}=\frac{0.00\times0.564+2.00\times0.436}{1+0.04}=0.838\,5(\text{美元})$$

如果在第一期末 T 时刻提前行权，则行权的收益为：max(0,12－12)＝0。因为不提前行权看跌期权的价值 0.838 5 大于提前行权的收益 0，所以合理的选择是不提前行权。

第一期末标的资产价格下跌时美式看跌期权的价值为：

$$p^{-}=\frac{\pi p^{+-}+(1-\pi)p^{--}}{1+r}=\frac{2.00\times0.564+5.06\times0.436}{1+0.04}=3.205\,9(\text{美元})$$

如果这时提前行权，则行权的收益为：max(0,12－8.33)＝3.67，这时提前行权的收益 3.67 大于不提前行权的价值 3.205 9，所以合理的选择是提前行权。

当期的美式看跌期权的价格即为：

$$p=\frac{\pi p^{+}+(1-\pi)p^{-}}{1+r}=\frac{0.83\times0.564+3.67\times0.436}{1+0.04}=1.988\,7(\text{美元})$$

六、二项式模型的扩展

这里我们把二项式模型向更多期扩展。假定需要计算一份一年期的期权，如果我们只采用单阶段二项式模型，那么标的资产只有两个可能的价格，这样就不可能获得很精确的结果；如果使用两阶段二项式模型，即半年为一个阶段，在到期日标的资产就有三个可能的价格，这样我们就可以获得比单阶段二项式模型更精确的结果；如果继续增加二项式模型的阶段期数，得到结果的精确度也会更好。事实上，在有限的期数内，就可以得到很好的结果。随着期数的增加，定价模型从离散时间转向了连续时间，这时就引入了 Black-Scholes 期权定价模型。我们将在下一节中详细论述这个模型。

考虑期限为 9 个月，执行价格为 50 美元的期权。标的资产的价格为 52.75美元，价格可能上涨 35.41%，也可能下跌 26.15%，即 $u=1.3541$，$d=1-0.2615=0.7385$。无风险利率为 4.88%。使用单阶段二项式模型得出的结果为 10.025 9 美元。若是将 9 个月的期限平均分为更多的期数，则每个期数的时间跨度就会越来越小。表 12-4 显示了改变期数情况下所得到的期权价格的变化情况。

表 12-4　不同期数下二项式模型定价

期　数	期权价格(美元)
1	10.025 9
2	8.478 2
5	8.830 5
10	8.698 3
25	8.586 2
50	8.643 8
100	8.616 0
500	8.616 2
1 000	8.619 0

为了保证整个二项式模型是没有无风险套利机会的，我们在扩展期数的同时必须不断改变 u 和 d，以及无风险利率的设定值以使其定值有实际意义。我们将根据波动率来给 u 和 d 定值。关于波动率我们将在下节中讨论。这里要关注的不是怎样改变 u，d 以及利率的设定值，而是随着期数的扩展，期权的价格是趋近于 8.62 这个值的。随着更快速更密集地设定 u，d 和利率等参数值，二项式模型的结果会慢慢趋近连续时间模型的结果。

第四节　Black-Scholes-Merton 期权定价模型

当二项式模型中的期数趋于无穷大的时候，实际上就成为连续时间内的期权定价问题。针对连续时间期权定价问题，可以采用 Black-Scholes-Merton 模型给期权定价。这个模型是以它的创立者 Fisher Black，Myron Scholes 和 Robert Merton 三人的名字来命名，并且因为该模型的贡献 Scholes 和 Merton 于 1997 年获得了诺贝尔经济学奖（由于 Fisher Black 于 1995 年去世而不能获得此项荣誉）。这个模型可以通过三个方法求得，主要包括求二项式模型的连续极限，求期望法以及一系列高度复杂的数学方法。这里我们不关注如何求得 Black-Scholes-Merton 模型，只是介绍这个模型和它的用法。首先，我们来简单地了解一下的 Black-Scholes-Merton 模型的前提假设。

一、Black-Scholes-Merton 模型的假设

1. 标的资产的价格满足几何对数正态分布

这个假设可能是最难以理解的，简单来说，标的资产的价格随时间变动时满足的分布是几何对数正态分布。对数正态分布指的是变量值的对数值是正态分布的。例如，如果股票价格从 100 元上涨到 110 元，收益为 10%，收益的对数值为 $\ln\left[\frac{110}{100}\right]$ 或者是 9.53%。对数收益率通常被称为连续复利率。如果这个对数收益率满足熟悉的正态分布，则标的资产的收益满足对数正态分布。收益本身的分布是有偏的，样本分布主要集中在右边，而左侧的分布是被截断的，这反映了标的资产的价格不能低于零的现实情况。对数正态分布是一个方便且被广泛接受的假设，在现实中它几乎不可能是一个精确的度量，但是它满足我们创建 Black-Scholes-Merton 模型的要求。

2. 无风险利率是已知且不变的

Black-Scholes-Merton 模型不允许无风险利率随机变动。一般来说，我们假设无风险利率是不变的。但当我们给债券或利率期权定价时，这个假设就不成立了，到时我们必须做一些调整。

3. 标的资产的波动率是已知且不变的

以标的资产对数收益率的标准差形式表示的标的资产的波动率假设为在

任何时间都是已知的，而且在期权有效期内是不变的。这是最重要的一个假设，在以后论述中我们会再次提到它。事实上，波动率是不可知的，我们必须从其他渠道获得或是估计它。另外，波动率一般情况下是不稳定的。显然，在一定时期内股票市场的价格波动要比其他时期猛烈。然而，这个不变波动率的假设对 Black-Scholes-Merton 模型十分重要。大量的研究在考虑放宽这个假设以后的情况，这是更高深的知识，我们这里不予讨论。

4. 没有税收和交易成本

在给各种衍生品定价时我们一般设定这一假设条件。税收和交易成本的存在极大地复杂化我们的定价模型，而且不断地使我们关注模型基本定价原则以外的方面。深入的讨论可以放宽这一假设，但在这里我们不会这么做。

5. 标的资产没有现金流的进出

在讨论期权的定价的基本原则时我们提到过这个假设。基本形式的 Black-Scholes-Merton 模型设定了这一假设，但是我们可以轻松地放宽这一假设。

6. 定价期权必须是欧式期权

除了很少的特殊情况，Black-Scholes-Merton 模型不能给美式期权定价。Black-Scholes-Merton 模型的使用者应该明确这一点，错误地使用模型定价美式期权会获得很大的偏差。对于美式期权，最好的模型是有大量期数的二项式模型。

二、Black-Scholes-Merton 公式

虽然 Black-Scholes-Merton 模型应用的数学知识是十分复杂的，但是 Black-Scholes-Merton 公式本身却不是那么复杂的。所有的输入变量都是一些我们已经使用过的：S_0，标的资产的价格；X，执行价格；r^c，连续复利的无风险利率；T，以年表示的期权的到期时间。其他需要的输入变量是标的资产对数收益率的标准差，用 σ 表示。则看涨和看跌期权的 Black-Scholes-Merton 公式为：

$$c = S_0 N(d_1) - Xe^{-r^c T} N(d_2)$$

$$p = Xe^{-r^c T}[1 - N(d_2)] - S_0[1 - N(d_1)]$$

其中：

$$d_1=\frac{\ln\left(\frac{S_0}{X}\right)-\left[r_c+\left(\frac{\sigma^2}{2}\right)\right]T}{\sigma\sqrt{T}}$$

$$d_2=d_1-\sigma\sqrt{T}$$

这里 $N(d_1)$和 $N(d_2)$中的 N 表示标准正态分布，一旦我们求得了 d_1 和 d_2 的值，通过查标准正态分布表，可以轻松地获得 $N(d_1)$和 $N(d_2)$的值，带入公式就可以求得期权的价格。

下面介绍一个简单的例子。假设标的资产的价格为 52.75 美元，波动率为0.35。连续复利的无风险利率为 4.88%。期权 9 个月后到期，即 $T=\frac{9}{12}=0.75$。执行价格为 50 美元。

(1)计算 d_1 和 d_2 的值：

$$d_1=\frac{\ln\left(\frac{52.75}{50}\right)-\left[0.0488+\left(\frac{0.35^2}{2}\right)\right]\times 0.75}{0.35\times\sqrt{0.75}}=0.4489$$

$$d_2=0.4489-0.35\times\sqrt{0.75}=0.1458$$

(2)查标准正态分布表，得到：

$$N(0.45)=0.6736$$
$$N(0.15)=0.5596$$

(3)将上面的 N 值代入 B-S-M 公式中得到：

$$c=50\times 0.6736-50e^{-0.0488\times 0.75}\times 0.5596=8.5580\text{(美元)}$$
$$p=50e^{-0.0488\times 0.75}\times(1-0.5596)-52.75\times(1-0.6736)=4.0110\text{(美元)}$$

这里我们要注意到 Black-Scholes-Merton 模型对数字舍入误差是非常敏感的。特别是在根据 d_1 和 d_2 值，查标准正态分布表时会产生较大的误差。除了查表以外也有其他的方法来获得标准正态分布值，例如使用 Excel 中的函数功能，这时求得的看涨期权的价格为 8.619 美元，这个值非常接近上节中有1 000个期数的二项式模型求得的价格。事实上，Black-Scholes-Merton 模型是连续极限情况下的二项式模型。

下面我们来看一下 Black-Scholes-Merton 模型的各种输入参数，以及随着输入参数的变化而变化的期权价格。

三、Black-Scholes-Merton 模型的输入参数

Black-Scholes-Merton 模型有五个输入参数：标的资产价格、执行价格、

无风险利率、期权的期限和标的资产的波动率。正如我们前面所看到的,在标的资产的价格越高,期权期限越长,波动率越大,无风险利率越高的情况下,看涨期权的价格越高。而执行价格越高的时候,看涨期权的价格越低。对于看跌期权,较高的执行价格和波动率导致较高的期权价格。期权期限越长,美式看跌期权的价格就越高,而欧式看跌期权则是不确定的,可能越高或者越低。

这里对于欧式和美式期权与输入参数之间的关系只是一般性的,不要求Black-Scholes-Merton 模型一定能够解释它们。然而,使用 Black-Scholes-Merton 模型可以更进一步地检验一下这些通常被称为"期权的希腊字母"的关系。下面逐一地来介绍这些希腊字母。

(一)标的资产的价格:Delta 和 Gamma

标的资产的价格是最容易获得的输入变量,可以这样说如果不能得知标的资产的价格,给期权定价就是不可想象的。这个标的资产价格应该是流动市场上的公开报价。

期权价格和标的资产价格之间的关系有个特殊的名字:Delta。事实上,我们可以从 Black-Scholes-Merton 模型中近似地得到 Delta 值,对于看涨期权 Delta 为 $N(d_1)$,而看跌期权则是 $N(d_1)-1$。Delta 正式的定义公式为:

$$\text{Delta}=\frac{\text{期权价格的改变量}}{\text{标的资产价格的改变量}}$$

上述公式给出了 Delta 的精确定义,而前面提到的 $N(d_1)$和 $N(d_1)-1$ 只是求得的近似量。在后面的论述中我们会看到为什么用 $N(d_1)$和 $N(d_1)-1$ 来作为近似量来描述 Delta,且在什么情况下它们是较好或较差的近似量。

重新考虑上面提到的例子,其中 $S=52.75$(美元),$X=50$(美元),$r^c=0.0488$,$T=0.75$,$\sigma=0.35$。利用 Black-Scholes-Merton 公式求得的期权的价格为:$c=8.6186$(美元),$p=4.0717$(美元)。可以求得看涨期权的 Delta($N(d_1)$)为 0.673 3,看跌期权的 Delta($N(d_1)-1$)为 $0.6733-1=-0.3267$。

由 Delta 的定义公式可知:

$$\text{期权价格的改变量}=\text{Delta}\times\text{标的资产价格的改变量}$$

即对于标的资产每 1 美元的价格改变,我们可以期望:看涨期权的价格上涨 0.673 3 美元,变为 9.291 9 美元;看跌期权的价格下跌 0.326 7 美元,变为 3.745 0美元。

为了检验这个近似过程的精确性,我们把标的资产价格调高 1 美元达到 53.75,然后重新带入 Black-Scholes-Merton 模型,计算得到:$c'=9.3030$,p'

=3.756 0。可以看出，近似结果和利用 Black-Scholes-Merton 公式计算出的期权的价格相差不大，但还是有一些差距。

Delta 是一个重要的风险变量，Delta 定义了期权价格对标的资产价格变动的敏感性。期权市场的交易者通常使用 Delta 来构建对冲来抵消他们已有期权头寸的风险。例如，交易者在市场上卖出上面例子中的看涨期权，一个客户以 8.619 的价格买入了 1 000 份看涨期权。现在我们做空了 1 000 份看涨期权，如果标的资产价格上涨，我们就暴露在大量风险之中。所以我们需要买入一定量的标的资产来对冲这些风险。前面我们得到的 Delta 值为 0.673 3，所以我们需要在 52.75 的价格购入 673 单位的标的资产。这时如果标的资产价格上涨 1 美元，则：

多头 673 单位标的资产的价值改变量为：673×1=673(美元)

空头 1 000 份看涨期权的价值改变量为：1 000×1×0.673 3≈673(美元)

因为我们特有多头标的资产和空头看涨期权，所以两个改变量是互相抵消的。事实上在现在时刻，Delta 的值已经改变了，若我们重新计算它就会发现 Delta=0.695 3。这时候我们需要 695 单位多头标的资产，这意味着我们要额外买入 22 单位标的资产。

下面让我们来看一下标的资产价格的变化是怎样影响 Delta 值的。事实上，随着期权到期日的临近，即便标的资产价格不发生变化，期权的 Delta 值也是在改变的。标的资产价格上涨时，看涨期权的 Delta 值会趋向于 1 增加，当标的资产价格下跌时，看涨期权的 Delta 值会趋向于 0。对于看跌期权，标的资产价格上涨会使期权的 Delta 值减少，并趋向于－1，标的资产价格的下跌会使 Delta 值增加并趋向于 0。随着期权到期日的临近，若标的资产价格不变，处于实值状态的看涨期权的 Delta 值会趋向 1，处于虚值状态的看涨期权的 Delta 值会趋向 0，处于实值状态的看跌期权的 Delta 值会趋向－1，处于虚值状态的看跌期权的 Delta 值会趋向 0。

因为 Delta 值总是在变化中的，所以 Delta 对冲是个动态过程。事实上，Delta 对冲通常被称作动态对冲。理论上看，由于 Delta 的不断变动，对冲比率也需要不断修正，因为巨大的交易成本，这在实际交易中是很不现实的。当不是连续修正对冲比率时，我们可以接受标的资产价格的较大变化。借用上面的例子，我们来看一下这种情况可能发生的结果。假设我们允许标的资产价格上涨 10 美元到 62.75 美元，则看涨期权价格应该上涨 0.673 3×10=6.733美元，看跌期权价格要变动－0.326 7×10=－3.267(美元)。新的期权近似价格为：c''=8.619+6.733=15.352 0(美元)，p''=4.071 7－3.267=

0.804 7(美元)。而将62.75美元的标的资产价格代入 Black-Scholes-Merton 模型得到的实际结果为：$c=16.3026$(美元)，$p=1.7557$(美元)。这里基于 Delta 的近似方法是不精确的。一般情况下，标的资产价格的变动越大，Delta 近似的效果越差，这使得 Delta 对冲变得没有效率。

图 12-8、图 12-9 显示了期权的 Delta 与标的资产价格之间的关系。

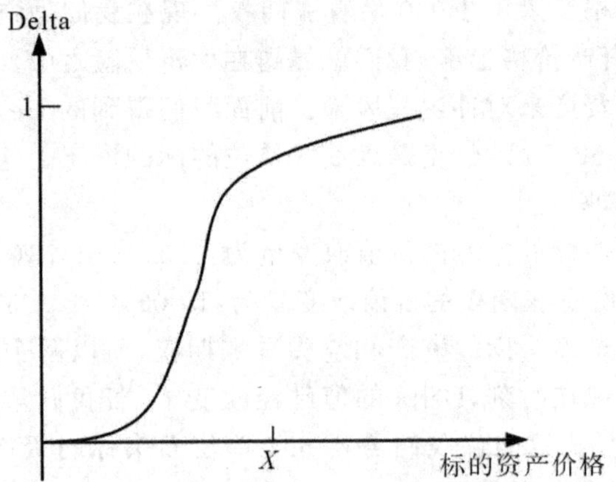

图 12-8　看涨期权 Delta 和标的资产价格关系

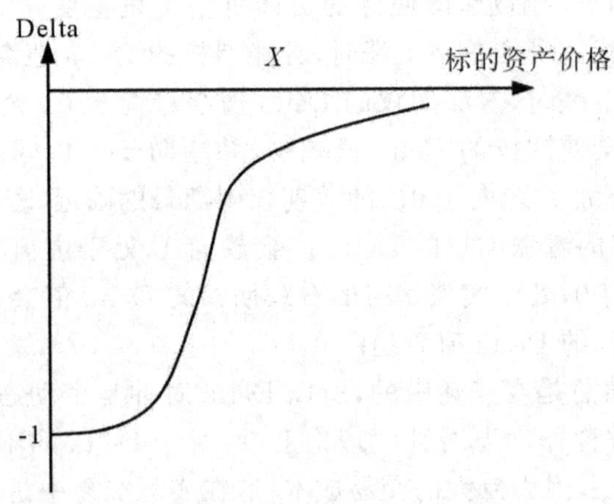

图 12-9　看跌期权 Delta 和标的资产价格关系

从图 12-8、图 12-9 中可以看出当标的资产价格上涨时，看涨期权价格一定上涨，看跌期权价格一定下跌，但是在各个方向上不同期权价格的变动量是不同的。$N(d_1)$度量了曲线上给定点的斜率，且仅用在度量标的资产很小变动量情况下曲线的斜率。当标的资产价格变动较大时，曲率关系的影响就体现出来了，它扭曲了 Delta 所表现的标的资产与期权之间的价格关系。这里出现的问题和债券与其收益率之间的关系是类似的。债券价格和债券收益率之间的一阶导数关系称为久期，这个久期与 Delta 是相似的概念。

在固定收益债券中曲率关系或是二阶导数关系被称为凸度，而在期权中，这种效应被称为 Gamma。Gamma 被用来度量 Delta 值对标的资产价格变动的敏感性。当 Gamma 值较大时，随着标的资产价格的变动，Delta 值的变化较快，而且不能提供较好的对于期权价格变动的近似。这里对于 Gamma 的计算和运用不做严格的要求，但我们需要知道关于 Gamma 的一些基本特点，以及它对 Delta 值的影响。

当对期权的未来的价值状态(实值还是虚值)有更多不确定性的时候，Gamma 的数值越大。这就意味着当期权处于平值状态或是接近到期日时，Gamma 值是很大的，同时表示此时 Delta 不能很好地发挥对期权价格变化的近似功能，Delta 对冲是没有效率的。此时应该使用的对冲是基于 Delta-Gamma 的对冲策略，要求在已有的 Delta 对冲组合中多加入一份期权以抵消原有期权的 Gamma 值。

(二)执行价格

执行价格是最容易获得的输入参数，它会在期权合约里注明，并且不会改变。因此我们不需要担心执行价格改变时对期权价格的影响，只是要考虑选择不同执行价格时期权的价格会有什么不同。我们知道期权在将来某一个时刻被执行时，其收益是标的资产的价格与执行价格的差额。随着标的资产价格的上升，看涨期权的价值也就变大；随着执行价格的上升，看涨期权的价值也就变小。对于看跌期权来说，其未来被执行的收益为执行价格与标的资产价格的差额。所以，与看涨期权相反，随着执行价格的上升，看跌期权的价值上升；随着标的资产价格的上升，看跌期权的价值就下降。

(三)无风险利率：Rho

无风险利率指的是期限与期权相对应的无风险债券的连续复利收益率。前面我们经常使用无风险利率这个概念，有时我们使用离散版本，有时使用连续形式。这里连续形式的无风险利率是对 1 加上离散的无风险利率求自然对数，例如，离散的年无风险利率为 5%，则复利为：

$$r^c=\ln(1+r)=\ln(1.05)=0.0488$$

假设求 6 个月后 1 美元的现值，使用离散和连续形式无风险利率后可以得到：

$$使用离散利率的现值=\frac{1}{(1+r)^{T}}=\frac{1}{(1+0.05)^{0.5}}=0.975\ 9(美元)$$

$$使用连续利率的现值=\mathrm{e}^{-r^{c}T}=\mathrm{e}^{0.048\ 8\times 0.5}=0.975\ 9(美元)$$

很明显两种利率形式都是有效的，但 Black-Scholes-Merton 模型要求使用连续的无风险利率。

期权价格对无风险利率变动的敏感度称为 Rho。它衡量期权价格对无风险利率的敏感程度，Rho 越大，期权价格对无风险利率变化的反应越明显。这里我们不对 Rho 的计算过多讨论，技术上来说，Black-Scholes-Merton 模型假设不变的无风险利率，所以讨论利率的变动是没有意义的。但是我们可以探究在当前利率改变的情况下期权的价格是怎样变化的。事实上，无风险利率对期权的影响不太直接。当无风险利率增加时，标的资产价格的预期增长率也倾向于增加，但是期权持有者收到的未来现金流的现值将减少。这两种影响都将减少看跌期权的价值，所以无风险利率增加，看跌期权的价格将下降。但对于看涨期权而言，标的资产价格的预期增长率的上升会增加看涨期权的价值，但是未来现金流的现值的减少会减少期权的价值。可以证明，对看涨期权来说，前一种影响要超过后一种的影响，所以无风险利率增加，看涨期权的价值也会增加，但增加的幅度不大。实际上，无风险利率的大幅度变化只能引起期权价格很小的变化。

（四）到期期限：Theta

到期期限也是一个容易取得的输入参数。期权合约有明确标注的期权日。我们只需要简单地数一下距离到期日的天数，然后除以 365 即可算得到期期限。

当到期期限减少时，即便是标的资产的价格不变，期权价格也会发生变动。我们知道，期权的价值等于其内在价值与时间价值之和。而期权的时间价值是期权的价值状态、到期时间和波动率的函数。未来的不确定性越大，期权的价格就越高。当到期日逼近，期权价格向到期日期权的支付价值靠拢，这个过程被称为时间价值衰减，这个衰减过程的速率称为期权的 Theta。Theta 定义为：其他条件不变时，期权的价值变化相对于到期期限的比率。单个期权的 Theta 几乎总是负的。因为随着到期期限越来越短，期权越来越逼近到期日，其时间价值就会逐渐趋于 0。需要指出的是对于欧式看跌期权，到期期限变短时，欧式看跌期权的价值不一定降低。在某种情况下，欧式看跌期权的价值会随着到期日的临近而上涨，此时的 Theta 为一正值，而且这种情形并不常见。大多数时候到期时间越长，期权价格越高。

（五）标的资产价格的波动率：Vega

前面提到过，标的资产价格的波动率指的是标的资产连续复合收益率的标准差，同时也指出波动率是期权定价过程中一个非常重要的输入参数。波动率是所有输入参数里面唯一不能容易地从其他来源直接获得的变量。另外要注意到期权价格对波动率是极其敏感的。我们将在第五小节中讨论波动率的估计方法。

简单来说，标的资产价格的波动率用来衡量未来标的资产价格的不确定性。随着波动率的增加，标的资产的价格发生剧烈上涨和剧烈下降的机会也会增加。对于标的资产的持有者来说，这两种机会互相抵消。但对于期权的买方，却不是这样。看涨期权的买方会从标的资产剧烈上涨中获利，而在标的资产剧烈下降时仅仅损失期权成本。相反，看跌期权的买方会从标的资产价格的剧烈下降中获利，而在标的资产价格剧烈上升时仅仅损失期权成本。因此随着标的资产价格的波动率的增加，看涨期权和看跌期权的价值都会增加。

我们将期权价值变化与标的资产价格波动率变化的比率称为Vega。Vega反映了期权价值相对标的资产价格波动率的敏感性。Vega的绝对值越大，期权价值相对于标的资产价格波动率越敏感。一般对于看涨和看跌期权，Vega都是正值，这意味着如果波动率增加，期权价格将会上涨。同时，期权的Vega值同期权所处的价值状态相关。图12-10显示了期权的Vega与标的资产价格之间的关系。从图12-10中可以看出：标的资产价格越接近于执行价格，即期权越临近平值状态，期权的Vega值就越大。

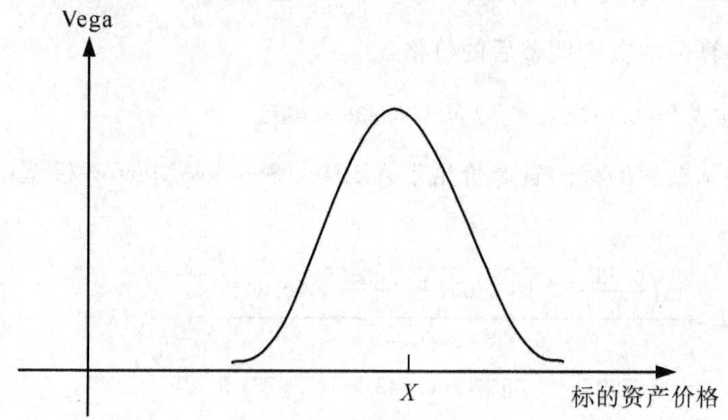

图12-10 期权Vega与标的资产价格之间关系图

在前面的例子中（X＝50（美元），S＝52.75（美元），$r^c=0.0488$，T＝

0.75)，波动率为0.35，期权的价格为8.619。假设我们错误地使用了0.40作为期权的波动率，这时看涨期权的价格将变为9.446。因为波动率是不能直接观察到的，所以这种程度的估计误差是很可能发生的。但这种估计误差反映到期权价格上就变成了巨大的价格差。

四、标的资产现金流的影响

标的资产产生的现金流会影响远期和期货价格，同样也会影响期权的价格。在使用Black-Scholes-Merton公式求解期权价值时，可以将标的资产的现金流从现价中先扣除，然后在将扣除现金流后的标的资产的价格带入到B-S-M公式。令 $PV(CF,0,T)$ 来表示期权存续期内标的资产所产生现金流的现值。所以在Black-Scholes-Merton模型中我们简单地以 $S_0-PV(CF,0,T)$ 来替换 S_0。

也可以使用连续复利来表示现金流。对于股票，我们使用连续复利的股利收益率，并指定来 δ^c 表示，这时Black-Scholes-Merton模型中 S_0 由 $S_0e^{-\delta^c T}$ 来代替。对于货币，使用连续复利的利率，指定 r^c 来表示。对于外币期权，S_0 代表汇率，这时我们使用连续复利的外币无风险利率 r^{fc} 来折现。下面看一个外币期权的例子。

假定美元对欧元的汇率为1欧元兑0.847 5美元，连续复利的美元利率为 $r^c=5.1\%$，连续复利的欧元利率为 $r^{fc}=4.25\%$。一份执行价格为0.90美元的看涨期权125天后到期 $\left(T=\dfrac{126}{365}=0.342\ 5\right)$。连续复利汇率的波动率为0.055。

(1)计算标的资产调整后的价格：

$$S_0e^{-r^{fc}T}=0.847\ 5e^{0.042\ 5\times 0.342\ 5}=0.835\ 3(\text{美元})$$

(2)将调整后的标的资产价格带入Black-Scholes-Merton模型中求 d_1 和 d_2：

$$\begin{cases} d_1=\dfrac{\ln\left(\dfrac{0.835\ 3}{0.90}\right)+\left[0.051+\dfrac{0.055^2}{2}\right]\times 0.342\ 5}{0.055\times\sqrt{0.342\ 5}}=-1.759\ 0 \\ d_2=-1.759\ 0-0.055\times\sqrt{0.342\ 5}=-1.791\ 2 \end{cases}$$

(3)查标准正态分布表求 $N(d_1)$ 和 $N(d_2)$

$$\begin{cases} N(d_1)=N(-1.76)=1-0.960\ 8=0.039\ 2 \\ N(d_2)=N(-1.79)=1-0.963\ 3=0.036\ 7 \end{cases}$$

(4)计算看涨期权的价值：

$$c=0.8353\times0.0392-0.90e^{0.051\times0.3425}\times0.0367=0.0003(\text{美元})$$

五、波动率的重要作用

就如我们前面强调过的，波动率是期权定价里面一个极其重要的变量。事实上，除了少数关于标的资产现金流数据外，波动率是唯一难以直接获得的变量。它是期权存续期内标的资产的波动率，因此不是过去或者现在的波动率，而是将来的波动率。关于期权价格的争议几乎都是源于对波动率估计的差异。但是怎样才能获得未来的波动率估计值呢？

（一）历史波动率

对未来波动率估计的最佳起点应该是考虑过去的波动率。当标的资产是公开交易资产，我们通常可以收集到近几年的数据，估计连续复合收益率的标准差。

表 12-5 显示了一只股票 12 个月的样本价格数据，以及估计历史波动率的过程。

表 12-5　估计历史波动率

月份	价格	收益	对数收益	(对数收益率－平均值)^2
0	100			
1	102	－0.020 000	0.019 803	0.000 123
2	99	－0.029 412	－0.029 853	0.001 486
3	97	－0.020 202	－0.020 409	0.000 847
4	89	－0.082 474	－0.086 075	0.008 982
5	103	0.157 303	0.146 093	0.018 878
6	104	0.009 709	0.009 662	0.000 001
7	102	－0.019 231	－0.019 418	0.000 790
8	99	－0.029 412	－0.029 853	0.001 486
9	104	0.050 505	0.049 271	0.001 646
10	102	－0.019 231	－0.019 418	0.000 790
11	105	0.029 412	0.028 988	0.000 412
12	111	0.057 143	0.055 570	0.002 197
		求和	0.104 360	0.037 639
		平均值	0.008 697	

我们将价格变化转换成收益率，将收益率取对数获得连续复利的收益率，再由复利收益率求得标准差。这里使用的是月度数据，所以将方差数据相加获得年化的方差，再求平方根求得年化的标准差。

方差计算公式为：

$$\sigma^2 = \frac{\sum_{i=1}^{N}(R_i^c - \overline{R}^c)^2}{N-1}$$

R_i^c 是观测值 i 的连续复利的收益率（$R_i^c = \ln(1+R_i)$），R_i 是观测值 i 的单利的收益率，$\overline{R}^c$ 是观测值的平均收益率。则：

$$\sigma^2 = \frac{0.037\ 639}{11} = 0.003\ 422$$

因为这里的观测值是月度值，所以要获得年化的方差就需要将月度方差值乘以 12：

$$\sigma^2 = 12 \times 0.003\ 422 = 0.041\ 064, \sigma = \sqrt{0.041\ 064} = 0.202\ 6$$

所以估计的历史波动率为 20.26%。

历史波动率估计仅是基于过去发生的事件。要获得最好的估计，我们需要大量的数据，这要求我们在时间上向前追溯很远。但是久远时间以前的数据与当期数据的相关性会下降，这时波动率估计的可靠性也会降低。下面我们从另一个方面来看一种波动率的估计方法。

（二）隐含波动率

市场上某只期权活跃交易的情况下，我们有理由相信期权的市场价格是它的真实价值的反映。这样我们设定 Black-Scholes-Merton 模型的结果等于市场价格，然后我们可以依据公式倒推获得波动率的输入参数。这个过程可以让我们求得期权交易商在期权定价过程中使用的波动率数值。这个波动率称为隐含波动率。

不过，确定隐含波动率不是一个简单的任务，我们不能简单地通过 Black-Scholes-Merton 模型直接得到波动率。在复杂的 Black-Scholes-Merton 模型中，波动率出现了好几次。但还是存在一些数学方法可以加速隐含波动率的估计。这里我们只是关注最基本的方法：试错法。

在先前的期权例子中，波动率为 0.35，标的资产价格为 52.75 美元，执行价格为 50 美元，无风险利率为 4.88%，期限为 0.75 年。根据 Black-Scholes-Merton 模型可以得到看涨期权价格为 8.619 美元。假设在市场上观察到的价格为 9.25 美元，那隐含波动率为多少时可以得到这个市场价格呢？

我们已经计算了波动率为 0.35 的期权的价格为 8.619 美元。因为期权价格的变化与波动率直接相关，所以要获得比 8.619 美元更高的期权价格就用输入一个更大的波动率值。这里我们首先试一下 0.40，通过 Black-Scholes-Merton 模型可以得到期权价格 9.446 美元，大于 9.25 美元，所以换一个较小的波动率值。照着这样不断试下去，可以得到表 12-6 的数据。

表 12-6 看涨期权和波动率的关系

波动率	看涨期权价格
0.35	8.619
0.40	9.446
0.39	9.280
0.38	9.114

根据上表我们知道正确的波动率值介于 0.38 与 0.39 之间，并且更趋向于 0.39。当我们要求期权价格精确到两位小数时，我们可以得到所求波动率在 0.387 6 与 0.388 8 之间；要是提高精度到期权价格的四位小数，可以得到波动率值 0.388 2 对应期权价格 9.250 0 美元。

如果市场上看涨期权的价格为 9.25 美元，那么我们可以认为市场以波动率值 0.388 2 为期权定价，这个数值代表了市场对标的资产波动率的最佳估计。如果我们使用 Black-Scholes-Merton 模型来判断期权是否正确定价，则导出隐含波动率的过程暗含着市场能够准确定价期权的假设。当隐含波动率偏离真实波动率时，认为市场没有准确定价。同时，隐含波动率也是市场交易者经常使用的关于标的资产不确定性的有价值信息。

练习题

1. 分析期权与远期、期货的相同点和不同点。

2. 假定投资者认为 A 公司的股票在未来 6 个月内会大幅度升值。A 公司股票的现价为 100 元，6 个月的看涨期权的约定价格是 100 元，期权价格是 10 元。用 10 000 元投资有如下三种选择：

a）全部购买 A 公司股票。

b）全部购买 A 公司 6 个月到期的期权。

c)购买 100 份期权(价值 1 000 元),用余下的 9 000 元投资于货币市场基金,6 个月的付息是 4%。

6 个月后,A 公司股票出现以下四种情况,分别计算每种价格下三种投资策略的收益是多少。

	6 个月后 A 公司的股价			
	80 元	100 元	110 元	120 元
a)				
b)				
c)				

3. A 公司股票的现价是 100 元,一年后 A 公司股票可能价格是 130 元和 80 元。现有该公司股票的欧式看涨期权,约定价格是 110 元,一年后行权。假设无风险利率是 5%,A 公司股票的波动率是 0.3。根据以上信息回答以下问题:

a)根据单阶段二叉树定价模型,计算该期权的期权价值。

b)根据 B-S-M 公式计算该期权的期权价值。

c)比较两种方法计算的期权价值,并据此分析两种计算方法的相同、不同点和适用条件。

d)假设该期权在市场上的交易价格是 5 块钱,你该如何投资?

4. 比较历史波动率和隐含波动率的区别。

5. 常见的期权投资策略包括哪些,如何采用这些策略?

6. 比较看跌期权的定价过程,分析看跌期权价值和看涨期权价值之间的关系。

第十三章

投资组合的绩效评价和风险管理

学习要求

投资组合理论是现代金融理论的核心内容，如何对已构建的投资组合的绩效进行评价，从而检验其实用性是本章的主要内容。此外，风险管理也已经跃升为现代金融理论的又一核心内容，尤其是美国金融危机以来，风险管理受到了全世界金融界的关注，因此风险管理也是本章的一大内容。学习本章内容应该达到以下学习目标：

1. 理解投资组合绩效评价的意义。
2. 熟悉并掌握常用的投资组合绩效评价的方法。
3. 掌握风险管理的程序和步骤。
4. 熟悉并掌握市场风险、信用风险和操作风险的常用管理方法。
5. 理解 VaR 测量风险的方法。

第一节 投资组合的绩效评价方法

一、绩效评价的意义

投资组合绩效评价是指事后对投资组合实际运营结果进行分析、评价。投资绩效评价的目的有两个：一是组合投资的经营管理者通过对经营成果的自我评估，以促进经营成果的不断扩大；二是投资者通过对经营管理者经营成果的评价，以有利于合理选择投资对象。但是，在实际的绩效评估过程中，这两个目的并没有实质性区别，都不是简单地以“经营结果好，经营绩效就好”为原则，而是坚持更科学更合理的评价。

具体地说，投资绩效的评估包括以下内容：

第一，分析评价投资方针是否正确。这主要针对投资机构，大多数情况下，投资方针的制定与贯彻在组织上相分离，即各具体的负责部门不同。直接贯彻者有义务忠实地执行投资方针所决定的买卖指令，同时必须清楚地了解在既定投资方针下，直接经营者的职能和责任。即使在两种业务由同一部门负责的情况下，对投资方针的制定与实际政策的操作也应该分别进行评定。

第二，分析实际操作是否严格遵守投资方针，并由此决定具体投资行为。当实际操作者脱离既定的投资方针，而取得超乎寻常的投资成果时，不应该降低对投资结果的评价；相反，当严格遵守投资方针而带来严重后果时，就应该查咎投资方针制定部门的责任。有关投资方针所制定的约束条件越多、越严格，实际操作者自由活动的余地就越小，对其评价领域也就越窄。

第三，在对上述相关项目进行评估的基础上，对投资损益水平进行分析，这也是本章主要讨论的内容。例如，在对变动性大的股票投资进行评价时，就要分析这些投资是否获得了超过市场平均收益的超额收益，所获得的超额收益是偶然因素所致，还是操作者能力所得，以及分析所获得的收益是否与风险水平相符，交易成本是否合适等等。

由于短期投资容易受各种偶然因素的影响，评估期间短，往往难以作出正确的评价，所以，组合投资绩效评估不是对短期投资成果的评价。从证券价格的循环变动周期看，评价周期一般以 3 到 5 年为好，并将之与较短期限的评价相结合。

投资组合的绩效评估，在投资管理中处于十分重要的地位。首先，它能够使投资者判断投资组合的经营管理者是否达到了预定的经营目标，是否有效地控制了风险；其次，它能使投资者对不同投资组合经营管理者进行比较评价，选择更加有利的投资对象；最后，它提供了一种发现投资过程不足及改进这些不足的机制。所以，投资组合绩效评估不仅仅是对投资组合管理的价值进行评价，而且作为投资管理机制中重要的组成部分，发挥着促进组合投资管理水平提高的作用。

二、单因素绩效评价模型

(一)夏普指标评估模型

夏普指标就是以均衡市场条件下的资本市场线为基准的一种风险调整的绩效评价指标,是资本市场线表达式中的斜率项,用 S_p 表示,表达式如下:

$$S_p=\frac{E(R_p)-R_f}{\sigma_P}$$

其中,σ_P 表示投资组合的总风险。

可以看出,夏普指标是用投资组合的总风险去除投资组合的风险溢价,反映的是该投资组合每单位总风险所带来的收益。夏普指标值越大,表明基金绩效越好。

(二)特雷纳指标评估模型

特雷纳指标以均衡市场假定下的资本资产定价模型或证券市场线为基础,并假定投资风险由两部分组成:一是由整个市场波动而产生的风险;二是由组合中单个证券的波动而产生的风险。对基金绩效的考核应以经风险调整后的报酬率为准。

特雷纳认为,基金应是风险分散良好的组合,应不包括非系统性风险。以基金的系统性风险 β_t 作为评鉴,特雷纳指标指承担每单位系统性风险所能获得的超额平均报酬率($E(R_t)-R_f$),用公式表示如下:

$$\frac{E(R_t)-R_f}{\beta_t}=\frac{\alpha_t}{\beta_t}-E(R_m)-R_t$$

其中,$\frac{E(R_t)-R_f}{\beta_t}$被称为特雷纳评鉴值,特雷纳数值越大,代表基金 p 的绩效越好,即承担每单位风险所获得的超额收益率越大。

特雷纳还引入了一种大风险资产,该资产可与不同的投资组合结合形成一条评定的投资组合可行线。他指出,理性的风险规避型投资者总是倾向于那些具有较大斜率的投资组合可行线,因为具有较高斜率的可行线能够使投资者位于较高的无差异曲线上,这一投资组合可行线的斜率就是特雷纳指标。

特雷纳指标作为一种相对绩效的评价方法,是用系统风险而不是用总风险对投资收益进行评价,而系统风险一般只是总风险的一部分,并且变量是测量风险的，不能反映一个投资组合的风险分散水平，即特雷纳指标隐含地假设了一个完全分散的投资组合，这意味着系统风险是相关的风险衡量尺度，非系统风险被完全分散掉了。因而特雷纳指标反映的是单位系统风险所获得的收益，它能反映投资基金的市场调整能力，但不能反映其分散和降低非系统风险的能力。

(三)詹森指标评估模型

标准资本市场理论认为，任何资产的期望报酬率都不可能超越市场标准的收益率，但实际上，资本市场并不那么有效率，具有选股选时能力的基金经理人可能会获得超越市场标准的收益率。詹森于 1968 年修改了证券市场线，用以评价具有优良绩效的基金或投资组合。用公式表示如下：

$$E(R_P)=\alpha_P+R_f+\beta_P[E(R_m)-R_f]$$

这里，α_P 是指投资组合期望收益率与均衡市场条件下 CAPM 对该投资组合的定价之差，称为非常规收益率或超额收益率。由 CAPM 定价的收益率称为常规收益率或均衡市场期望收益率。若 $\alpha_P>0$，则基金组合 P 具有超越市场收益标准的优良绩效；若 $\alpha_P<0$，则基金 P 的绩效低于市场收益标准；若 $\alpha_P=0$，则基金 P 具有与市场收益标准相当的收益水平。α_P 越大越好。这种评鉴方法称为詹森评鉴法。

詹森模型是至今为止使用最广泛的模型之一，但是，用詹森指标评估基金整体绩效时隐含了这样一个假设，即基金的非系统风险已被彻底地分散掉，因此，该指标只反映了收益率和系统风险因子之间的关系。如果基金并没有完全消除非系统风险，则詹森指标可能给出错误信息。詹森指标仅对投资基金的风险溢价能力做了考察，并没有对基金的风险分散能力进行估计。

另外，在使用詹森指标时，要求在样本期间内每一个不同的时间间隔期采用不同的无风险利率。比如，为了分析一个 10 年期间的投资基金的业绩，以每年为一个间隔期，分析该基金的年收益与每年的无风险收益之差，并将其与市场组合的收益和相同的无风险收益的差额相比较。

三、多因素绩效评价模型

(一)APT 方法

这一方法是由 Lehmann 和 Modest 第一次提出的，即运用套利定价理论(ATP)确定基准证券组合进行证券组合评价。以 CAPM 模型为基础的单因素评估模型无法解释按照股票特征，如市盈率、股票市值、账面价值比市场价值及过去的收益等进行分类的证券组合的收益之间的差异，所以研究者们又用多因素模型来代替单因素模型进行证券组合绩效的评估。其中，Lehmann 和 Modest，Fama 和 French，Carhart 等的多因素模型最具代表性。多因素模型的一般数学表达式如下：

$$R_i=\alpha_i+b_{i1}I_1+b_{i2}I_2+\cdots+b_{ij}I_j+\varepsilon_i$$

其中，$I_1,I_2,\cdots,I_j$ 分别代表影响 i 证券收益的各因素值；$b_{i1},b_{i2},\cdots,b_{ij}$ 分别代表各因素对证券收益变化的影响程度；α_i 代表证券收益率中独立于各因素变化的部分。

该模型有两个基本假设：1. 任意两种证券剩余收益 $\varepsilon_i,\varepsilon_j$ 之间均不相关；2. 任意两个因素 I_i,I_j 之间及任意因素 I_i 和剩余收益 ε_i 之间均不相关。

在 Lehmann 和 Modest 的多因素模型中，他们认为影响证券收益的因素为：市场平均指数收益、股票规模、公司的账面价值比市场价值、市盈率、公司前期的销售增长等。Fama 和 French 在 CAPM 模型的基础上，认为影响证券收益的因素除了上述因素外，还应包括按照行业特征分类的普通股组合收益、小盘股收益与大盘股收益之差、高公司的账面价值比市场价值收益与低公司的账面价值比市场价值收益之差（HML）等作为因素引入绩效评估模型。Carhart 在以上因素的基础上，引入了证券组合所持股票收益的趋势因素，即前期最好股票与最差股票的收益之差。

（二）格鲁伯—夏普方法

该方法是由格鲁伯和夏普提出的，是一种选取代表不同投资风格的基准证券组合对证券组合收益率进行拟合的方法。采用该方法时，可以随意选择多个基准证券组合，每个基准证券组合代表某一投资风格或选股模式。证券组合的收益率公式为：

$$R_{pt}-R_{ft}=\alpha_p+\sum\nolimits_{j=1}^{n}\beta_{jp}(R_{m_jt}-R_{ft})+\varepsilon_{pt}$$

在评价证券组合时，只需使各基准证券组合能够最好地描述证券组合收益率，即满足：

$$\min\left\{(R_{pt}-R_{ft})-\left[\alpha_p+\sum_{j=1}^{n}\beta_{jp}(R_{m_jt}-R_{ft})\right]\right\}$$

因此，采用格鲁伯—夏普方法时只需求得上式优化模型中的 β_{jp} 就可以得到证券组合收益表现的 α 系数，即证券组合的历史表现评价结果。在采用格鲁伯—夏普方法评价证券组合时,只需要证券组合和相关基准证券组合的历史收益率数据,因此数据的取得比较容易。

第二节　投资组合的风险评价与管理

一、风险评价与管理的程序

风险评价和管理的程序一般分为四个步骤:第一步是风险识别;第二步是对风险进行评估;第三步是确定风险评级和应对策略;第四步是风险控制。

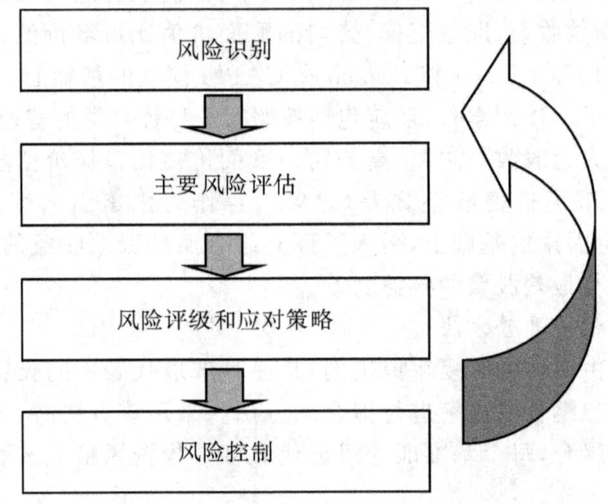

图 13-1　风险评价与管理程序示意图

1. 风险识别

从各个方面和角度,收集风险信息,分析是否暴露在风险之中。

2. 主要风险评估

将识别出来的风险按照重要程度排列,识别出主要风险因素。识别的方法包括专家主观判断法、德尔菲法、AHP 方法等。随后对识别出的主要风险(可能不止一种)一一进行评估。评估的方法包括主观定性方法和客观定量方法。主观定性方法主要包括专家判断法、风险评估图、情景规划等;客观定性方法包括分析方法、模拟方法等等。风险评估是风险管理中的核心内容。

3.风险评级与应对策略

根据风险评估结果,重新将识别出来的风险进行排列,并根据风险排列顺序结合可以利用的资源和时间约束,制定出每一种风险的应对策略。风险的应对策略包括:风险降低、风险转移、风险回避和风险保留四种。风险降低,又称为风险缓解,是指通过自身的努力降低未来不利结果出现的概率,风险分散是风险降低策略的常用技术。风险转移,指将风险转移给他人。将带有风险的资产卖给他人或者购买保险便是风险转移策略的方法。此外,套期保值也是风险转移策略常用的技术。风险规避,指有意识地避免某种特定风险的决策。考虑到该种特定风险太大,超过了机构的承受能力,机构采取不参与该风险的策略就是一种风险回避策略。风险保留,指机构接受该风险,并为其做足了准备(如计提风险储备金、要求风险补偿等)的策略。

4.风险控制

风险控制就是将风险的应对策略落实到实际操作中,并实时监测其实施进度和实施效果的过程。

下面我们将结合几种机构面临的主要风险:市场风险、信用风险和操作风险来具体介绍一下风险的评价与管理内容。

二、市场风险的评价与管理

(一)市场风险的定义

市场风险又称为价格风险,是指由资产的市场价格(包括金融资产价格和商品价格)变化或波动而引起的未来损失的可能性。根据引发市场风险的市场风险因子的不同,市场风险主要可以分为利率风险、汇率风险、股票价格风险和商品价格风险四大类。

(二)市场风险的评价

对市场风险的一般理解是一项资产或衍生品价格对潜在风险因素不确定性变动的敏感度。对股票或股票资产组合,通常使用 Beta 系数来测量其市场风险的大小,即股票或股票组合的价值对市场投资组合价值变动的敏感度。对于债券,则一般使用久期和凸度来测量其市场风险。对期权,一般采用 Delta 和 Gamma,前者测量的是期权价格对标的资产价值变动的敏感度,后者用来测量 Delta 对标的资产价值变动的敏感度。对股票、债券和期权,Delta 和 Gamma 都有真实的值,股票的 Delta 值为 1,Gamma 值为 0;债券的 Delta

测量的是债券价格对系统风险的反应度，Gamma 测量的是 Delta 对系统风险的反应度。对于大多数精确管理债券风险的模型来说，债券的久期和凸度被非常广泛地应用，Delta 和 Gamma 两个指标也是使用频率非常高的风险测度。

久期、凸度、Delta、Gamma 都是用来测量一个金融工具对风险因素变化的敏感度，但之前必须考虑什么是风险因素。举例来说，如果一个重要的期权价格的决定因素是标的物价格的波动性，这种风险也可以用 Vega 来测量。Vega 用来测量一项期权价格对标的物波动性的敏感度。大多数期权定价模型假设这种波动性不会变化，但实际上波动性会变化。这种波动性的变化在市场上很容易被观察到，例如某些天标的物的波动幅度尤其大，特别是在一些公告即将披露的前后。期权对这种波动性的变化非常敏感，而互换、期货或远期的价格却通常独立于波动性的变化。

那些具有非常规特征的金融衍生品之间的相互关系也会带来风险。例如，一些包含多个标的物的衍生品，考虑一种指数看涨期权，其标的物既包括标准普尔 500 指数，也有标准普尔 midcap 400 指数。在到期日，期权持有者可按照固定的价格或者购买标准普尔 500 指数，或者购买标准普尔 midcap 400 指数，这取决于两者在期权持有期间哪个表现比较好。由于两种指数的大小等级不同，因此需要把所有指数标准化为 1，即当期权到期时，指数的到期价值要先除以初始价值再乘以 100。这样一个期权的价值不仅受两种指数的波动性影响，同时也随两种指数之间的相互关系的变化而变化。同样道理，一些利率衍生品也被系统风险中利率间的相互关系所影响。因此，对某些类型的期权而言，相关性也是一种风险。

尽管还有其他一些不太重要的市场风险，但是对于衍生品来说，最主要的还是标的资产波动性影响和资产之间相关性所带来的影响。这些风险对于那些进行大量交易的交易商而言尤其重要。交易商充当交易对方的角色以满足客户需求，然后再通过其他交易对自己承担的风险进行套期保值，最终他们期望在这种“出价与询价”的过程中获利。为了有效地管理这些风险，交易商必须对其风险管理技术进行培训，他们必须能准确地计算 Delta、Gamma、Vega 并识别出那些可以恰巧抵消当前头寸风险的交易，从而能够合理调整其头寸的各项风险价值。

大多数终端投资者使用衍生品来管理一种特定的风险，当他们意识到风险，比如一项股票组合的 Beta 值过高，他们可能会卖出一定数目的期货使 Beta 值降到一个期望的水平。与交易商相比，终端投资者一般不会在投资技巧上花费过多的时间精力，但却会努力在他们能力范围内更有效地测量和管理风险。

在20世纪90年代,风险价值VaR已经是重要的风险管理衡量标准,没有其他任何一个风险管理话题像VaR那样受到如此多的重视和争议。VaR是对一个公司、基金、资产组合、交易或者战略潜在损失的概率测量方法。任何一项可能带来损失的头寸都是VaR测量方法的潜在对象,VaR是用来测量市场风险损失的最广泛且易使用的工具,同时它也适合用于测量更为复杂的背景,如测量信用风险或其他风险类型的损失。VaR一个更为正式的定义是:VaR是在一段时期内在某一概率范围内超出的损失。通过VaR,我们不可以确定地说最大损失是多少,同样也不可以确定地说这个最大可能损失就是整个资产组合实际损失的价值。我们更乐意在某给定概率下以最小损失的形式来表达VaR。这是一种更保守的表述方法,因为它提醒我们损失可能更多。我们将在第三节更加详细地介绍VaR系统的内容。

(三)市场风险的管理

通常一个公司或者金融机构会面临多种市场风险,譬如股票价格风险、利率风险、汇率风险等等。通过衍生品工具的交易,可以有效地改变资产头寸所蕴含的风险,实现投资者所希望达到的风险水平。

1. 价格风险

股票市场的波动性之大有目共睹,因此管理股票市场风险是每一位投资者最关心的问题。对于拥有一篮子股票组合的投资者,他管理的是一个股票组合,而非单只股票。因此,在对股票组合进行风险管理时,往往使用基于某个股票指数的期货合约。但对于单只股票的风险管理,则更多地使用股票期权来实现。

如果投资者认为手中持有的股票组合风险过高或是过低,可以通过买入或者卖出相应的股指期货合约来实现合适的风险水平。例如,如果投资者要调高整个股票组合的风险水平,可以买入若干份股指期货合约。当股价上升时,持有的股票和期货合约的价格同时上升,投资者得到的收益也比不买期货的时候更多;相反,在股价下跌时,损失也更多,整个资产组合的风险上升了。同理,如果要降低股票组合的风险水平,可以通过卖出股指期货来实现。

2. 利率风险

利率风险是每个投资者都要面对的一种风险。在利率风险管理中发挥重要作用的衍生品主要是远期利率协议。

远期利率协议(FRA)的一个重要特点是它可以帮助投资者(借款人和贷款人)锁定利率(借款利率和贷款利率)。FRA实质上是在一个固定利率下的远期对远期贷款,只是没有发生实际的贷款支付。也就是说,FRA的多头同意在未来的某个时刻以一个固定的利率向空头借钱，而空头则同意借出这笔钱，但是双方在约定的那个时刻并没有真正交换借款，而是交换了利息差。如果市场利率上升，多头在市场上的借款成本就会增加，此时空头就会向多头支付这部分差额。所以，FRA 实际上给多头提供了利率上限的保护。当市场利率下跌时，空头贷款的利润下降，此时多头就向空头支付利息差，所以 FRA 也给空头提供了利率下限的保护。

3. 汇率风险

汇率风险也是金融风险中一种常见的风险。通常情况下，人们习惯于使用外汇远期而不是外汇期货来管理汇率风险，这主要是因为投资者手头需要规避汇率风险的外汇额度和期限通常是不同的，所以标准化的期货合约很难满足投资者的需要。外汇远期因其灵活性而更受欢迎，外汇远期市场的规模也因此很大。不过，有时候投资者也会使用外汇期货来管理持有的外汇资产组合。

综上所述，通过衍生品的交易可以有效地减少由于价格波动性而造成的市场风险，从而为银行、企业营造一个相对稳定、安全的商业环境。

三、信用风险的评价与管理

(一)信用风险的定义

信用风险是指债务人或交易对方未能履行合同所规定的义务或者信用质量发生变化，影响金融工具的价值，从而给债权人或金融工具持有人带来损失的风险。信用风险可以表现为以下几种形式：违约风险、交易对方风险、信用迁移风险、信用事件风险等等。

传统观点认为，信用风险是指交易对方无力履约的风险，即债务人未能如期偿还其债务造成的违约，而给经济主体经营带来的风险。这里的风险可以理解为只有当违约实际发生时才会产生，因此信用风险又称为违约风险。然而随着现代风险环境的变化和风险管理技术的发展，传统的信用风险定义已经不能充分反映现代信用风险及其管理的性质和特点。从当今组合投资的角度出发，投资者的投资组合不仅会因为交易对方的直接违约而发生损失，而且交易对方履约可能性的变化也会给组合带来损失。因此，现代意义上的信用风险是指债务人或者交易对方未能履行金融工具的义务或者信用质量发生变化，影响金融工具的价值，从而给债权人或者金融工具持有人带来损失的风险。

信用风险具有明显的非系统性风险的特征，其概率分布为非正态分布，同时信息不对称和道德风险在信用风险中起着重要作用。与市场风险相反，信用风险的观察数据少，且不易获取。

（二）信用风险与市场风险的比较

相对于信用风险而言，市场风险具有数据优势和易于计量的特点，而且可供选择的金融产品种类丰富，因此可以采用多种技术手段加以规避。由于市场风险主要来自所属经济体系，因此具有明显的系统风险的特征，难以通过分散化完全清除。国际性商业银行通常分散投资于多国金融资本市场，以期降低所承担的系统风险。

而衡量信用风险通常需要构建违约概率的分布、违约情况下损失的分布以及信用暴露的分布，所有这些分布将在投资组合的背景下被用来测量信用损失量。这项工作是目前信用风险管理中面临的最为困难的问题。相比之下，利用风险价值（VaR）来衡量市场风险是一件相对简单的工作。

然而对于大多数金融机构来说，市场风险与信用风险相比显得微不足道。事实上，银行体系为信用风险而储备的风险资本金的数额要远远大于为市场风险而储备的风险资本金的数额。从金融机构发展的历史中，我们也可以发现最大的一些银行倒闭案例都是由于信用风险的原因。

近年来发展起来的测量市场风险的工具对于信用风险的测量与评定也非常有用。即使如此，市场风险与信用风险还是有着许多重要的差异。这些差异显示在表 13-1 中。

表 13-1　市场风险与信用风险的差别

项　目	市场风险	信用风险
风险来源	仅仅市场风险因素	违约风险、回收风险、市场风险
分布状态	基本对称、有厚尾可能	左偏
时间界限	短期	长期
适用主体	商业/贸易单位	所有公司及其对方
发布的法律	没有可使用的	非常重要

信用风险源于三种风险来源（违约风险、回收风险、市场风险）的复合过程。与大多数市场风险因素不同，信用风险的性质使其分布产生严重的左偏（就是以高于正态分布的概率产生数值非常大的损失），这是因为信用风险与期权的盈亏状态相似。在最好的情况下，对方所有应支付的金额，没有任何损

失发生;在最坏的情况下,所有应收回的金额都将成为损失。

时间期限也是不同的。尽管对于市场风险而言,校正措施所需的时间相对较短,但是对于信用风险,却需要很长的时间。虽然当前信用衍生品的出现使得信用风险很容易被对冲,但与市场风险相比,信用风险的头寸周转起来还是相当缓慢的。

最后,适用主体的水平也是不同的。对于市场风险的界定可以在交易柜台、公司各部门、甚至整个公司的层面上被使用。与此相对,信用风险的界定必须在对方的层面上进行界定,因为所有的头寸都由机构持有。

信用风险还可以和市场风险融合在一起,公司债券价格的波动实际上反映了对此公司信用损失预期的变化。在这种情况下,很难非常清楚地说应将这一波动划为市场风险还是信用风险。

(三)信用风险的评价

1.信用风险衡量体系

信用风险衡量体系试图将因对方违约而造成的损失进行量化。信用风险的分布可以被看成是一个受下面这些变量影响的复合过程。

(1)是否违约。这是一个离散型变量,对方违约或是不违约。违约的发生服从某种违约概率分布(PD)。

(2)信用暴露(CE)。也被称为违约暴露(EAD),即对方在违约时对其求偿权的经济价值。

(3)违约后损失(LGD)。指因违约造成的损失比例。例如,如果违约造成的回收率仅有30%,那么违约后损失为信用暴露的70%。

一般来说,信用风险通常用名义价值或者票面价值接近其风险暴露或经济价值的贷款或债券来衡量。这对于债券来说是一个合理的近似,但不适用于衍生产品。衍生产品的价值可正可负,而信用暴露被定义为资产的正价值:

$$\text{信用暴露}_t = \max(V_t, 0)$$

这是因为如果对方违约,对于欠他的所有金额仍需要全部支付。相反,如果对方违约有未支付金额,仅仅只有一部分可能被收回。因此,信用风险对于机构来说,只有合约的重置成本为正时才会发生。

对于信用风险的衡量经历了如下几个阶段:

(1)名义数量

(2)风险加权数量

(3)外部/内部信用评级

(4)内部债务组合信用模型

起先,信用风险通过总的名义数量来测量。用一个乘数,例如8%,乘以这一名义数量就得到针对信用风险需要持有的资本储备。

这种方法的问题是忽略了违约概率中的其他变量。1988年,巴塞尔委员会通过信用分级制定了一个非常粗糙的信用风险分类,提供了衡量每一名义数量的风险权重。这是对推动银行根据其自身风险程度持有足够资本金的首次尝试。

然而这些风险权重被证明过于简单化了,它使得银行有动机在巴塞尔协议资本金要求下改变它们的资产组合来最大化其股东回报,这使得商业银行的资产负债表中存在更大的风险,而这当然不是1988年巴塞尔协议的初衷。例如,根据1988年巴塞尔协议,对于AAA评级和C评级的公司贷款在资本金上的要求并没有什么区别。由于在同样的资本金管制下,对C级公司的贷款比对AAA级公司的贷款更有利可图,因此银行部门必然将其贷款组合转向低评级的贷款人,显然更低评级公司的贷款必然增加了银行资产的风险。

这导致了2001年巴塞尔委员会关于允许银行使用其自己内部或外部的信用评级的提议。这些信用评级更好地概括了信用风险。这里所谓的更好是指变得与经济风险测量更加一致。

虽然有这些改进,信用风险仍然是在单独的资产基础上进行测量,这种做法应当可以追溯到马科维茨将分散化的好处系统理论化以前的金融研究的年代。马科维茨的现代投资组合理论(MPT)可以度量和控制投资组合的总体集中风险。资产组合的风险用方差形式表示时,组合风险便与组合中各单项资产的收益相关性直接联系起来了。当组合中各资产的收益相关性变小时,组合风险降低。因此,通过配置相关系数较低或者为负值的资产,可以降低组合风险,这里正好体现了分散化可以降低系统风险。

2. KMV组合管理模型

由于市场信息的不完整,对于贷款投资组合要完全利用MPT理论将会存在缺陷,但是MPT的很多概念在修改后经常被用来度量信用风险。KMV公司的KMV组合管理模型即是利用MPT的概念来度量贷款组合的信用风险。对设计用于筛选最有效贷款组合的模型而言,三个主要的输入变量是:预期贷款收益、贷款风险、组合中贷款之间违约风险的相关性。

按照KMV的方法,这三个变量是通过下述方法进行度量的。

(1)预期贷款收益

KMV描述借款人i贷款的预期收益为:

$$R_i = AIS_i - E(L_i) = AIS_i - [EDF_i \times LGD_i]$$

其中：AIS_i 为全年差额，AIS 是金融机构的资金成本与借款人 i 支付利息的差额加上金融机构赚取的贷款手续费；$E(L_i)$ 为借款人 i 贷款的预期损失；EDF_i 为借款人 i 下一年度的预期违约率；LGD_i 为假定借款人违约时将会产生的损失。

(2)贷款风险 σ_i

KMV 描述借款人 i 贷款风险为：

$$\sigma_i = UL_i = \sigma_{Di} \times (LGD_i) = [EDF_i \times (1 - EDF_i)]^{\frac{1}{2}} \times (LGD_i)$$

其中：UL_i 为借款人 i 贷款的非预期损失；σ_{Di} 为借款人 i 贷款违约率的标准差。假定世界上只有两个国家，贷款只有违约或者偿还，借款人 i 贷款违约率的标准差 σ_{Di} 等于 $[EDF_i \times (1 - EDF_i)]^{\frac{1}{2}}$。这是通过假设只有违约或是偿还这两种可能结果所能得到的违约率的二项式分布。

(3)相关性 ρ_{ij}

KMV 模型利用借款人 i 和 j 的权益关系与系统收益形成的相关性来度量两个借款人不可观察到的违约风险的相关性，即 ρ_{ij}。当很多家银行采用 KMV 模型或者相似模型，而其他银行如果由于该模型包括贷款销售或交易信息而犹豫不决的话，则有可能会损害其与现有客户的关系。

(四)信用风险的管理

银行部门对贷款信用风险管理最频繁使用的是要求借款人提供抵押品。抵押品的价值一般高于银行贷款额度，以保障在发生违约时银行能最大限度地收回贷款。银行要不断监测抵押品的价值，定期调整，以反映借款人的资产价值的变化。银行也可以为借款人设置贷款信用额度，将对方的总的贷款额度限定在信用额度以下。金融机构可以在合同条款中加入旨在降低信用风险地条款，例如在购买期权时加入推迟付费的条款；在合同中加入"降级触发"条款，在交易对方评级下降时立即终止合同。

金融机构可以运用资产证券化管理信用风险。资产证券化过程开始于将各种金融和非金融资产打包成证券再出售给投资者，然后利用那些资产产生的现金流来支付证券的利息和本金，同时支付打包卖出证券过程中产生的交易管理费用。这些卖出的证券被称为资产支持证券(ABS)，因为这些被打包的资产提供了投资者的投资收益。通过出售打包资产，ABS 可以将未来从资产生命周期中获得的现金流转移到即期来。小的或者是融资能力较差的融资者可以获得以前不能获得的资金。通过将非证券化资产转变为资产特性鲜明的资产，减少了关于相对陌生的经营的不对称信息量。因此证券化提供了先前不可能的资金来源。金融机构也可以将表内资产转化为表外资产，这样就可以降低经营的监管资本金需求量。资产证券化可以更好地搭配资产和负债，这样可以降低基于传统资产负债结构的利息和流动性风险。

因为证券化结构是多种多样的，所以投资者可以将他们的投资需求转化成多样的可投资选择。投资于不同信用质量、不同到期期限的资产，从而增加通过多样化投资获得的潜在收益。以相似资产组合支持的投资方式可以减少信息不对称，从而提高交易的质量。

金融机构可以利用信用衍生工具降低信用风险。信用衍生工具包括：

1. 信用违约互换

这种工具类似于一份信用保险合同。这种工具的运作过程如下：银行在每一互换时期向作为交易对方的另一金融机构支付一笔固定的费用（类似于违约期权价格）。如果银行的贷款并未违约，那么互换合约的交易对方就不需要支付；如果这笔贷款发生违约，那么互换合约的交易对方就要向其支付违约损失，支付的数额等于贷款的初始面值减去违约贷款在二级市场上的市值。事实上，一项纯粹的信用互换相当于购入了一份信用保险，或者是一种多期的违约期权。这种互换由于使用了标准化的合同格式，所以在信用衍生工具中发展最为迅速。

2. 总收益互换

在总收益互换中，投资者接受原先属于银行的贷款或证券的全部风险和现金流，同时支付给银行一个确定的收益（比如 LIBOR，一般情况下会在 LIBOR 的基础上加减一定的息差）。与一般互换不同的是，银行和投资者除了交换在互换期间的现金流以外，在贷款到期或者出现违约时，还要结算贷款或债券的价差，计算公式在签约时事先确定。如果到期时，贷款或债券的市场价格出现升值，银行将向投资者支付价差；反之，如果出现减值，则由投资者向银行支付价差。总收益互换的特殊支付结构实现了信用风险和市场风险的同时转移。

3. 信用违约期权

银行可以在发放贷款的时候购买一个违约期权，与该笔贷款的面值相对应。当贷款违约事件发生时，期权出售者向银行支付违约贷款的面值。如果贷款按照贷款协议得以清偿，那么违约期权就自动终止。因此，银行的最大损失就是从期权出售者那里购买违约期权所支付的期权价格。这类期权也有一些变体，比如，可以把某种关键性的特点写入该期权合约中。如果交易对方的信用质量有所改善，比如说从 B 级上升到 A 级，那么该违约期权就自动终止。作为回报，这种期权的价格应该较低。

4.信用相关票据

以上三种工具都是保护风险出售者的利益，即银行的利益，但在实践中银行也有违约的可能性。银行违约风险在许多国家都被忽略不计，因为人们一般认为银行资产庞大，一般不会倒闭从而违约。在实践中，为了控制这种风险，引进了信用相关票据。这是一种表内交易的货币市场工具，为了特定目的而发行的一种融资工具，其信用衍生品的特性体现在该融资工具在发行时往往注明其本金的偿还和利息的支付取决于约定的参考资产的信用状况。当参考资产出现违约时，该票据得不到全额的本金偿还。票据发行者在发行这种融资票据时，将参考资产的信用风险转移给了票据投资者。因此，这实际上是一个普通的固定收益债券和一个信用衍生品的混合产品。

信用衍生工具为银行管理信用风险提供了更新的手段，这些工具的最大特点在于银行可以通过它们将信用风险从其他风险中剥离出来并转移出去，因而对金融风险管理具有重大意义。

四、操作风险的评价与管理

(一)操作风险的定义

近年来发生的许多银行案都显示对操作风险的忽视会导致股东价值的下降，而适当的关注则能为公司各方面带来质的提高，包括公司信誉的提高、经营损失的减少，并且还可以使公司在市场竞争中处于有利的地位。

巴塞尔委员会是国际清算银行(BIS)下属的委员会。该委员会认为操作风险的主要类型包括公司治理和内部控制的失灵，其他操作风险包括信息技术运作的失败和自然灾害风险等。根据巴塞尔委员会的监管条例，操作风险的定义为：“由于不完善或失灵的内部程序、人员和系统或外部事件导致损失的风险”。

可以看出巴塞尔委员会的定义关注的是损失的来源以及操作损失的影响。根据其定义，引起操作风险的原因主要包括以下几个方面：人员、内部程序、系统和外部因素等。任何与这些领域有关的问题都可能导致直接或间接的损失，这些损失有的可以预期，有的则无法预期。

在包含的风险类型方面，巴塞尔委员会对操作风险的定义很明确地包含了法律风险，但并没有包括战略风险和声誉风险。巴塞尔委员会之所以这样规定，一个可能的原因就是因为战略风险和声誉风险是难以量化的。这也是许多人对巴塞尔委员会的定义进行批评的一个重要原因，他们认为巴塞尔委员会的定义只是强调直接或间接的实际损失，存在着重大的遗漏，应该将战略风险和声誉风险，尤其是声誉风险，包括在操作风险的范围之内。例如声誉的好坏对财务公司而言是至关重要的，管理上对声誉风险的忽视会为公司带来重大的影响。

巴塞尔委员会对操作风险的定义区分了经营风险的直接影响和间接影响。经营损失对于任何业务都会产生影响，而操作风险对于规模和交易额大的业务影响最大。直接损失是指当前收入的损失，而间接损失是相对于潜在收入而言的。例如，由于经营障碍无法拓展业务，或者与消费者的摩擦导致的信誉问题。

（二）操作风险的评价

操作风险来源的复杂性、重大损失的小概率特征，都使得操作风险的计量变得十分困难。如果不能像市场风险和信用风险那样易于精确地测算，就要对操作风险进行估计。在巴塞尔协议给出操作风险定义的同时，也为操作风险确定了资本充足的要求。协议提出的比率是银行总的资本充足要求的12%左右。这显然是一个相当高的水平，这不但迫使银行业开始对操作风险提高重视程度，同时也可以看出大多数银行可能不愿意或没有能力在操作风险方面配置如此高水平的资本金。为此，巴塞尔协议提供了多种可供选择的衡量操作风险及其所需配置的资本金的方法。

1. 巴塞尔协议提供的衡量操作风险及其所需配置资本金的方法

(1)基本指标方法

基本指标方法在整个银行的层面上测度所需资本金。最初三年银行为操作风险所配备的资本金要等于平均年总收入的固定比率。巴塞尔协议建议最初的比率设定为15%。

(2)标准法

这种方法将金融机构业务划分成不同的标准化的业务线，对于各种业务线，其所需资本为β乘以敞口系数。β由监管当局根据样本银行的基本数据进行测算，并且不同业务线的β会因为业务性质的不同而取不同数值。总的资本金需求为各个业务线资本金需求的加总。

(3)高级衡量方法

如果可以满足更为严格的监管标准，银行就可以应用高级衡量方法来测算所需操作风险资本金。通过对银行内部采集的样本数据的计算，可以得出各个业务线的损失概率、违约下损失的比率等等指标，以决定每个业务线所需配置的资本金。只要银行管理操作风险的措施是系统的、高效率的，巴塞尔协议对高级衡量方法的应用要求是有极大的弹性的。应用高级衡量方法的目的是希望每个银行都能够发展出自己复杂精密的方法来测算和管理操作风险。

2.应用于实践的其他衡量操作风险的方法

(1)从上至下方法

这类方法试图在最广泛的层面上即用企业范围或行业范畴的数据来衡量操作风险。衡量的结果将用来决定缓冲风险所需保留的资本量。这些资本将在各业务单位中进行分配。

(2)从下至上方法

从下至上方法，是从单个业务单位或者从过程的层面上着手，然后将测量结果汇总，来判断机构面临的风险概况。这类方法最大的优点是有利于更好地理解操作损失的成因。

估计操作风险的工具可以分为以下六种：

- 审计监督。是指外部审计部门对业务过程的再审查。
- 关键问题的自我评估。每一个业务单位要定义操作风险的种类及其程度。这种主观评估包括预测损失发生的频率和严重程度，以及如何控制风险。这种过程中需要用到的工具有选择题单、调查问卷和简化的研讨会。
- 关键风险指标。指的是一些能够指示风险是否发生变化的简单的指示。其预警信号包括审计分数、人事变动率、交易数量等等。前提是这些指标值越高，具有操作风险的事件发生的可能性就越大。举个例子来说，通过这种客观的方法，风险经理可以用回归等技术来预测可能出现的损失。
- 收入波动性。剔除市场和信用风险的影响之后，收入波动性可以用来评估操作风险，这种方法的内容包括：按照趋势调整收入的时间序列，然后估算收入的波动性。这个方法使用起来很简单，但是却存在很多问题。这种风险评估将商业风险和宏观经济风险导致的波动性也考虑进去了，而这两种风险并不属于操作风险。而且，这种事后评估方法也无法解释控制水平提高或降低的原因。
- 因果网络。因果网络解释了各种不同的原因如何导致损失。原因和结果通过条件概率被联系起来。接下来，对网络进行模拟，进行损失的分配。这种从上至下的模型注重风险的驱动力，所以有助于更好地理解损失。

• 保险统计模型。该模型能够估算损失发生的频率和严重性的分布，从而客观地估算出由操作风险所造成的损失的分布。这类方法可能属于从下至上模型，也可能属于从上至下模型。

（三）操作风险的管理

1. 资本分配和保险

和市场的风险价值一样，操作损失的分布也可以用来估计损失期望值和抵御这种金融风险所需的资本总额。图 13-2 着重反映了操作风险的损失分布的重要性质。

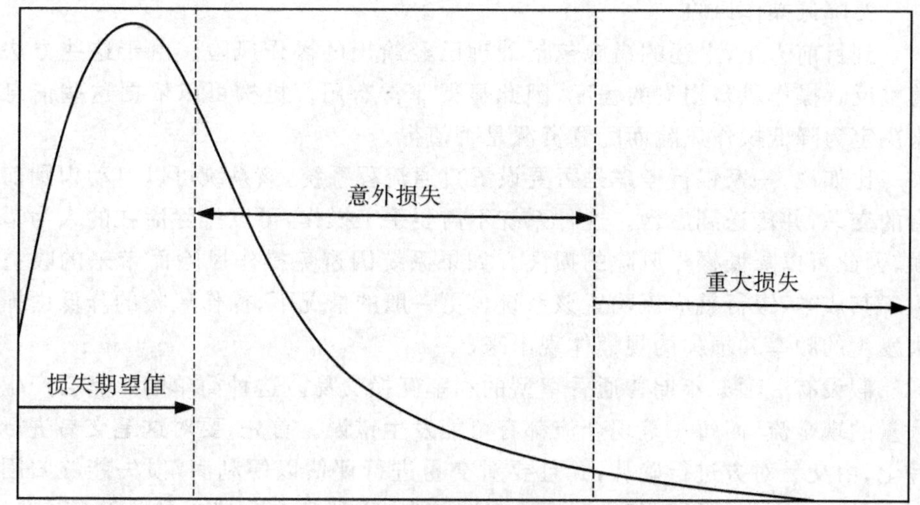

图 13-2　操作损失的分布

损失期望值是指应该预期到的操作性损失的程度。尤其能够反映频率高、程度轻的损失事件。一般将这种损失视为过程中的成本，并通过内部控制来管理。这种损失几乎不对外界透露。

意外损失是指一定的置信水平下的概率分位点的损失和损失期望值之间的偏差。尤其能够反映频率低、程度重的损失事件。一般用资本储备金来冲抵意外损失，或者在可行的情况下将这种损失转移给外部的保险公司。这种风险偶尔会对外界公布，但通常只会透露大概的情况。

重大损失是指过度的意外损失。由定义可以看出，这种损失发生的概率极低，但是对机构具有极强的破坏性。比如，巴林银行破产案很大程度上要归咎于操作风险。由于所需的资本量过于庞大，所以不太可能通过资本分配来冲抵重大损失。最理想的途径是由保险公司来承担这种损失。由于其严重性，重大损失需要对外界公布。

即使这样，购买保险也并非万无一失。保险的偿付必须保证绝对及时和全额。一旦出现拖延赔付，银行就有可能倒闭，或者在赔付额度上产生争议。这是因为，投保之后，投保人控制损失的积极性也将减弱，这是道德风险的典型体现。保险公司清楚地知道这一点，而且会相应地提高保险费。同样，逆向选择也会导致保险费用的提高。逆向选择描述了银行风险控制水平有差别的局面。控制水平低的银行比控制水平高的银行更倾向于购买保险。保险公司无法了解所面对的银行属于哪一类，所以保险公司将会提高平均保险费用。

2.降低操作风险

到目前为止，上述的措施包括处理已经给出的操作风险。由于这些方法着重反映操作风险损失的程度，因此显得非常有用。机构可以依据这些信息来决定为降低操作风险而配置资源是否值得。

比如说，一家银行考虑是否要设置直通流程系统，该系统可以自动识别前台的交易，并传送到后台。这种系统不需要手工操作，可以排除潜在的人为错误，因此可以降低操作风险的损失。如果系统因避免操作风险而带来的收益大于其成本，银行就应该购置该系统。更一般的情况下，操作风险的降低由损失发生的频率和损失的规模体现出来。

假设有一项 5 年期普通香草型的利率互换交易。这种简单的工具会产生大量的现金流，而每一笔现金流都有可能发生错误。首先，要对这笔交易进行登记，由交易对方进行确认，并且要对交易进行评估以便利润/损失能够归因于交易中。利率互换每年支付两次，这样利率重置和支付净额的计算就有 10 次，从而将产生 10 次现金流。这些支付需要绝对精确的计算，就是说，要精确到分。错误可以是一些次要的小问题，比如支付延迟了一天，也可能是一些重大的问题，比如交易员对冲失败或者进行欺诈性的评估。

互换还会产生一些市场风险，这些风险可能是需要对冲的。应该将这种情况放到市场风险管理系统中，通过该系统将总体情况、交易员风险和机构风险作为一个整体进行监控。此外，应该定期地衡量现有的以及潜在性的信用风险，并把与同一个交易方的所有交易加总起来。这种风险衡量过程中的错误会导致更高的市场风险或信用风险，甚至二者兼有。

操作风险最小化有很多种方法，这些方法大体可以归为两类：内部控制方法和外部控制方法。

(1)内部控制方法包括：

- 职责分离:负责进行交易的人不可以同时担任结算和会计的职责。
- 双重记录:将两种不同来源的记录进行核对,即交易票据和后台的确认。
- 再次调整:将不同来源的结果(输出)进行核对,比如由交易员估算的利润和由中层管理者计算的利润。
- 定时器系统:将重要的交易日期(比如清算日期、执行日期)输入日历系统,在发生日之前自动产生信息。
- 改动控制:对原始交易单据的任何修改的控制应该和对原始交易单据的控制同样严格。

(2)外部控制方法包括:

- 确认:应该由交易对方对交易进行独立的审查,并确认交易票据。
- 核实价格:为了便于对头寸进行评估,价格应该从外部获得。这也意味着,机构应该具备在开始交易之前对交易进行估价的能力。
- 授权:应该向交易对方提供授权的交易人员列表,以及允许进行的交易列表。
- 清算:支付过程本身能够识别某些记录错误的交易。比如,互换中的第一笔现金支付在不同的交易方之间不匹配。
- 内部/外部审计:这些检查为组织的结构和业务过程中潜在的薄弱环节提供了有用的信息。

3.概念性问题

操作风险的管理仍然存在着一些概念性的问题。

第一,与市场和信用风险不同,操作风险对于金融机构来说很大程度上属于内部风险。机构显然不愿意公开自己的错误,因此关于操作损失的数据收集起来比较困难,而这些数据最理想的情况是来自大量的操作性失败。另一个问题是,导致损失的业务状况和内部控制可能不同,使得结论无法直接应用到其他的机构中去。

第二,市场和信用风险可以在概念上分为风险暴露和风险因素。风险暴露易于衡量和控制。相比之下,风险因素与操作性损失发生的概率及程度之间的界限却很难划分。在这里,因果关系贯穿着内部控制。

第三,能够威胁到机构稳定性的重大经营损失非常少见。这就导致了观察资料的数量极少,或者说处于概率分布的“尾端”。像这样的“小尾巴”问题很难在较高的置信水平上提出有力的操作风险估值。所以,直到现在关于操作风险是否可以用与市场和信用风险相同的量化方法来进行衡量这个问题还存在争论。

第三节 VaR——在险价值

一、市场风险的评价工具:VaR

(一)VaR 的定义

VaR 以美元或者其他参考货币的形式度量风险。其一般定义为:VaR 是在一个特定时期内,特定可能性下(置信区间)的最大损失,即实际损失只有在一个预先确定的、很小的可能性下才会超过该水平。

例如,考虑一项头寸,卖出日元,买入 40 亿美元。这项头寸相当于一项对冲基金,即预测日元相对于美元会贬值。该头寸一天内会损失多少呢?

为了回答这个问题,我们就需要使用 10 年的日元对美元汇率的历史数据来模拟汇率日回报。那么这个以美元表示的模拟日回报 $R_t(\$)$ 就为:

$$R_t(\$)=Q_0\ \frac{S_t-S_{t-1}}{S_{t-1}}$$

其中:Q_0 为该头寸当前的美元价值;S 表示以连续的两天为基础计算的美元对日元的即期汇率。

例如,假设两天的数据为 $S_1=112$,$S_2=111.8$,模拟回报则为:

$$R_2(\$)=40\times\frac{111.8-112}{112}=0.072(\text{亿美元})$$

通过对大量取样的重复运算(比如 2 527 个交易日),我们可以创造一个日回报的虚拟的时间序列,这样我们就得到了日回报的频率分布。例如,有四项损失超过了 1.6 亿美元,三项损失介于 1.2 亿美元与 1.6 亿美元之间。

现在我们希望用一个数字来总结这个分布。我们可以对分位数进行描述,即在某个高的置信水平下不会超过的损失水平。例如,将置信水平定为 $c=95\%$,这样就对应于一个分布的右侧尾概率。我们定义 VaR 时也可以使用左侧尾概率,即 $p=1-c$。

将 x 定义为美元的收益或损失。尽管 VaR 是一项损失,但通常是以正数的形式报告出来的,其隐含的定义为:

$$c=\int_{-\text{VaR}}^{\infty}f(x)\,\mathrm{d}x$$

其中，$f(x)$为当损失为 x 时的概率。当 x 是离散分布的时候，VaR 就是使得右侧尾概率不小于 c 的最小损失。

有时候 VaR 被报告为平均值与分位数的背离程度。第二个定义比第一个更具有一致性。因为它考察在特定日期两个值之间的背离程度，所以其考虑了货币的时间价值。然而，在很多时候时间跨度都非常短，这样金融序列的平均日回报就接近零。结果是两个定义得出的值经常是很接近的。

在这个对冲基金的例子中，我们希望找到一个分界值 R^*，使得损失大于 $-R^*$ 的概率小于 $p=1-c=5\%$。样本总体有 2 527 个观察值，相应地，会有 126 个（$pT=0.05\times 2\,527=126$）观测值在序列的左侧。这样我们就可以从序列中选出分界值 $R^*=0.471$ 亿美元。我们可以作出如下的表述：在 95% 的置信水平下，一天的最大损失为 0.471 亿美元。最后，在确定的置信水平下，我们可以得出 N 天内预期超过 R^* 的观测值的总数 n：$n=p\times N$。套用上面的 p 值 5%，即意味着每天内超出分界值 R^* 的观测值个数为 $n=0.05\times 1=0.05$ 个，20 天内超出的观测值个数为 1 个（0.05×20）。

（二）VaR 的特性

VaR 是一个非常有用的风险计量工具，但它有着一些限制条件。

1. VaR 并没有对最坏情况的损失进行描述，其并非被设计用来计量在最坏情况下的损失值。实际上我们会预期，在置信水平为 95% 时，损失超过 VaR 的概率为 p，即 100 天中有 5 天。这是很正常的，现实中事后检验就是为了检查这个超出频率是否与 p 值一致。

2. VaR 并没有描述左侧尾部损失。VaR 没有关于损失在左侧尾部如何分布的任何描述。它只是指出了这些大于 VaR 值的损失值出现的概率。然而对于同一个 VaR 值来说，左侧尾部的分布可以是许多不同的分布形式。例如，一个大于置信水平为 95%、VaR 为 3 亿美元的真实损失的平均值可以是 1 亿美元也可以是 3 亿美元。因此通过 VaR 值，我们并不能确定地知道左侧尾部损失的具体数值。

3. VaR 的计算有一定的误差。VaR 值通常适用于正态分布。在实际的例子中，我们可能会使用 10 年的日数据。但当使用另一样本区间或者用不同的样本区间长度，都会得出不同的 VaR 值。不同的统计方法也会得出不同的 VaR 值。通过尝试不同的样本区间和不同方法，可以使我们对 VaR 的准确性形成一定的认识。

（三）其他评价方法

通常情况下，VaR 是损益以金额形式表现的分布的分位数。这一单一的数字便捷地反映了总体风险，但这种过于简单的性质可能是非常危险的。最突出的就是投资组合的 VaR 值可能会大于子组合 VaR 值之和。这就意味着投资组合的合并会增加风险，这种结果是不合理的。因此通常我们也利用其他工具来计量风险，比较典型的有整体分布、条件 VaR 和标准差等。

1. 整体分布

在我们的例子中 VaR 只是分布中的一个分位数。但是，风险管理者是可以接触到整个分布的，为了增加置信水平，他们可以得到一组在不同置信水平下的 VaR 值。

2. 条件 VaR

另一个相关的概念是当损失超过 VaR 时的损失的期望值。当损失大于 VaR 值时，条件 VaR 用来计量平均损失。定义 VaR 为 $-q$。条件 VaR (CVaR)为下面式子值的相反数：

$$E[x \mid x < q] = \frac{\int_{-\infty}^{q} x f(x) \mathrm{d}x}{\int_{-\infty}^{q} f(x) \mathrm{d}x}$$

需要注意的是，分母代表损失超过 VaR 的概率，即 $p=1-c$。CVaR 也叫做期望损失、尾部条件期望损失和期望尾部损失。它可以指出超过了 VaR 后，损失将会是多少。对于我们的日元头寸而言，超过 0.47 亿美元 VaR 值的平均损失为：CVaR=0.74 亿美元。

3. 标准差

标准差(SD)是一个反映分布总体情况的简单指标。

$$SD(x) = \sqrt{\frac{1}{N-1}\sum_{i=1}^{N}[x_i - E(x)]^2}$$

该计量指标的一个优点是它考虑了所有的观察值，而不是仅限于分位数附近。例如，任何大的负值都会影响方差的计算，增加标准差。如果我们指定了分布的类型，比如正态分布或 t 分布，标准差都将是反映分散程度的最佳指标。例如对于我们的日元头寸，标准差为：SD=0.297 亿美元。基于标准正态近似和 $\alpha=1.645$(标准正态 95%置信水平下单边分布的分位数)，我们可以得到 VaR 的估计值为 0.49 亿美元(1.645×29.7)，这与经验分位数计算出的 0.47 亿美元相差不大。在这样的条件下，VaR 就具有标准差的所有性质。特别的，投资组合的 SD 肯定会小于子组合 SD 的总和，即其具有次可加性。

标准差的不足之处是它是对称的，不能辨别大的损失和收益。另外，根据

SD来计算 VaR 需要假定分布的类型，但这种假设往往是不正确的。

二、VaR 的参数设置

（一）置信水平

置信水平 c 越高，VaR 值越大。通过改变置信水平可以提供有关回报的分布和潜在的极端损失的信息。然而，并没有确定的标准来决定，到底应该是采用99%，99.9%，99.99%或是其他置信水平。随着这些值的变大，每一个都会得到一个金额更大的损失（VaR），但其出现的可能性变得更小（更小的 p）。

另一个问题是，当 c 增加时，损失大于 VaR 的观察值就会逐渐减少，导致出现低效率的高分位数。例如有 1 000 个观察值，在 99%的置信水平下 VaR 可以取倒数第十个观察值。当置信水平增加到 99.9%时，VaR 就只能取最小值了。但是，没有一个简单的办法可以估计置信水平为 99.99%时的 VaR，因为样本数太小了。

置信水平的选取取决于使用的 VaR 值。在多数情况下，VaR 只是计量潜在风险的简单标准。如果是这样的话，真正重要的就是在不同的交易环境下所要求的 VaR 置信水平的一致性。

与之相反，如果用 VaR 来决定留存多少资金来避免破产，那么高的置信水平是可取的。因为很显然的，没有一个机构愿意破产。然而这种基于资本充足性的做法只适用于机构，而不用于交易室里。

还有一点就是 VaR 模型只有在可验证时才具有可用性。这是事后验证的目的，即系统地检查损失超过 VaR 的频率是否与 $p=1-c$ 的界限一致。出于这个目的，风险管理者不能将 c 定得太高。例如，选择 $c=99.99\%$，平均来说，这意味着 10 000 天（40 年）里有一天的损失超过了 VaR。换句话说，要验证 99.99%的置信水平下超过 VaR 可能性是不可能的。由于这些原因，通常推荐使用的置信水平一般都不太高，在 95%到 99%之间。

（二）持有期

持有期 T 越长，VaR 越大。这种推断是基于两个因素得出的：风险因子的行为和资产组合的头寸。

为了从一天推断出一个较长时期的序列，我们通常需要假定回报是独立同分布的。这样就可以通过日数据乘以时间的平方根的方式，从一天推断到多天的情况。我们还需要假定日回报数据的分布在较长的时期内是不变的，

即日回报属于稳定分布族(正态分布就是其中一种)。如果是这样,则:

$$\mathrm{VaR}(T\ days)=\mathrm{VaR}(one\ day)\times\sqrt{T}$$

这需要满足以下条件:

(1)分布不随着持有期的改变而改变(即对于正态分布,α是相同的)

(2)不同持有期的分布是相同的(即不存在异方差)

(3)不同时期发生的变化是独立的。

持有期的选择还依赖于组合头寸的特点。如果头寸变化很快,或者当价格改变时,其风险暴露程度也会改变,这时增大期限就会使 VaR 变大。另外,持有期的选择还依赖于使用 VaR 的目的。如果是要提供一个潜在风险的准确标准,持有期就应该相对短一些,理想值应该短于主要投资组合再平衡的平均期限。相反,如果 VaR 是用来确定留存资金量来避免破产,那么就应该选择较长的期限。所有的机构都希望当出现问题时能有足够的时间来找出纠正的方法。

在实务中,选择的期限不能短于报告利润或损失的频率。传统上,银行业以每天为基础计算利润和损失,公司则使用一个更长的时间间隔(从一天到一个月)。这种间隔是计算 VaR 的最短持有期。

另一个标准与事后验证有关。较短的时间间隔会形成更多的数据点,可用来匹配估计的 VaR。因为统计检验的检验能力会随着观察值数量的增加而增加,所以应该选取尽量短的时间间隔。

基于上述原因,推荐选取的时间间隔应当尽可能地短,如交易室里应以一天为基础。持有期需要与资产类别和风险管理目标保持协调。对于机构来说,如养老金,选取一个月为持有期间隔更为合适。

基于留存充足资本的目的,机构应该选取高的置信水平和长的持有期。但是,因为两个参数的增加都会使得 VaR 增大,所以在应用时要在二者之间进行权衡。

三、VaR 系统的要素

现在我们转向 VaR 系统要素的分析。组建 VaR 系统主要包含以下步骤:

(1)用市场数据构建风险因子的分布。例如,正态分布、经验分布等等。

(2)收集资产组合头寸数据,将数据映射到风险因子。

(3)根据选择的 VaR 方法(德尔塔—正态法、历史模拟法、蒙特卡洛模拟法)组建资产组合的 VaR。

(一)投资组合的头寸

我们首先从资产组合的头寸开始讨论。这里假设持有期内资产组合的头寸是不变的。这是一个简化了的处理,在真实交易环境中这是不现实的,交易者总是动态地管理他们的资产组合。

真实的风险可能会大于或小于 VaR 值。如果交易者设置较低的交易限制且在日中交易中承受更多的风险,则真实风险可能大于 VaR 系统显示的风险水平。相反,如果设置了损失限制即损失增加时限制交易者交易行为,则真实风险可能会低于 VaR 值。

(二)风险因子

风险因子出自能完全反映当前资产组合头寸的所有市场变量。市场变量有成千上万,而有用的风险因子却有诸多限制。关键在于选择适合的风险因子来匹配资产组合。对于一个简单的固定收益资产组合,一个债券市场风险因子可能就足够了。相对的,对于一个高杠杆支撑的组合,就需要多个风险因子。期权组合要加入波动性作为风险因子。总的来说,交易策略越复杂,应用的风险因子越多。

(三)VaR 方法

1. 德尔塔—正态法

德尔塔—正态法是最简单的 VaR 方法。它假设资产组合的风险暴露呈线性,风险因子也是正态分布。

因为资产组合收益率是正态变量的线性组合,因此,它也是正态分布的。资产组合的方差可以用矩阵符号表示成:

$$\boldsymbol{\sigma}^2(R_{p,t+1}) = \boldsymbol{x}_t' \sum\nolimits_{t+1} \boldsymbol{x}_t$$

其中,$\sum_{t+1}$ 是超过持有期 t 协方差矩阵的预测值。

如果资产组合的波动性是用美元衡量的,VaR 就是直接从对应于置信水平 c 和标准离差 α 获得的:$\mathrm{VaR} = \alpha\sigma(R_{p,t+1})$。这被称为分散 VaR,因为它考虑了分散化效应。而与此对应,非分散化效应就是简单地将在每个风险因子影响下的 VaR 加总。它假设所有价格将会同时朝最差的方向移动,显然这是不实际的。

德尔塔—正态法的主要优点是简单,但这也是它的缺点。它不能考虑到非线性效应,比如期权。它也可能低估离群观测值出现的概率,因为它依赖的是正态分布。

2.历史模拟法

历史模拟法回溯过去的时间段，并使历史资产收益率与现在时点的权重相同。它利用现在的权重重演历史。

定义现在的时点为 t，我们观察 1 到 t 年的数据。现在的资产组合价值为 P，是现在风险因子的函数：

$$P=P[f_{1,t},f_{2,t}\cdots,f_{N,t}]$$

我们得到的因子波动的样本数据服从历史分布：$\Delta P_i^k=\{\Delta f_{1,t},\Delta f_{2,t}\cdots,\Delta f_{i,t}\}$，从而我们可以构造从现在时点算起的历史因子的值，$f_1^k=f_{i,t}+\Delta f_i^k$，接着我们用这个式子构造现在的时点在新的情况下的历史值，可以通过下面的方程得出：

$$P^k=P[f_1^k,f_2^k,\cdots,f_N^k]$$

从而我们就可以计算以现在时点为基点的资产组合的波动率。

我们选择与 c 分位数相对应的 t 时点的数值，VaR 就是平均值与分位数相对应的数值的差，则 $\text{VaR}=\text{AVE}[R_p]-R_p(c)$。其中：$\text{AVE}[R_p]$为 R_1 到 R_p 平均值，$R_p(c)$为根据 R 的分布，在分位数取值为 c 的情况下的取值。

历史模拟法的优点是不需要做分布假设，因此能够解决厚尾问题。这种方法的主要缺点就是它以短暂的历史数据的变动来推测未来市场数据的变动。如果过去的数据没有包含未来的可能事件，那么这个方法将会漏掉一些风险因子。

3.蒙特卡洛模拟法

蒙特卡洛模拟方法与历史模拟方法基本相同，除了风险因子的变动依据于特定的分布。

$$\Delta f^k\sim g(\theta),k=1,2,\cdots,K$$

其中：g 是某种分布；θ 是参数。

风险管理者根据已选定的分布，利用伪随机数发生器生成样本，然后生成虚拟的回报率。最后，这些回报率被用来得出所需要的 VaR。

这种方法在使用上有很高的弹性，但运用它却必须承受巨大的计算负担。它还需要使用者对随机过程作出假设并能够深刻了解计算结果对假设的敏感性。所以它具有模型风险。

蒙特卡洛方法由于为了随机性而创建了模拟抽样的可变性。不同的抽样次数将导致不同的结果。大量重复模拟抽样将会收敛于稳定的 VaR 估计值。其实，这就意味着当样本因子服从正态分布，且风险暴露是线性的，那么蒙特卡洛方法得出的 VaR 将收敛于德尔塔—正态方法得出的 VaR 值。

简单来说，我们根据资产组合的性质来选择 VaR 方法。一个简单的 VaR 系统足以应付简单资产组合。例如，线性的 VaR 系统就适合于固定收益组合。如果资产组合中存在期权，则需要加入非线性因子。对于普通期权，我们可以利用一阶和二阶倒数因子来模拟它的价格行为；而像数位期权、障碍期权等更复杂的期权，就需要更多的因子。

这就说明了风险管理不光是一门科学还是一门艺术。风险管理者需要通过合理的近似化来获得一个有效率的风险管理工具。仅是单独的 VaR 系统不能对市场风险提供应有效的保护。它必须同风险暴露限制、压力测试等工具一起使用才能发挥作用。

四、压力测试

虽然 VaR 值已经成为国际上普遍采用的衡量金融风险的工具了，但是 VaR 也存在其自身的缺陷。(1)衡量风险值的模式有可能有相当程度的差异，如果这模式本身产生一些重大结构性的变化，完全依赖风险值的估算就会有问题。(2)即使我们知道损失大于某一金额的可能性很小，但是如果这个几率很小的损失一旦发生，其后果足以牵涉到能否永续经营，那么 VaR 计算的结果也会出现问题。(3)计算 VaR 值时，通常假设市场上各风险因子的变化呈现正态分布，在正常情况下，该假设是成立的，此时利用 VaR 模型便已足够，但这些假设并不完全满足市场的真实状况，当市场上出现危机事件时，市场价格大幅下降，利率迅速上升，风险因子间的相关性也会因此变得难以预测。

不考虑超过 VaR 值的极端损失是 VaR 系统的弱点，所以我们需要辅以旨在辨别可能造成极端损失情况的压力测试。压力测试是指透过情境设定或历史资讯，根据可能的风险因子变动情形，重新评估金融商品或投资组合的价值，以作为判断企业蒙受不利影响时能否承受风险因子变动的重要的风险管理过程。压力测试一般包括以下三个过程：

(1)场景分析

(2)建立压力模型

(3)生成策略反应

在市场变量大幅度变动的情况下，场景分析可以获得资产组合的变动情况。而各种场景可以通过一系列的方法来创造。最简单的方法是在同一时间只变动某一关键变量。不幸的是很难估计变量之间的互动关系。在同一时间所有变量都向同一方向变动的可能性是很低的。也可以利用历史场景分析，例如1987年股市风暴，1992年英镑的贬值，1984年债券崩盘等等。或者创建预期场景，预测股票市场急跌的直接和间接效果。理想情况下，应该依据持有资产组合的头寸来创建场景，同时估计在最坏情况下的损失。

事件风险指由于可以观测到的政治或是经济事件而引起损失的风险。压力测试是处理事件风险的有力工具，从压力测试的方面来看，这种政治或是经济事件很少发生而且也很难预测。这些事件主要有：

(1)政府的更迭会导致经济政策的改变。

(2)经济政策的改变，包括政府违约、资本管制、货币的不可兑换、税法的改变等等。

(3)国内战争，入侵以及其他政治不稳定的信号。

(4)货币贬值，一般同时伴随着市场变量的巨大变化。

因为缺乏相对的政治稳定，这些风险往往出现在新兴市场。为了正确地管理事件风险，风险管理者应该构建虚拟事件场景，同时分析事件对资产组合的影响。即使是这样，管理事件风险仍然不是一件容易的事情。近些年的经验显示市场经常被突如其来的事件所影响。例如很少有人能够预知俄罗斯的市场危机，而阿根廷的经济危机在许多方面看来也是独特的。

压力测试的目的是分辨易受影响的区域。这不是指机构保护措施应该覆盖所有可能的事件，因为这也使得机构本身不能承受任何风险。正确的目标应该是在发生可能的事件时机构能够抵受住影响而不至于破产。在使用VaR系统的前提下，压力测试是很容易实行的。只要把各个场景的数值输入VaR的风险因子，就可以得出事件风险的VaR数值，从而风险管理者可以根据VaR值进行辨别，同时实行相应的风险管理措施。

当前压力测试作为银行业防御风险的手段在中国仍处于探索阶段，监管部门还未就银行业执行压力测试制定相关规定。一般的信用风险模型与压力测试模型都是衡量资产组合最大损失的重要工具，一般的信用风险模型通常是用于衡量正常市场情况下的资产组合的最大损失，压力测试则是用于衡量极端不正常市场情况下的资产组合的最大损失。两种模型具有互辅功能，同时使用这两种模型可协助金融机构更有效地管理各种情况下的风险，对我国金融业的发展和稳定具有重要作用。

练习题

1. 有以下四种资产组合，其收益情况和风险情况见下表。

资产组合	年均收益率(%)	标准差(%)	Beta
P	17	20	1.1
Q	24	18	2.1
R	11	10	0.5
S	16	14	1.5
标普 500	14	12	1.0

根据以上信息回答以下问题：

(1)分别计算四种资产组合的夏普比率，并据此评价四种资产组合。

(2)分别计算四种资产组合的特雷诺比率，并据此评价四种资产组合。

(3)分别计算四种资产组合的詹森系数，并据此评价四种资产组合。

(4)比较三种评价方法得出的结果，并分析三种评价方法的区别。

2. 有人说：“一个人应该在一个完全的市场周期中测量资产组合的业绩。”怎样评价这一观点？什么样的观点与之相矛盾？

3. 常见的风险包括哪三类，它们的定义分别是什么？

4. 试讨论用 VaR 来测量市场风险与传统方法的优点和缺点。

5. 比较计算 VaR 值的三种方法的优缺点。

6. 为什么要引入压力测试？

参考文献

Berry Michael A.. Sorting Out Risks Using Known APT Factors. *Financial Analysis Journal*, 44,1988

Chen, Nai—fu, R. Roll, and S. Ross. Economic Force and the Stock Market: Testing the APT and Alternative Asset Pricing Theories. *Journal of Business*, July,1986

Elton Edwin. Estimating the Dependence Structure of Sharp Price — Implication for Portfolio Selection. *Journal of Finance*, Dec. , 1973

Fama Eugene F. Multifactor Explanations of Asset Pricing Anomalies. *Journal of Finance*, 1996

Farrell James. Analyzing Covariation of Returns to Determine Homogeneous Stock Grouping. *Journal of Business*,47, 1974

John Hull.《期权、期货和其他衍生产品》(第三版). 华夏出版社，2000

Markowitz H. M. Portfolio Selection. *Journal of Finance*, 7,1952

Merton R. C. An Intertemporal Capital Asset Pricing Model . *Econometrica* , 41, 1973

Mossin J. Equilibrium in a Capital Asset Market. *Econometrica* , Oct. 1966

Robert Strong.《投资组合管理》(第三版). 清华大学出版社，2005

Roll R. ,and S. Ross. Empirical Investigation of the APT. *Journal of Finance*, 35,1980

Ross Stephen A.. The Arbitrage Theory of Capital Asset Pricing. *Journal of Economic Theory*, Vol. 13, 1976

Sharp William F.. Mutual Fund Performance. *Journal of Business*, 39,1966

Treynor J.. How to Rate Management of Investment Funds. *Harvard Business Review*,44,1965

William Sharpe F. Asset Allocation: Management Style and Performance Measurement. *Journal of Portfolio Management*,18,1992

安德瑞·施莱佛著,赵英军译.《并非有效的市场——行为金融学导论》(中译本). 中国人民大学出版社,2003

曹凤岐.《证券投资学》(第二版). 北京大学出版社, 2000

戴维·G.卢恩伯格著,沈丽萍,文忠桥译.《投资科学》. 中国人民大学出版社,2005

戴维·M.达斯特著,李康译.《资产配置的艺术》. 上海人民出版社,2005

范龙振.《投资学》. 上海财经大学出版社, 2005

弗兰克·J.法博齐等著,金德环译.《股票积极管理》. 上海财经大学出版社, 2004

弗兰克·J.法博齐等.《债券组合管理》(第二版). 上海财经大学出版社, 2004

汉姆·列维著,骆玉鼎、高玉泽译 .《投资学》. 北京大学出版社,2004

李奥奈尔·马特里尼著,肖军译.《固定收益证券——对利率风险进行定价和套期保值的动态方法》. 机械工业出版社,2002

李向科.《金融数学》. 中国人民大学出版社,2004

刘红忠、邵宇.《金融市场学》. 高等教育出版社,2005

刘红忠.《投资学》. 高等教育出版社,2003

罗伯特·毫根著,郑振龙译.《现代投资理论》(第五版). 北京大学出版社, 2005

马君潞、李学峰.《投资学》. 科学出版社,2007

马柯维茨著,欧阳向军译.《资产组合选择和资本市场的均值—方差分析》. 上海三联书店、上海人民出版社,1999

史建平、杜惠芬.《投资学》. 武汉大学出版社,2005

史树中.《金融经济学十讲》. 上海人民出版社,2004

宋逢明.《金融工程原理——无套利均衡分析》. 清华大学出版社, 1999

威廉·F.夏普等著,赵锡军等译.《投资学》(第五版). 中国人民大学出版社,1998

谢剑平.《现代投资学——分析与管理》. 中国人民大学出版社,2003

杨海明、王燕.《投资学》. 上海人民出版社,1998

张亦春、郑振龙.《金融市场学》(第二版). 高等教育出版社,2003

张亦春等.《中国股市效率损失研究》. 人民出版社,2004

张宗新.《投资学》. 复旦大学出版社,2006

郑木青.《证券投资资产配置决策》. 中国金融出版社,2004

郑振龙.《金融工程》. 高等教育出版社,2003

滋维·博迪等著,马勇,胡波译.《投资学》(第五版). 机械工业出版社,2002

图书在版编目(CIP)数据

投资学/李治主编. —2 版. —厦门:厦门大学出版社,2014.1(2018.7 重印)
南开大学金融学本科教材系列
ISBN 978-7-5615-3714-5

Ⅰ.①投… Ⅱ.①李… Ⅲ.①投资学-高等学校-教材 Ⅳ.①F830.59

中国版本图书馆 CIP 数据核字(2014)第 003968 号

厦门大学出版社出版发行
(地址:厦门市软件园二期望海路 39 号 邮编:361008)
http://www.xmupress.com
xmup @ xmupress.com
虎彩印艺股份有限公司印刷
2014 年 1 月第 2 版 2018 年 7 月第 2 次印刷
开本:720×970 1/16 印张:18.75 插页:2
字数:328 千字 印数:8 001～8 500 册
定价:48.00 元